ARMEE
der
ENGEL

WENN DER HIMMEL AN UNSERER SEITE KÄMPFT

EMPFEHLUNGEN

Armee der Engel zeigt auf eine spannende Art, wie wir mit unseren himmlischen Helfern – den Engeln – zusammenarbeiten können, um Gottes Willen auf der Erde auszuführen. Gott segne dich dafür, Tim, dass du den Leib Christi mit diesem Buch beschenkst.

Bischof Bill Hamon
Christian International Ministries

Wir leben in einer Zeit, in der Gott Engel freisetzt und seinem Volk an die Seite stellt und die Gemeinde Gottes muss darauf vorbereitet werden, mit ihnen zusammenzuarbeiten. In *Armee der Engel* präsentiert Dr. Tim Sheets eine kraftvolle, biblische Sicht darauf, wie wir mit dem Heer des Himmels apostolisch kooperieren können, um die Pläne des Königreichs Gottes auf dem Planet Erde Wirklichkeit werden zu lassen. Jeder Gläubige, der sich für das Prophetische interessiert, sollte sich intensiv mit diesem Buch beschäftigen, um sowohl Verständnis und Offenbarung zu erhalten als sich auch vor falschen Sichtweisen bezüglich dieses überaus wichtigen Bereichs des Übernatürlichen zu schützen.

Apostolin Jane Hamon
Vision Church bei Christian International

Ich habe noch nie eine Person kennengelernt, die nicht nur eine kraftvolle prophetische Botschaft, sondern auch das Herz eines wahren apostolischen Vaters trägt wie Apostel Tim Sheets. Es gibt viele Lehrer im Leib Christi, doch Paulus sagte: *„Denn selbst wenn ihr Tausende von Erziehern hättet, die euch in eurem Christsein voranbringen, hättet ihr deswegen noch lange nicht tausend Väter."* (1. Korinther 4,15). Ich beginne zu verstehen, dass ein Mann zwar ein Wort weitergeben kann, doch es erst dann die Kraft besitzt, dein Leben zu verändern, wenn es vom Herzen eines wahren Vaters kommt.

Tim Sheets ist ein Vater für diese Generation und wir haben das Vorrecht, einen Einblick in seine Weisheit zu erhalten. Sie rührt aus der langjährigen Geschichte seines Lebens mit Gott, des vollzeitlichen Dienstes und – noch wichtiger – den tausenden von Stunden, in denen er sich mit der Bibel auseinandergesetzt und lebensverändernde Offenbarung erhalten hat. In einer Zeit, in der die meisten Menschen der Kraft Gottes aus dem Weg gehen und das Übernatürliche schon lange weg-erklärt haben, brachte Gott Tim Sheets hervor, um zu verkünden, dass unsere Hilfe bereits auf dem Weg ist. Gott setzt wahrhaftig Armeen von Engeln auf der Erde frei. Du musst dieses Wort des Herrn hören, damit du dich für die größte Ausgießung des Himmels richtig positionieren kannst. Es wird das Blatt für den Leib Christi wenden, denn die, die für uns sind, sind mächtiger als die, die gegen uns sind!

Mark Casto
Omega Center International
Mark Casto Ministries Cleveland, Tennessee
Autor von *When Misfits Become Kings*

Die Familie Gottes ist kurz davor, auf eine neue Welle der Kraft und Autorität des Heiligen Geistes aufzuspringen. Das Buch *Armee der Engel* von Dr. Tim Sheets gibt dir die Motivation und Anleitung dafür, dich besser aufzustellen, um an dem Plan, den Gott für die Endzeit hat, teilzuhaben. Dieses kühne Buch gibt Einsichten über das Reich Gottes und deine Rolle als Erbe der Errettung. Du wirst spüren, wie viel

Wahrheit es enthält. Es ist an der Zeit, dass die Armee der Engel freigesetzt wird.

Dr. Bob Meisner und Dr. Audrey Meisner
TV-Moderatoren von *MyNewDay* New Day Ministries, Kanada
Bestsellerautoren von *Marriage Under Cover*

Du hältst die schriftlichen Aufzeichnungen der biblischen und prophetischen Erkenntnisse, die Gott Dr. Tim Sheets bezüglich der Armee der Engel gegeben hat, in deiner Hand. Wie tausenden von Gläubigen auf der ganzen Welt war es auch mir eine Freude, Dr. Sheets zuzuhören, wie er seine einzigartigen Einsichten darüber, wie Gott seine Engelarmee als *„Diener, Wesen der unsichtbaren Welt, die denen zu Hilfe geschickt werden, die am kommenden Heil teilhaben sollen, dem Erbe, 'das Gott uns schenkt'"* (Hebräer 1,14) einsetzt, teilt. Diese Offenbarung in geschriebener Form zu haben ist sicherlich ein Segen für den Leib Christi. Ich ermutige jeden Gläubigen von ganzem Herzen, dieses Buch als einen Schatz der Ermutigung zu behandeln, wie auch ich es tat, als Dr. Sheets diese Wahrheiten in unserer Gemeinde teilte.

Mark W. Pfeifer
Autor von *Alignment*
Senior Pastor, Open Door Church Chillicothe, Ohio

Ich kann mich nicht erinnern, wann ich das letzte Mal ein so ermutigendes Buch gelesen habe wie *Armee der Engel*, geschrieben von meinem Freund und Kollegen im Dienst, Dr. Tim Sheets. Es ist nicht leicht, Bücher zu finden, die dir verkünden: „Die besten Zeiten der Gemeinde Gottes liegen nicht in ihrer Vergangenheit, sondern in der Zukunft!" Dieses Buch wird den Leib Christi sehr ermutigen und ihm

Offenbarungen bezüglich den Ressourcen, die der Gemeinde zur Verfügung stehen und die allzu oft vergessen oder ignoriert werden, schenken. Teil dieser Ausrüstung sind die Engel, die Dr. Tim die „Streitmacht der Erben" nennt. Er erinnert uns daran, dass die Armeen der Engel von Gott gesandt sind, um den Heiligen zu dienen und der Gemeinde zu helfen, die Kraft des Heiligen Geistes freizusetzen und damit die Welt zu verändern.

Für dieses Buch wurde gründlich recherchiert, es ist der Bibel absolut treu und theologisch einwandfrei. Es wird uns eine dringend benötigte apostolische und prophetische Strategie liefern, wie wir das Reich Gottes im 21sten Jahrhundert voranbringen und einer geistlichen Erweckung und Reformation nachgehen können.

Nutze dieses Buch für dein ganz persönliches geistliches Wachstum, für Bibelunterricht und für Gebetstreffen. Du wirst selbst erleben, wie das Mut-Barometer in deinem Leben und im Leben der Leute, die die Wahrheiten dieses Buchs annehmen, ansteigt.

Jim Hodges
Gründer und Vorsitzender der *Federation of Ministers and Churches International Duncanville*, Texas

Tim Sheets besitzt eine erstaunliche Offenbarung über Engel, die nicht einfach nur nett klingt; sie lässt deinen Glauben, deinen Mut und dein Handeln exponentiell ansteigen. Du und ich, wir haben eine ganze „Streitmacht der Erben" hinter uns! Ich konnte dieses Buch nicht absetzen bis ich es förmlich verschlungen hatte! Ich fordere dich heraus, es zu lesen. Dein Glaube wird explodieren!

Barbara J. Yoder
Leitende Apostolin des Shekinah Regional Apostolic Center

Die Offenbarung und apostolische Proklamation in diesem Buch enthält wichtige und zeitgemäße Marschbefehle für den Leib Christi und spricht direkt in die Zeit hinein, in der wir uns momentan befinden. Die Erkenntnis, die Dr. Tim Sheets in diesem Buch über die Armee der Engel und deren strategisches Handeln dargelegt, liefert uns wie nie zuvor eine augenöffnende und scharfsinnige Charakterisierung der Engelsheerscharen und ihrer Aufgaben.

Gott hat seine Gemeinde auf die beste Zeit der gesamten Kirchen- bzw. Gemeindegeschichte vorbereitet – wie Dr. Tim feststellt – und dies erfordert von uns Offenbarung darüber, wie wir Teil der größten Zusammenarbeit zwischen Himmel und Erde sein können. Ich glaube, dass dieses Buch eben dies liefert und den Entwurf des Himmels und die Strategie der Vaters für die Erfüllung von Offenbarung 11,15 zeigt: *„Jetzt gehört die Herrschaft über die Welt 'endgültig' unserem Herrn[...]"*

Dieses Buch wird zweifellos ein Klassiker der Glaubensbücher für die Gemeinde von heute und ein wichtiges Werkzeug für die Etablierung des Reichs Gottes. Ich bin dankbar für einen wahren Vater des Glaubens und eine beständige Stimme der Wahrheit, die ich in Dr. Tim Sheets gefunden habe.

Rev. Jen Tringale
Jen Tringale Ministries Fort Worth, Texas
Autorin von *Your Defining Moment*

Wir treten nun in eine Phase ein, die als eine „neue Zeit der Erweckung" im Leib Christi gilt. Viele Menschen nennen es auch die Dritte Große Erweckung. Ich glaube, dass dies eine Ära ist, in der Königreiche aufeinanderstoßen. Dr. Tim Sheets hat eines der besten Bücher für die kommende Zeit geschrieben, die ich je gelesen habe. Dies ist eine Zeit, in der der Herr der Heerscharen, der Herr Zebaoth, der Gott der Engelarmeen, seine Truppen im Himmel mit seinen Truppen auf der Erde vereint. Wir müssen verstehen, dass wir nicht alleine sind und die kommende Auseinandersetzung niemals mit der Stärke unserer eigenen Waffen und Fähigkeiten gewinnen können. In *Armee der Engel* macht Apostel Tim deutlich, wie die geistliche Übereinstimmung der himmlischen Regierung mit der apostolischen Regierung auf der Erde aussieht und sich auswirkt. Dieses Buch ist ein absolutes *Muss* für die Zeit, in der wir leben. Die Verheißungen und Prinzipien, die *Armee der Engel* beinhaltet und die Hilfe, die du durch das Lesen dieses Buchs erhältst, werden die meisten anderen Hilfsmittel, die du bekommen könntest, weit übertreffen. Dies ist ein Buch, welches dich auf die Zukunft vorbereitet und dir helfen wird, siegreich im Zusammenstoß der Königreiche zu sein.

Dr. Chuck D. Pierce
Vorsitzender von Global Spheres Inc.
Vorsitzender von Glory Zion Intl.

WIDMUNG

Für meine Frau Carol und unsere Kinder Rachel (Mark) Shafer und Joshua (Jessica) Sheets und unsere fünf Engelkinder Madeline, Lily, Jude and Jaidin Shafer und Joelle Sheets. Danke für eure liebevolle Unterstützung und euer Gebet; und für unsere Gemeindefamilie der Oasis Church, die ihr diesen Weg grundlegend unterstützt, ermutigt und für ihn gebetet habt. Unsere besten Tage liegen in der Gegenwart und Zukunft!

IMPRESSUM

Englischer Originaltitel: Angel Armies
Copyright (USA)
DESTINY IMAGE® PUBLISHERS, INC.
P.O. Box 310, Shippensburg, PA 17257-0310

Deutsche Ausgabe:
© 2017 Grain-Press Verlag GmbH
Marienburger Str. 3
71665 Vaihingen/Enz
eMail: verlag@grain-press.de
Internet: www.grain-press.de
Übersetzung aus dem Englischen: Amelie Himmelreich
Satz: Grain-Press
Cover: Grain-Press, Adaption der Originalvorlage.
Druck: CPI Germany 25917 Leck
Bibelzitate sind, falls nicht anders angegeben, der Neuen Genfer Übersetzung (NGÜ) entnommen.
ISBN Nr.: 9783944794921
Best. Nr. 3598492

Weiter Abkürzungen für Bibelübersetzungen:

Elberfelder Bibel (ELB), Schlachter 2000 (SLT), Luther 2017 (LUT), Neue evangelistische Übersetzung (NeÜ), Neues Leben (NL), Hoffnung für Alle (HfA), Gute Nachricht Bibel (GN), Zürcher Bibel (ZB)

DANKSAGUNG

Die *Armee der Engel* war eine zehnjährige Reise, auf die ich mich nicht alleine begeben habe. Es gibt viele Menschen, denen ich danken möchte, und beginnen muss ich mit meiner Frau Carol, die nicht immer nur an meiner Seite war, sondern deren beharrliche „Schubser" das Projekt am Laufen gehalten hat. Sie war an jedem Schritt auf dem Weg beteiligt.

Von Beginn dieses Projektes an habe ich Gebet, Ermutigung, Beratung und praktische Hilfe erhalten. Ein riesiges Dankeschön schulde ich Marie Fox, Katelyn Strack und Cassandra Henderson, die sich allergrößte Mühe gegeben haben, damit wir das Manuskript rechtzeitig fertigstellen konnten. Egal, ob beim Transkribieren oder Recherchieren, Editieren oder Korrekturlesen – ihr habt durchgehalten! Mein Dank gilt auch Jennifer Peterson, Pam Roark, Brenda Stephens und Rachel Shafer, die ihr am Anfang dabei wart, als das alles noch ein Traum war.

Ich möchte außerdem Brad Herman für seinen Input und Rat und den Mitarbeitern von Destiny Image für ihre Expertise und Ermutigung danken.

Meinem Bruder Dutch Sheets und seiner Frau Ceci – danke, dass ihr alles Wissen und alle Weisheit, die ihr auf eurem Weg als Autoren und Herausgeber sammeln konntet, mit mir geteilt habt. Es ist ein Segen, mit euch verwandt zu sein!

Ein Dankeschön auch der Oasis Church – es ist mir eine Ehre, euch zu dienen, und ich bin dankbar für die Fürbitte, die mich immer begleitet hat. Gemeinsam sind wir besser!

Mehr als alles andere bin ich den Armeen der Engel und dem Hauptmann der Heerscharen, dem Herrn Jesus, dankbar. Möge die Reise weitergehen.

INHALT

Vorwort von Dutch Sheets 15

Einleitung 19

KAPITEL 1
Feuersturm 23

KAPITEL 2
Der Heilige Geist und Engel des Feuers 35

KAPITEL 3
Engel dienen uns 55

KAPITEL 4
Das Wesen der Engel 69

KAPITEL 5
Wie Engel unsere Berufung unterstützen 87

KAPITEL 6
Kriegsadler und Engel 103

KAPITEL 7
Engel helfen, ganze Regionen zu verändern 115

KAPITEL 8
Um den Thron einer Region kämpfen 131

KAPITEL 9
Was Engel tun 157

KAPITEL 10
Engel durch Worte mobilisieren 195

KAPITEL 11
Engel verbinden uns mit materiellem Segen 207

KAPITEL 12
Wütende Engel 223

Engel und Gebetsproklamationen 239

Anhang: Bestätigende Prophetien 267

Über Tim Sheets 279

VORWORT

Eins meiner Lieblingszitate aus dem *Batman*-Film von 1989 stammt von der Figur des Jokers, der von Jack Nicholson gespielt wurde. In der Szene hätte der Joker eigentlich ärgerlich und traurig darüber sein müssen, dass Batman die Frau gerettet hatte und seinen Fängen wieder einmal entkommen war. Stattdessen ist er jedoch beeindruckt und beneidet Batman wegen seiner vielen listigen Werkzeuge – die genialen Hilfsmittel, durch die er seine Vorhaben vereitelte und den Spieß umdrehte. Statt einer wütenden Tirade krächzt er nur heraus, was ihm eigentlich am meisten zu schaffen macht: „Woher hat er nur dieses wunderbare Spielzeug?"

Wenn ich zuhöre, wie Tim lehrt, fühle ich mich manchmal ein wenig wie der Joker: beeindruckt und neidisch. *„Woher hat er nur dieses Zeug?"*, krächze ich mit einem geblendeten Lächeln.

Eigentlich weiß ich sogar, woher er das alles hat – er recherchiert und lernt. Und danach beschäftigt er sich noch tiefgehender damit. Habe ich schon erwähnt, dass er sehr viel lernt? Um der beste Lehrer zu sein, musst du der beste Schüler sein. Mein Bruder Tim ist beides.

Und er betet.

Gebet geht der Offenbarung voraus und entfacht sie. Lernen produziert Wissen, doch Lernen gepaart mit Gebet bringt Offenbarung hervor. Wenn du den Unterschied nicht kennst, wirst du ihn bald kennenlernen. Du wirst in Kürze bemerkenswerte und faszinierende Informationen erhalten.

Obwohl das Buch tiefgründig ist, ist es dennoch alles andere als trocken und langweilig. Manchmal wirst du ein Kapitel beenden und dir denken: *Ich muss das nochmal lesen – und zwar langsam.* Nicht deshalb, weil du es nicht verstanden hast, du wirst die Offenbarung noch gründlicher verdauen wollen. Bei manchen Dingen sollte man nicht hetzen. Woher ich weiß, dass es dir so gehen wird? Aus eigener Erfahrung.

Armee der Engel ist das Ergebnis hunderter von Stunden der Recherche. Ich weiß das, denn ich habe Tim über mehrere Jahre hinweg angetrieben, es zu schreiben. Ich bin froh, dass es so lange gedauert hat, denn er hat mehr über das Thema gelernt und darüber beten können.

Ich bin auch froh, dass er bis jetzt gewartet hat, denn nun ist der perfekte Zeitpunkt dafür. Tim glaubt – wie auch viele andere prophetische Leiter – dass wir uns auf die größte Ausgießung des Heiligen Geistes in der Geschichte zubewegen. Er glaubt, dass Engel dabei eine signifikante Rolle spielen werden. Ich stimme damit überein. Es wird dir sicher helfen, zu wissen, dass sie uns unterstützen und mit uns zusammenarbeiten.

So sehr ich an die Kooperation von Mensch und Engel glaube, so sehr bin ich mir jedoch auch bewusst, dass man vorsichtig an dieses Thema herangehen sollte. Wie bei allem, was mit dem Übernatürlichen zu tun hat, können auch Lehren über Engel etwas schräg werden, und leider sind einige Christen diesbezüglich bereits ernsthaft irregeführt worden. Bilder, Botschaften, Aufträge und andere „Offenbarungen" werden manchmal Engeln zugeschrieben, sind aber in Wirklichkeit von einer allzu lebhaften Fantasie produziert worden. Noch schlimmer – manche Menschen haben Botschaften von dämonischen Geistern erhalten, die immer auf der Suche nach Menschen sind, die sie missbrauchen können. Lass dich also von der Tatsache, dass dieses Buch von einem bewährten Pastor geschrieben und auf eine solide Interpretation der Bibel gegründet wurde, beruhigen.

Manch einer fragt sich vielleicht, weshalb wir mehr über Engel und ihre Rollen verstehen und uns ihrer stärker bewusst werden müssen. Ein offensichtlicher Grund ist, dass das Glauben und Zuversicht erzeugt. Es ist sehr motivierend zu wissen, dass es mehr Wesen gibt, die auf unserer Seite sind, als die, die gegen uns stehen.

Ich bin eher geneigt, einem Feind entgegenzutreten, wenn ich weiß, dass ich gewinnen werde!

Es ist wichtig zu verstehen, welche Rolle Engel beim Überbringen von Botschaften spielen. Ob bei Jakob, Daniel oder Josef im Alten Testament oder bei Petrus oder Paulus im Neuen Testament, es sind die Engel, die Botschaften überbringen. Und es ist wichtig, dass wir verstehen, was die Bibel über die Arbeit dieser von Gott gesandten geistlichen Wesen sagt. Mit diesem Verständnis sind wir weniger anfällig, uns durch Fantasien oder von bösen Geistern irreführen zu lassen. Das sind genau die Hilfsmittel und Einsichten, die du in diesem Buch finden wirst.

Du wirst nun ein Buch lesen, welches zweifellos zu einem der grundlegenden Lehrbücher über Engel wird. Pastoren werden daraus predigen, Lehrer werden es in den Kursen verwenden, Kleingruppen werden es in ihren Treffen gemeinsam studieren und jeder Leser wird seinen interessanten Inhalt verschlingen. Dieses Buch wird mit Sicherheit in mehrere Sprachen übersetzt werden; ich habe keine Zweifel, dass *Armee der Engel* ein Klassiker wird.

Nun lehne dich zurück und genieße die *Armee der Engel*.

Dutch Sheets
Autor, Apostel
Dutch Sheets Ministries Dallas, Texas

EINLEITUNG

Die Unterstützung durch Engel ist eins der größten Geschenke, die Gott seiner Gemeinde und seinen Erben je gemacht hat. Den Wert und die gegenwärtige Hilfe der Engel unter der Führung des Heiligen Geistes und in einem biblischen Kontext immer tiefer zu verstehen, ist – milde ausgedrückt – faszinierend. Dieses unverzichtbare Wissen ermöglicht es dem Gläubigen, ein siegreiches Leben als Christ zu führen. Über zehn Jahre lang nahm mich der Heilige Geist mit auf eine Offenbarungsreise und zeigte mir, wie Engel wiedergeborenen Gläubigen zur Seite stehen. Während ich über eine Bibelstelle nach der anderen nachdachte, habe ich mich oftmals gefragt: „Warum habe ich niemals davon erfahren? Warum wusste ich das noch nicht? Wie kann es sein, dass ich von klein auf mein Leben lang in der Gemeinde verbracht habe und nicht weiß, wie der Heilige Geist zusammen mit den Engeln die Gemeinde unterstützt?" Ich begann zu verstehen, dass es Teil meines Auftrags war, diese erstaunliche biblische Wahrheit hervorzuheben. Dieses Buch beschreibt detailliert meine Reise, wie sich mir das Wort Gottes öffnete, während er mich über das Wesen und Wirken der Engel lehrte.

Ich werde den Nachmittag niemals vergessen, an dem ich gerade ins Gebet vertieft war, als der Heilige Geist folgendes zu mir sprach: „Ich werde nun die größte Bewegung Gottes einleiten, die die Welt je gesehen hat. Es wird ähnlich sein, wie die Ausgießung an Pfingsten in der Apostelgeschichte." Dann fügte er noch etwas hinzu, das ich nicht erwartet hatte: „Diesmal werde ich mit noch mehr Armeen von Engeln kommen." Ich wusste in dem Moment, dass er mir gerade etwas unglaublich Großes und Wichtiges offenbart hatte.

Ich traute mich nicht einmal, mich zu bewegen. Ich saß einfach an dem See, an dem ich betete, und dachte wie Maria über seine Worte nach. Von ganzem Herzen betete ich: „Heiliger Geist, zeige mir, was das bedeutet. Lehre mich. Ich werde mich dem Thema widmen, aber bitte zeige mir, was es bedeutet!"

Der Heilige Geist – der wunderbare Lehrer, den Christus uns versprochen hatte – fing an, mich über Engel zu lehren. Er leitete mich durch das Wort Gottes, offenbarte mir fünfzehn charakteristische Eigenschaften von Engeln und zeigte mir ihr Persönlichkeitsprofil. Ich hatte mir davor noch keinerlei Gedanken gemacht.

Dann zeigte er mir die Aufgaben der Engel, und es überwältigte mich, wie viel die Engel für uns tun. Die Bibel ist voll davon. Eins der schönsten Dinge war die Entdeckung, wie die Engel den Gläubigen persönlich helfen, um ihre Berufung zu erfüllen. Sie eröffnen uns das Potenzial, das wir bis jetzt nicht kannten und das Gott in jede einzelne Person hineingelegt hat, um es hervorzuholen. Ich freue mich darauf, in diesem Buch mit dir teilen zu dürfen, wie die Engel von dem Tag deiner Geburt an über dich und deine Bestimmung unterrichtet wurden.

Einleitung

Während ich mehr und mehr über Engel lernte, trat ein Aspekt immer wieder in den Vordergrund – Engel sind notwendig. Gott schuf sie nicht nur, um zu sehen, was sie den ganzen Tag über tun würden. Er schuf sie auch nicht, damit sie im Universum umherwandern Nein, sie haben eine wichtige Bestimmung. Teil dieser Bestimmung ist es, den Dienst der Gemeinde und der Heiligen zu unterstützen. Ich erkannte, dass es keinen Grund dafür gibt, weshalb nicht auch wir ihre Hilfe brauchen sollten, wenn selbst der dreieinige Gott Engel zur Unterstützung seines Dienstes gebraucht – was wir sehr oft in der Bibel sehen. Wir brauchen dringend ihren Dienst, und es war Gottes Idee, dass sie uns helfend zur Seite stehen.

Als der Heilige Geist mir tiefere Erkenntnis auf diesem Gebiet gab, legte er mir einen Satz in mein Herz, den ich seitdem immer wieder zitiere. Eines anderen Tages draußen am See – meinem Lieblingsgebetsort – sprach der Heilige Geist zu mir folgenden Satz, der mich mit großer Hoffnung erfüllte. Er wird zu einer Grundlage für dieses Buch werden...

„Die besten Tage der Gemeinde Gottes liegen nicht in ihrer Vergangenheit, sondern in der Gegenwart und Zukunft!"

KAPITEL EINS
FEUERSTURM

Einleitung

Es gibt Momente, in denen wir prophetische Worte und geistliche Erfahrungen reflektieren müssen, um erfolgreich unseren Weg fortsetzen zu können. Bevor wir uns die Eigenschaften der engelhaften Wesen des Himmels umfassender ansehen, möchte ich einige prophetische Worte teilen, die sowohl meiner Gemeinde in Ohio als auch meiner Frau und mir persönlich gegeben wurden. Diese Worte können nicht nur für die gesamte Gemeinde Gottes in Anspruch genommen werden, sondern bieten auch eine gute Grundlage für mein Verständnis davon, wie das Netzwerk der Engel funktioniert.

Im Laufe der Jahre fiel mir auf, dass viele Menschen die prophetischen Worte, die sie erhalten haben, erst einmal ins Regal ihres Lebens stellen, weil sie nicht wissen, was sie damit anfangen sollen. Doch das ist nicht Sinn und Zweck der Botschaften, die Gott uns gibt. Er möchte, dass wir sie verstehen und im Glauben ergreifen. Wir erhalten prophetische Worte nicht, damit sie uns verwirren, sondern sie sind dazu bestimmt, Samen in unserem Leben zu säen, die eine reiche

Ernte hervorbringen, wenn wir sie durch Gebet bewässern und durch aktive Mitarbeit unterstützen. Wir müssen prophetische Worte anhand der Bibel prüfen und über sie nachsinnen – immer bereit, sie zur richtigen Zeit in unserem Leben umzusetzen.

Wir müssen uns immer wieder durch das Erinnern an diese Worte erfrischen, damit sie in unserem Herzen und Verstand verwurzelt bleiben und wir sie nicht am Wegrand liegen lassen. Kurz gesagt, wenn wir sie nicht anwenden, werden wir sie wieder verlieren.

Ich freue mich, einige der Dinge mit dir teilen zu dürfen, die Gott durch Propheten bereits offenbart hat, denn diese Prophetien haben den Test der Zeit bestanden. Einige sich wiederholende Themen sind so deutlich miteinander verwoben, dass es offensichtlich ist, dass Gott etwas damit vorhat und uns eine bestimmte Botschaft zukommen lassen möchte. Ich bin außerdem davon überzeugt, dass wir prophetische Worte immer wieder hören müssen; sie entfachen den Glauben, den wir brauchen, um auf dem Kurs zu bleiben. Prophetische Worte geben uns Vision für die Zukunft, es sind Strategien oder Gebetsanliegen, die umgesetzt werden müssen, bis sie auf der Erde in Erfüllung gehen. Auf den folgenden Seiten findest du prophetische Aussagen, die wir anhand der Bibel prüfen müssen und denen wir – sofern sie der Wahrheit entsprechen – nachgehen sollten.

Die Dritte Große Erweckung

Wir bekommen regelmäßig das prophetische Wort, dass wir in die Zeit eines neuen Feuers des Heiligen Geistes eintreten. Als meine Gemeinde an der Aktion „40 Tage des Gebets und der Anbetung" teilnahm (welches um weitere

80 Tage verlängert wurde!), wurde jeden Abend dieses Wort gegeben. Im ganzen Bundesstaat fingen Menschen an zu beten, dass sich ein neues Feuer des Heiligen Geistes im Land verbreiten möge. Da der Heilige Geist dies wiederholt betont hat, können wir davon ausgehen, dass dies sein Wunsch für den Leib Christi ist, also für diejenigen, die sich entscheiden, ihm zu gehorchen. Er möchte mit einer neuen Salbung auf die Gemeinde kommen, nicht nur zum Segen für Menschen innerhalb der Kirchenwände, sondern auch zur Bevollmächtigung von Gläubigen, um sie als Botschafter des Königreichs in die Welt zu senden. Gläubige sollten so voll vom Heiligen Geist sein, dass alle Menschen, mit denen sie in Kontakt kommen, von dessen Leben spendender Kraft berührt werden.

Dies erinnert mich an eine Vision, die ich einmal hatte. Ich sah darin zwei U-Boote, von denen eins sehr alt war, so wie es sie in der ersten Hälfte des 20. Jahrhunderts gab. Dieses alte U-Boot bewegte sich unter Wasser und ich hörte den Heiligen Geist sagen: „Das ist die charismatische Bewegung. Sie taucht unter in der Kultur, die sie einst beherrschte." Daraufhin sah ich ein weiteres U-Boot aus dem Wasser auftauchen, eines unserer neuen nuklearen Triton U-Boote. Es durchbrach soeben die Wasseroberfläche, als der Heilige Geist zu mir sprach: „Das sind seine Übriggebliebenen, die Gemeinde des Neuen Testaments. Sie werden jetzt aus der Kultur hervortreten, um zu regieren und zu herrschen." Damit dies geschehen kann, muss die Gemeinde Gottes allerdings immer wieder mit Kraft aus der Höhe ausgestattet werden. Es braucht neues Feuer und einen frischen Wind, welche eine neue Salbung mit sich bringen. Die Salbung aus der Vergangenheit wird uns nicht weiterhelfen können, sie wird unsere Kultur nicht mit Gottes Leben verändernder Liebe und Kraft durchdringen. Um durch Christus im Leben regieren und herrschen zu können, wie in Römer 5,17 beschrieben, muss die Gemeinde durch etwas sichtbar werden, das für die Verlorenen noch realer, kraftvoller und attraktiver ist. Der Zeitpunkt dafür liegt nicht in der Zukunft. Die Zeit dafür ist jetzt.

Die „Dritte Große Erweckung" hat bereits begonnen. Gott gab diesbezüglich viele prophetische Worte, welche er durch Zeichen, die weder ignoriert noch geleugnet werden können, bestätigt. Wir müssen uns sowohl als Einzelperson als auch gemeinsam vorbereiten, um die Gegenwart und Kraft des Heiligen Geistes empfangen zu können. Wir müssen unsere irdischen Gefäße hingeben und sie erneuern lassen, anstatt unser Leben wie gewohnt weiterzuführen. Wir können die Dinge, die bei Gott Priorität haben, nicht einfach unter die vielen anderen Punkte unserer To-Do-Liste mischen. Stattdessen muss uns bewusst sein, dass das Wirken Gottes Realität ist und unser Leben im Fluss des Heiligen Geistes fließen sollte. Wir müssen unsere Regionen vorbereiten und sie in Gebet baden. Wir können die Menschen in unseren Nachbarschaften, Städten, Regionen, Staaten usw. nicht länger so behandeln, als hätten wir keinen Zugang zu ihnen. Wir sollten sie mit Liebe, Gnade, Vergebung und offenen Armen als von Gott selbst geschaffene und geliebte Menschen empfangen.

Erst indem wir dies tun, machen wir das Anliegen Christi wirklich bekannt. Wir breiten sein Königreich aus, indem wir als seine Hände und Füße auf der Erde agieren. Wir müssen über unserem Leben und unseren Familien, Städten,

Staaten und Ländern ein Obergemach[1] einrichten, um Gottes Herrlichkeit herabzubeten. Wenn wir mit dem, was Gott gerade tut, in Berührung kommen, wird er uns in seinem Zeitplan leiten.

Meine Gemeinde nahm beispielsweise an der Veranstaltung ‚Prophetic Summit'[2] teil, dem Höhepunkt einer vierzigtägigen Gebets- und Fastenzeit. Während des Freitagabendgottesdienstes fiel mir auf, dass wir es mit einem besonderen Datum zu tun hatten. Am gleichen Tag wurde König Mubarak, der Pharao von Ägypten, gestürzt. Biblisch gesehen ist Ägypten ein Symbol für Gebundenheit oder Gefangenschaft durch die Dunkelheit. Die Tatsache, dass das ‚Prophetic Summit' auf genau diesen Tag gelegt wurde, ist nichts weniger als eine Bestätigung für eine neue Bewegung der Befreiung und der Beeinflussung der Kultur im Sinne von dem Königreich Gottes. Zusätzlich fiel die Veranstaltung auch auf Moses Geburts- und Todesdatum. Die Tatsache, dass alle diese Vorkommnisse trotz der geringen Wahrscheinlichkeit auf den gleichen Tag fielen, zeigt, dass Gott eine mächtige Zeit der Befreiung einläutet!

Da waren Engel

Ich erinnere mich an eine Reise nach Jacksonville, Florida, um dort in einer Gemeinde zu dienen. Nach der Landung kam ich schließlich – eine halbe Stunde verspätet – im Gottesdienst an. Rick Pino und seine Band leiteten gerade den Lobpreis, als ich hereinkam. Vom ersten Augenblick

---

[1] Der Ausdruck spielt auf die Begebenheit in Apostelgeschichte 1,13 an. Die Jünger versammelten sich in einem Obergemach, in dem sie beteten bis der Heilige Geist auf sie fiel. (Anm. d. Übersetz.)

[2] dt.: Prophetisches Gipfeltreffen

an, als ich den Raum betrat, war deutlich spürbar, dass dort Menschen Zugang zu himmlischen Orten hatten und Gott übernatürlich wirkte. Als ich vom Ende des Saals nach vorne ging, sah ich Lichtblitze über der Versammlung. Ich blieb stehen, denn nach meiner Überzeugung deutet dies auf die Aktivität von Engeln hin. Es waren also Engel, die sich überall im Saal bewegten und dem Volk Gottes dienten.

An Pfingsten kam der Heilige Geist mit seinen himmlischen Heerscharen, die als Feuerflammen sichtbar wurden und sich auf jede Person im Obergemach niederließen.

Unter der Leitung des Heiligen Geistes dienten also himmlische Heerscharen den Menschen in diesem Obergemach und überbrachten ihnen heiliges Feuer. Ich sah also diese Blitze in der Versammlung nur wenige Stunden, nachdem ich in Ohio meine prophetische Vision über die U-Boote weitergegeben und verkündet hatte, dass ein neues Feuer Gottes kommen würde. Ich erinnere mich, wie ich im Gang stehenblieb und betete: „Gott, das hier ist so groß! Hilf mir, dass ich es nicht verpasse. Gott, ich will nicht auf der Ersatzbank sitzen; ich möchte ein Spieler sein; ich will im Spiel aktiv sein."

Am nächsten Morgen begann der Lobpreisleiter mit einem Lied, welches alle Leute sammeln und sie in eine innere Empfangshaltung bringen sollte. Dutch Sheets eröffnete den Gottesdienst mit Gebet. Ich stand in der ersten Reihe und bereitete mich darauf vor zu dienen, als ich in einiger Entfernung rechts von mir eine Gruppe von Engeln stehen sah. Auch links stand eine Gruppe von Engeln. Es waren Kriegsengel. Ich blickte nach oben und plötzlich sah ich überall Kriegsengel!

Natürlich fesselte dies meine Aufmerksamkeit. Es war für mich deshalb so spektakulär, weil ich einige Monate zuvor in Rochester, New York, das Gleiche erlebt hatte. Damals hatte ich auch zwei Gruppen von Engeln an den Seiten der Versammlung stehen sehen. Cindy Jacobs hatte alle Teenager und junge Erwachsene bis zum Alter von 30 Jahren nach vorne gerufen. Als sie begann, für sie zu beten, rief sie Dutch und mich herbei, damit wir sie beim Beten unterstützten. Während wir also beteten, hörte ich hinter mir jemanden „*Machanaim!*" rufen. Ich wusste natürlich, was *Machanaim* bedeutet, weil ich selbst darüber lehre. Und natürlich wusste Gott, dass dieses Wort meine Aufmerksamkeit erregen und ich wissen würde, dass das der Name des Engels ist, der den apostolischen Auftrag meines Lebens begleitet. Schließlich drehte ich mich um, um zu sehen, wer da „Machanaim!" rief. Zu meiner Überraschung stand hinter mir niemand. Ich begann zu zittern. In 1. Mose 32 wird beschrieben, wie Jakob nach Bethel zurückkehrt, um seinen Bruder Esau zu treffen. Er hat Angst, dass Esau ihn und seine Kinder töten wird, weil er Jahre zuvor dessen Erstgeburtsrecht gestohlen hat. Als er nach Bethel kommt, sieht er zwei Gruppen von Engeln auf beiden Seiten seiner Kinder stehen, die diese vor Esau schützen. Jakob nennt diesen Ort „Machanaim", was „zwei Lager" (Strong, H4266) bedeutet.

Zurück zur Versammlung in Jacksonville: Ich erinnerte mich daran, was ich in New York gesehen und in 1. Mose 32 gelesen hatte. Ich sah nun wieder das Gleiche und wusste, dass der Heilige Geist Engel nutzte, um das zu behüten, was er mit der kommenden Generation vorhatte – und was er speziell an diesem Abend unter den Jugendlichen dieser Gemeinde tat. Die Schule der Gemeinde in Jacksonville hatte

1500 Schüler, die dort lernten, wie sie zu Reformatoren ihrer Kultur werden konnten. Viele dieser Schüler hatten sich vorne am Altar versammelt – voller Begeisterung und bereit, vom Herrn zu empfangen. Ich fragte den Herrn, ob ich das, was ich sah, mit ihnen teilen sollte. Als ich dort stand und darüber nachdachte, kam Dutch auf die Bühne, um mit einem Gebet zu beginnen. Sein Einleitungssatz war: „Gott, sei heute der Gott von Bethel." Bethel ist der Ort Mahaneims, wie in 1. Mose 28 bzw. 32 beschrieben ist. Ich sprang also während des Gebets auf, schnappte mir das Mikrofon und begann zu verkünden, dass der Heilige Geist mit seinen Engeln kommt und dass er die kommende Generation mit der vorigen Generation in der „Dritten Großen Erweckung" zusammenführen wird. Pastor Zink, der Hauptpastor der Gemeinde in Jacksonville, fing an zu beten, dass geistliche Väter freigesetzt würden, um die kommende Generation zu betreuen, ohne sie jedoch zu kontrollieren. Im Fluss des Heiligen Geistes betete ich, dass die geistlichen Väter, die sich so sehr danach sehnten, dass die kommende Generation sie an Weisheit und Einfluss weit übertrifft, anfingen, ihren Einfluss, ihre Strategien und ihr Wissen zu gebrauchen, um die kommende Generation in ihre Berufung zu bringen.

Der Strudel

Sobald ich das Gebet beendet hatte, sagte Dutch, dass er das Wort *Strudel* hören würde. „Gott sagt, dass er jetzt wie ein Strudel kommt!", rief er aus. Ein Strudel ist eine wirbelnde oder zirkulierende Flüssigkeit – eine Art Whirlpool. Er dreht sich so schnell, dass man aus ihm nur schwer wieder herauskommt und in das Zentrum des Wirbels hineingezogen wird. Ein *Strudel* kann auch ein Tornado oder ein Wirbelsturm sein, es gibt sogar einen Feuertornado.

Dieser Strudel symbolisiert eine Zeit von fesselnden, schnellen Veränderungen, die einen nicht mehr loslassen und immer tiefer hineinziehen.

Ich hörte, wie der Lobpreisleiter das Wort „rufezeien" sagte. „Bedeutet ‚rufezeien' etwa, dass man mit lauter Stimme prophezeit?", überlegte ich. Also fragte ich Rick Pino, der neben mir stand. Dieser erwiderte, dass er den Lobpreisleiter das Wort nicht hatte sagen hören. Da ich noch nicht überzeugt war, fragte ich schließlich den Lobpreisleiter, nur um zu erfahren, dass er das Wort überhaupt nicht gesagt hatte. Ich war mir jedoch sicher, dass ich das Wort „rufezeien" gehört hatte, und wurde deshalb aktiv und rief: „Komm wie ein Strudel! Komm wie ein Strudel!" Es ergriff mich so stark, dass ich mich nicht mehr zurückhalten konnte.

Ich hatte nun bereits zwei Begegnungen mit *Machanaim* gehabt, die uns wie Wächter umringten. Zurück in meiner eigenen Gemeinde in Ohio hatten wir an einem Sonntagabendgottesdienst einen Lobpreisleiter zu Gast. Bereits zu Beginn des Gottesdienstes spürte ich, dass ein sichtbares Wirken von Engeln stattfinden würde. Tatsächlich rief auch hier der Lobpreisleiter die jungen Leute nach oben auf die Bühne, so wie ich es bereits in New York und Florida erlebt hatte. Sofort musste ich an die *Machanaim* denken, welche ich die letzten zwei Male in so einem Setting gesehen hatte. Ich blickte nach oben und wie erwartet sah ich je eine Gruppe von Kriegsengeln auf beiden Seiten der Jugendlichen, die auf der Bühne standen. Es waren die *Machanaim*. Diese nächste Generation hatte die ungeteilte Aufmerksamkeit der Engel, denn ihre Blicke waren auf die Jugendlichen gerichtet, die sie beschützen sollten.

An dem Abend legte sich der Lobpreisleiter auf die Bühne, aus welchem Grund auch immer. Zufälligerweise hatte ich mich im vorhergehenden Gottesdienst am Morgen auch auf die Bühne gelegt. Ich mache so etwas sonst nie. In meinen ganzen 31 Jahren im Dienst hatte ich das noch nie getan! Als ich jedoch über die Entschiedenheit, die es brauchte, um Bestimmung und Erweckung hervorzubringen, sprach, legte ich mich mitten in meiner Predigt auf den Boden. Dieser Lobpreisleiter tat nun genau dasselbe.

Ich erinnere mich, wie ich ihn beobachtete und mir dachte, dass dies kein Zufall sein konnte. Als er dort lag, forderte er uns auf, den Herrn noch intensiver zu suchen. Ich traute meinen Ohren kaum, als er schließlich aufstand und sagte: „Ich weiß, dass dies vielleicht etwas ungewöhnlich klingt, aber ich höre den Herrn sagen, dass der Heilige Geist wie ein Strudel nach Ohio kommt." Er wusste nichts von den vorherigen Worten, die bezüglich des Strudels gegeben worden waren. Er wusste nicht, dass auch ich in der Gemeinde dieselben Worte weitergegeben hatte. Noch einmal bestätigte Gott die Botschaft, indem er verkündete, dass er wie ein Feuersturm kommen würde.

Inzwischen hatte ich denselben Eindruck noch in drei unterschiedlichen Städten: in Rochester, New York, Jacksonville, Florida und in Ohio. Offensichtlich wollen der Heilige Geist und seine Engel die kommende Generation mit Erweckungsfeuer anstecken und für die kommende Große Erweckung vorbereiten. Der Heilige Geist bewegt sich mächtig, um diese jungen Gläubigen weiter zu trainieren und freizusetzen, damit sie an der kommenden Erweckung beteiligt sein werden. Wie es der Prophet Joel vorhersagte, wird diese junge Generation prophezeien. Sie werden Gottes Träume träumen. Sie werden Gottes Vision erhalten. Sie werden voller Leidenschaft laufen und die Leidenschaft anderer schüren. Die ältere Generation braucht das Feuer der jüngeren Generation, und die jüngere Generation benötigt die Weisheit der älteren Generation. Beide Gruppen müssen zusammenarbeiten, damit sie mit dem Heiligen Geist und den Engeln neues Land einnehmen.

Bevor eine dieser Prophetien[3] über den Strudel weitergegeben wurde, prophezeite ein Mann in meiner Gemeinde, dass ein Hurrikan kommen würde. Er würde sich über mehrere Staaten ausbreiten. Dies deckt sich natürlich exakt mit dem, was Gott momentan spricht, nämlich dass er wie ein Strudel kommen wird! Die Beschreibung des nahenden Wirbelwindes weist Parallelen zu Pfingsten auf. Ein Wind feuriger Salbung kommt wie ein Wirbelsturm – begleitet von Engelaktivitäten – zu den Kämpfern Gottes. Der Wind Gottes, der wie ein Tornado rotiert, zieht uns in seine Gegenwart. Ein Feuersturm des Heiligen Geistes zieht Gläubige an und nimmt sie völlig ein. Millionen von Menschen werden die Auswirkungen wahrnehmen. Wir stehen kurz vor spannenden, rapiden Veränderungen. Veränderungen in der Gemeinde, Veränderungen in der Kultur und Veränderungen im ganzen Land.

Es wird eine Zeit beständiger Begeisterung und Freude sein. Die mächtigen Windturbinen des Himmels erzeugen einen Strudel, so wie sich ein Rad um das andere dreht. Hesekiel 1,16 beschreibt diese Räder. Die Stimme Gottes wird erklingen und ein Wirbel der Salbung, des Windes, des Feuers wird kommen – ein Strudel voller Kraft, der verändert, begeistert und erneuert!

---

3   Siehe Anhang: Bestätigende Prophetien, S. 271. ...

KAPITEL ZWEI

DER HEILIGE GEIST UND ENGEL DES FEUERS

Der Caesar Creek See ist nicht weit von meinem Haus entfernt. Seit Jahren gehe ich nun schon an diesen Ort, um den Herrn zu suchen. Im Herbst 2003 war ich wieder einmal an einem meiner Lieblingsplätze dort im Wald, von dem aus man auf einen Wasserfall blickt. Als ich den Heiligen Geist bat, mir eine deutliche Richtung für die Gemeinde zu geben, erhielt ich einen erstaunlichen ‚Download'. Der Heilige Geist sprach zu mir über ein neues Pfingsten, das er bald auf die Erde bringen würde. Er offenbarte mir, dass in Kürze eine neue Bewegung Gottes beginnen würde, eine Bewegung, die er als „eine Erweckungswelle, so groß, wie sie die Welt noch nicht gesehen hat" beschrieb. Er offenbarte auch, dass die Engel hierzu beitragen würden, denn er sagte deutlich: *„Diesmal werde ich mit noch viel mehr Armeen von Engeln kommen."* Dass er in diesem Moment meine vollste Aufmerksamkeit hatte, wäre eine Untertreibung. Eine solche Aussage hatte ich nun wirklich nicht erwartet.

Als ich dort saß und über das, was ich empfing, nachdachte, brannte der Heilige Geist einen Satz in meinen Geist, den ich seither hunderte Male proklamiert habe. Es war, als ob er ihn in meine DNA geschrieben hätte. Er sagte: *„Die besten Tage der Gemeinde Gottes liegen nicht in der Vergangenheit, sondern in der Zukunft."* Die Bedeutung dieser Aussage war gewaltig. Etwas Größeres als jede bisherige Bewegung im Königreich Gottes würde nun entstehen. Die himmlische Armee der Engel wird sich mit der Armee der Kriegsadlerarmee verbinden. Sie werden unter der Aufsicht des Heiligen Geistes zusammenarbeiten, um zu zeigen, dass das Königreich Gottes mit großer Kraft gegenwärtig ist.

Von diesem besonderen Tag an hat mich der Heilige Geist durch die Bibel geleitet und mich über seine Engelsarmee aufgeklärt. Ich war gefesselt von den Offenbarungen, die er mir Monat für Monat weiter aufschloss. Ja, ich wusste, dass Engel existieren, doch sie waren mir nicht auf die Art und Weise bewusst, wie es mich der Heilige Geist nun lehrte. Ich erhielt ein zunehmendes Bewusstsein für eines der größten Geschenke Gottes an seine Kinder – den Beistand der Engel. Nach monatelangem Forschen und Lesen wurde das Bild vor meinen Augen immer klarer: „Die besten Tage der Gemeinde Gottes liegen nicht in der Vergangenheit, sondern in der Zukunft." Der Heilige Geist wird die größte Bewegung von Gottes Königreich leiten und zwar noch zu meinen Lebzeiten. Mir war klar, dass dieser Aufbruch sich durch übernatürliche Kraft vorwärts bewegen würde. Ich wusste, dass Armeen von Engeln hinter dieser Bewegung stehen und dass weder die Hölle noch die Gemeinde jemals so etwas gesehen hat. Der Heilige Geist ist dabei, seine Armeen zusammenzutrommeln, um den Lauf der Geschichte zu verändern.

Gegen Ende dieser Phase des Trainings begann der Heilige Geist, seinen Ruf für mein Leben zu bestätigen. Ich hörte ihn bei dem eben erwähnten Erlebnis am See außerdem sagen: „Teil deiner Aufgabe in meiner neuen Kampagne wird sein, durch die Erben Christi meine Engelsarmee durch kühne Anordnungen zu rufen und zum Einsatz zu bringen. Mach es in deinem Autoritätsbereich zur Priorität, machtvolle Worte des Glaubens zu sprechen." Immer wieder erhielt ich den Auftrag: Erkenne, in welcher Zeit du dich befindest, und proklamiere das, was du hörst.

Die Zeiten unterscheiden

Wir leben in der Endzeit. Der Krieg in der geistlichen Welt ist intensiver geworden und alle Angriffe bewegen sich auf den Höhepunkt der kommenden Schlacht bei Armageddon zu.

Während wir diese zunehmende Aktivität des Königreichs beobachten, ist es wichtig, dass wir erkennen, in welcher Zeit wir leben und wie unsere angemessene Reaktion darauf aussehen sollte.

In 1. Chronik 12,33 erkannten beide Söhne Issachars, in welcher Zeit sie sich befanden, und erhielten Einsicht darüber, wie Israel vorgehen musste. Um ihrem Beispiel zu folgen, ist es meiner Meinung nach unabdingbar, die relevanten lehrmäßigen Grundlagen zu kennen. Das wird uns dabei helfen, die Phasen oder Zeiten zu verstehen, in denen wir uns momentan befinden. Grundlegende Wahrheiten verstärken die Glaubwürdigkeit der momentanen Geschehnisse und aktivieren somit einen stärkeren Glauben.

Lass uns zuerst einmal die hebräischen Wurzeln einiger Worte untersuchen, die in Bezug auf Unterscheidung der Zeiten wichtig sind:

Binah (verstehen): Wissen, Weisheit, Einsicht, Intelligenz (Strong, H998)

Eth (Zeiten): die angemessene Zeit oder der richtige Zeitabschnitt für ein bestimmtes Geschehnis (Strong, H6256)

Yada (kennen): wahrnehmen, salben, um klar zu sehen, informieren oder offenbaren; durch die Sinne erworbenes Wissen (wahrnehmen); zwischen Optionen unterscheiden (Strong, H3045)

Asah (zu tun haben): ausführen, arbeiten, kreieren oder bauen; vorbereiten; beschreibt Gottes schöpferisches Handeln (die Folgerung für uns ist, dass wir uns auf das Wirken Gottes vorbereiten) (Strong, H6213)

Rhema Worte: Offenbarungen durch den Heiligen Geist und Erleuchtung durch die Bibel

Die hebräischen Wurzeln dieser Worte bereiten uns auf die Freisetzung von Offenbarungen und ein *binah*-Verständnis vor. Wenn wir im Zusammenhang mit dieser Lehre auch über die empfangenen prophetischen Worte nachdenken, kann *asah* geschehen. Wir werden Erkenntnis und Weisheit für die angemessenen Handlungen bekommen, die für unseren Zeitabschnitt wichtig sind.

Es salbt uns mit der Fähigkeit, die richtigen Optionen zu finden, um Gott Kreativität in Handlungen umzusetzen. Anders ausgedrückt ist die entsprechende Lehre in Verbindung mit den bisher empfangenen prophetischen Worten und dem Verständnis des Zeitabschnitts, in dem wir uns befinden, überaus wichtig, damit wir zum richtigen Zeitpunkt Weisheit erhalten und unsere Vision in die Tat umgesetzt werden kann.

Es wird Zeit, dass wir Lehren und prophetische Worte überdenken, um unsere Aufmerksamkeit neu zu schärfen und Weisheit für das Jetzt zu erhalten.

Kraft!

In Apostelgeschichte 1 und 2 lesen wir das letzte Versprechen Jesu an seine Jünger – ja, sogar die letzte Aussage, die er machte, bevor er in den Himmel aufstieg. Er prophezeite das Kommen des Heiligen Geistes. Es war genau die richtige Zeit, dass er kam; es war die *Eth*, dass sie mit der Kraft von oben erfüllt werden sollten.

Wenn wir von dieser Art von Kraft sprechen, sollten wir das Wort *dunamis* im Hinterkopf behalten. Obwohl es die Wurzel des deutschen Worts *Dynamit* ist, bezeichnet *dunamis* an und für sich nicht einfach nur Dynamit. *Dunamis* ist vielmehr die Energie, die freigesetzt wird, wenn etwas entzündet wird und daraufhin explodiert. Es ist eine Kraft, die zu allem fähig ist (Strong, G1411). In Apostelgeschichte 1, Verse 4 und 8 sagte Jesus zu seinen Jüngern, dass sie Jerusalem nicht verlassen sollten, bis der Heilige Geist komme und sie erfüllen würde. Er gab ihnen diese Art von Kraft, damit sie in Jerusalem (ihrer Stadt), Judäa (ihrer Region), Samaria (dem Ort der Heiden) und bis an die äußersten Enden der Erde seine Zeugen sein könnten.

Gott gebrauchte die 120 Gläubigen, die sich seiner Anweisung folgend im Obergemach versammelten, um sich für die neue Kampagne des Königreichs, die Christus auf der Erde freisetzen wollte, vorzubereiten. Eine Kampagne ist eine Reihe von miteinander verbundenen Aktivitäten, um etwas zu erreichen, also eine organisierte Aktion, um einen bestimmen Zweck zu erreichen, oder eine Reihe von zusammenhängenden Militäroperationen.

Man sagt zum Beispiel, dass derjenige, der für das Amt des Präsidenten kandidiert, eine politische Kampagne durchführt. In anderen Worten agiert diejenige Person so, dass sie ihr Ziel erreicht. Sie verbindet ihre Aktivitäten und organisiert ihre Mitarbeiter, um etwas auf die Beine zu stellen. Wir als Gläubige müssen dafür offen sein und uns danach sehnen, dass die Kraft des Heiligen Geistes durch unser Leben wirkt, um das Königreich Gottes auf der Erde zu erweitern, wie es auch die 120 Leute im Obergemach taten. Auf diese Weise kann eine neue Kampagne vorbereitet und durchgeführt werden.

Das Königreich Gottes auf Erden

Das Königreich Gottes ist eine geistliche Dimension, die sich u.a. auf drei Wegen auf der Erde verbreitet – durch die neutestamentliche Gemeinde, die die Heiligen ausrüstet, durch den Heiligen Geist, der eins mit Christus und dem Vater ist, und durch das organisierte Netzwerk von möglicherweise Milliarden von Engeln, die sich um die Erde lagern und deren Leiter Christus ist.

Die Verse in Kolosser 1,18 und 2,10 nennen Christus das Oberhaupt über jede Kraft und Autorität, was alle Fürstentümer und Herrschaftsgebiete mit einschließt. Er übertrifft alle anderen und steht über allen Kräften, jeder Macht und Herrschaft. Dies gilt sowohl für die Engel, als auch für die dämonischen Kräfte. Es gibt dämonische Fürstentümer und Herrschaftsgebiete, die versuchen, geografische Gebiete zu regieren. In Epheser 6,12 werden wir aufgefordert, solche Kräfte zu binden. Kolosser 1 und 2 beschreibt, dass auch

Gott Fürstentümer, Kräfte und Herrschaftsgebiete hat, die für ihn arbeiten. Wir sollten immer bedenken, dass das Reich der Finsternis die Organisation des Reiches Gottes hinsichtlich des Aufbaus und der Organisation lediglich nachahmt.

Es gibt Millionen von Kriegsengeln – hilfreiche Diener – die uns unterstützen. In Hebräer 12,22 ist von einer „unzählbar großen Schar von Engeln" die Rede. Lediglich ein Drittel der Engel fiel, als Luzifer rebellierte (s. Offb. 12,4). Dies bedeutet, dass zwei Drittel der Engel auf unserer Seite geblieben sind, es sei denn, Gott schuf noch weitere Engel. Wir haben also viel mehr Engel auf unserer Seite als gefallene Engel gegen uns.

Das sollte die Zuversicht der Überwinder stärken. Diese Überwinder beziehen sich auf einen kleinen Teil der Gemeinde. Nur ein geringer Teil der Gemeinde wird Christus in dem Auftrag dieser Endzeitkampagne wirklich nachfolgen. Die meisten Christen heutzutage sind Namens-Christen; sie sind es also nur dem Namen nach und sie werden an dieser Kampagne nicht teilnehmen.

Die sichtbare Anzahl ist nicht die tatsächliche Anzahl

Im Natürlichen sind wir manchmal zahlenmäßig stark unterlegen. Manchmal stehen die Chancen für uns unglaublich schlecht. Es gibt heutzutage Menschen, die sagen, dass wir in den USA niemals einen Aufbruch oder eine Erweckung erleben werden, weil die Zahlen eindeutig dagegen sprechen. Manchmal lassen die natürlichen Zahlen dies auch wirklich vermuten. Doch die natürliche Anzahl ist nicht die Anzahl des Königreichs! Die Anzahl des Königreichs ist auf überwältigende Weise zu unseren Gunsten. Das müssen wir verstehen. Gott ist mit uns, der Heilige Geist ist mit uns, der Messias, der Durchbrecher, geht vor uns her und Millionen von Engeln stehen hinter uns. Diese helfen uns, Strategien und Pläne umzusetzen, die uns zu schützen, die uns zeigen, wie wir Ressourcen verwalten können und Bünde in Kraft setzen. In 2. Könige 6 lesen wir die Geschichte, in der Elisa und sein Diener von der syrischen Armee umzingelt waren. Sie waren der Armee mit ihren Kriegswagen zahlenmäßig weit unterlegen, und in 2. Könige 6,15 ruft Elisas Diener: *„Was sollen wir tun?"* Elisa antwortet: „Entspann dich. Es sind mehr auf unserer als auf ihrer Seite." Elisas Diener zählt die Personen: „Eins, zwei." Zwei war die natürliche Anzahl von Menschen, doch es war nicht die Anzahl des Königreichs. Elisa betete daraufhin: „Herr, öffne seine Augen." Als die geistlichen Augen des Dieners aufgingen, sah er, dass die Hügel ringsum von der Armee Gottes belagert waren. Pferde, Streitwagen aus Feuer und in Stellung gebrachte Engel umgaben sie.

Gott schenkte einen übernatürlichen Sieg im Angesicht einer überwältigenden Ungleichheit. Ist die Anzahl der Überwinder groß genug, um die besten Tage in der Geschichte der Gemeinde Jesu zu erleben? Reicht die Anzahl der Überwinder aus, um eine weltweite Erweckung zu sehen? Sind es genug, um diese Nation zu verändern? Ja, denn die natürliche Anzahl ist nicht die Anzahl des Königreichs Gottes. Es sind weitaus mehr auf unserer Seite als auf der Seite des Gegenspielers. Gott, der Vater, Gott, der Sohn, der Heilige Geist und Millionen von Engeln sind auf unserer Seite. Wenn die Gläubigen in den Kampf ziehen, werden wir die mächtige Armee des Königreichs Gottes an unserer Seite wissen, obwohl im Natürlichen die Chancen schlecht stehen. Wir haben mehr als genug Kämpfer auf unserer Seite, um den Sieg zu erringen.

Die Armee der Engel

Josua 5 erzählt von der Begegnung, die Josua mit dem *Fürst über das Heer des Herrn* hatte, als er sich gerade auf die Eroberung Jerichos vorbereitete:

> *Es geschah aber, als Josua bei Jericho war, da erhob er seine Augen und sah sich um; und siehe, ein Mann stand ihm gegenüber, der hatte ein blankes Schwert in seiner Hand. Und Josua ging zu ihm und sprach zu ihm: Bist du für uns oder für unsere Feinde? Er aber sprach: Nein, sondern ich bin der Fürst über das Heer des HERRN; jetzt bin ich gekommen! Da fiel Josua auf sein Angesicht zur Erde und betete an und sprach zu ihm: Was redet mein Herr zu seinem Knecht?* (Josua 5,13-14; SLT)

Im Hebräischen wird das Wort *Heer* mit „tsebaah" übersetzt. Es bezeichnet Krieger oder Soldaten, die sich für den Kampf aufgestellt haben und für den Krieg gerüstet sind (Strong, H6635). Das Heer des Herrn ist also eine große Menge von engelhaften Wesen. Diese Bibelstelle verdeutlicht, dass es sich um eine sehr reale und gut organisierte Armee von Engeln handelt. Wir denken oft, dass engelhafte Wesen nur in unserer Vorstellung existieren oder relativ wenig Einfluss haben, doch inzwischen hast du wahrscheinlich erkannt, dass diese Vorstellung absolut nicht der Wahrheit entspricht! Sie wurden erschaffen, um unter der Leitung Christi höchstpersönlich Gottes Pläne auszuführen.

Sie werden durch sein Wort mobilisiert, was auch das durch seine Heiligen gesprochene Wort mit einschließt. In

Psalm 103,20 steht: *"Preist den Herrn, ihr seine starken und gewaltigen Engel, die ihr sein Wort ausführt und seiner Stimme gehorcht, sobald er spricht."* Dies bedeutet, dass sie die Worte Gottes, die wir aussprechen (einschließlich durch den Heiligen Geist inspirierte prophetische Worte und machtvolle Worte des Glaubens) hören und darauf reagieren, sich organisieren, kämpfen und Strategien durchführen, um sie Wirklichkeit werden zu lassen. Sie sind himmlische Krieger.

Die *Armee der Engeln* tut, was Armeen eben tun. Was also sind die Aufgaben einer Armee?

- Sie bewacht und beschützt einen König und dessen Reich.
- Sie wacht über die Bewohner des Königreichs.
- Sie setzt die Strategien, Pläne und Gesetze des Königs um.
- Sie beschützt die Grenzen des Königreichs (patrouilliert an der Grenze).
- Sie setzt im Autoritätsbereich des Königs dessen Gesetzgebung um.
- Sie verwaltet die Ressourcen des Königs oder des Königreichs.
- Sie ermöglicht Verträge und verschafft ihnen Geltung (was immer der König anordnet).
- Sie kümmert sich um die Waffen und Waffensysteme.
- Sie stellt sich gegen Bedrohungen des Königreichs.
- Sie beschützt und unterstützt die Familie (die Erben) des Königs.

Himmlische Krieger führen nicht nur Gottes Worte und Befehle aus, sie sind auch dort, wo Gott angebetet wird. Sie legen Hinterhalte gegen die Feinde Gottes, einschließlich Fürstentümer, Mächte und Herrschaftsgebiete. Wir sehen das in 2. Chronik 20, als Joschafat, ganz Juda und die Einwohner Jerusalems den Herrn anbeteten und ihm vertrauten, dass er den Kampf gegen Ammon, Moab und die Bewohner des Berges Seir leitet. Gott legte den Hinterhalt, und die feindlichen Armeen bekämpften sich gegenseitig, während ihre Anbetung und der Glaube an Gottes Fähigkeiten den Weg bereiteten.

Die neue Kampagne der Dreieinigkeit

In Johannes 14,16 spricht Jesus vom Heiligen Geist als von seinem anderen Selbst, dem Tröster. Jesus sagt: *„Und der Vater wird euch 'an meiner Stelle` einen anderen Helfer geben, der für immer bei euch sein wird; ich werde ihn darum bitten."* Das Wort „*allos*" bedeutet „von der gleichen Sorte oder Qualität" oder „einer von zwei" (Strong, G243). Jesus sagt hier, dass der Heilige Geist gesandt würde, um unser Partner zu sein, um mit und in uns zu leben. Im gleichen Kapitel spricht Jesus: *„Wenn ihr erkannt habt, wer ich bin, werdet ihr auch meinen Vater erkennen. Ja, ihr kennt ihn bereits; ihr habt ihn bereits gesehen."* (Johannes 14,7). Diese Verse zeigen, dass der Vater, der Sohn und der Heilige Geist ein und dieselbe Person sind.

Das Konzept der Dreieinigkeit zu verstehen, ist wichtig, denn es bringt Verständnis für die Situation, in welcher der Heilige Geist an Pfingsten kam – als er mit dem Heer des Himmels, dem „*tsebaah*", erschien. T*sebaah* ist, wenn du dich erinnerst, eine große Anzahl engelhafter Wesen, die sich für einen militärischen Einsatz formiert haben und für den

Kampf gerüstet sind. Der Heilige Geist ist Kopf dieses Netzwerks von Engeln, und er ist eins mit dem Vater und dem Sohn. In Apostelgeschichte 2,3 steht: *„Gleichzeitig sahen sie so etwas wie Flammenzungen, die sich verteilten und sich auf jeden Einzelnen von ihnen niederließen."* Engel kamen, zusammen mit dem Heiligen Geist, um auf die 120 Menschen im Obergemach Feuer von Gottes Altar herabzusenden. Sie kamen, um die Nachfolger Christi zu bevollmächtigen und auf den Übergang in eine neue Zeit vorzubereiten.

Es ist wichtig, zu erkennen, dass Jesus in den ersten zwei Kapiteln der Apostelgeschichte derjenige war, der die Befehle für eine neue Kampagne auf der Erde erteilte. Sein Ziel im Obergemach war es, seine Gemeinde zu vereinen und sie an der Bevollmächtigung durch den Heiligen Geist teilhaben zu lassen. Wenn wir von Pfingsten (der Taufe im Heiligen Geist) sprechen, dann konzentrieren wir uns nicht ausschließlich auf den persönlichen Segen oder die Erfrischung, die es bringt. Es ist eindeutig, dass es sich bei der Taufe im Heiligen Geist um etwas noch viel Größeres handelt als nur um eine persönliche Segnung. In den Tagen von Pfingsten begann eine neue Bewegung Gottes. Die Heiligen mussten darauf vorbereitet sein und mit Vollmacht ausgestattet werden, um das Königreich Gottes zu erweitern. Eine Anordnung, die der König selbst erteilt hatte.

Diese 120 Menschen stellten schließlich, erfüllt von göttlicher Kraft, die ganze Welt auf den Kopf. Zuerst beeinflussten sie ihre Stadt, dann ihre Gegend und die Regionen der Heiden und schließlich die äußersten Enden der Erde. All dies war deshalb möglich, weil sie erkannten, dass sie in einer neuen Zeit lebten, die mächtige Taten erforderte.

Der Heilige Geist und Engel des Feuers

Das heutige Pfingsten

So wie in den Tagen von Pfingsten, führen auch die heutigen Aktivitäten der Engel eine neue Kampagne herbei; eine Kampagne, wie es sie noch nie zuvor in der Geschichte der Gemeinde Gottes gegeben hat. Noch einmal zur Erinnerung die Definition einer Kampagne: eine Reihe von miteinander verknüpften Ereignissen, die stattfinden, um etwas zu erreichen, oder etwas in Gang zu bringen; sie ist eine organisierte Aktion, um ein Ziel zu erreichen oder eine Reihe von zusammenhängenden militärischen Operationen. Der Heilige Geist organisiert die Ausbreitung des Königreichs, er trifft Vorbereitungen für das Wirken Gottes und die größte Erweckung in der Geschichte. Es ist jetzt Zeit für die Dritte Große Erweckung – den Aufbruch, den Joel prophezeite. In Joel 2,25 verspricht der Herr, die Jahre zurückzuerstatten, die die Heuschrecken gefressen haben. In der letzten Ernte wird er uns den Raub zurückerstatten.

An dieser neuen Kampagne werden Jung und Alt gemeinsam teilnehmen und mit einer generationsübergreifenden Salbung agieren. Die neue Ausgießung des Heiligen Geistes beginnt mit einer frischen Salbung für diejenigen, die hungrig sind. Obwohl damals 500 Menschen in das Obergemach kommen sollten, waren es nur 120, die tatsächlich kamen. Die restlichen 380 Menschen hatten Besseres zu tun. Nur diejenigen, die taten, was er sagte (also die hungrigen), sind qualifiziert, diese Salbung zu erhalten.

Der Heilige Geist kommt außerdem, um eine neue Salbung über dem fünffältigen Dienst freizusetzen – über die Apostel, Propheten, Evangelisten, Pastoren und Lehrer. Sie brauchen die Erfrischung und das neue Feuer für die Kampagne. Es ergeht ein Ruf, der dem in Apostelgeschichte 1 und 2 stark ähnelt: Verbreitet das Königreich Christi lokal, regional und weltweit!

Der Heilige Geist und die Engel sind gekommen, um die Gemeinde in den Erntemodus zu bringen. Kann die Welt noch einmal auf den Kopf gestellt werden? Ja! Wie auch Josua und das Volk Gottes, die nach vierzig Jahren in der Wüste in Begleitung eines Heers von Engeln – der *tsebaah* – in das verheißene Land eintraten, und wie die frühe Gemeinde mithilfe der *tsebaah* von ihrer alttestamentlichen Gesinnung zu einer neutestamentlichen kraftvollen Königreichseinstellung fanden, so ist es auch heute. Es beginnt nun ein neuer Abschnitt in der Geschichte des Königreiches, und wir werden auch hier die Hilfe von ebendiesem *tsebaah* erfahren. Die charismatische Bewegung ist vorbei. Es ist nun Zeit für die apostolische Kampagne des Königs Jesus auf dieser Erde. Eine unzählige Anzahl von Menschen, die sich in dem Tal der Entscheidung befinden, werden hereingebracht werden. Verlorengegangene Ernten werden siebenfach erstattet. Eine neue Bewegung des Heiligen Geistes wird die neutestamentlichen Gemeinden neu entfachen, und das Netzwerk der Engel wird bei dieser neuen Kampagne mitwirken.

Der Heilige Geist, Engel und Feuer

In Apostelgeschichte 2 lesen wir, dass der Heilige Geist Engel beauftragte, neues Feuer auszugießen. Dies geschieht auch jetzt in unserer Zeit und es wird noch zunehmen. Um zu erkennen, was momentan vor sich geht, müssen wir verstehen, was damals geschah. In Hebräer 1,14 steht: *„Nein, die Engel sind alle nur Diener, Wesen der unsichtbaren Welt, die denen zu Hilfe geschickt werden, die am kommenden Heil teilhaben sollen, dem Erbe, 'das Gott uns schenkt'."* Wir sind die Erben der Errettung. Beachte, dass es dort heißt, dass sie geschickt wurden, um uns zu helfen. Psalm 104,4 erklärt uns, dass Gott *„seine Engel zu Winden macht, seine Diener zu Feuerflammen"* (SLT). Dies wird in Hebräer 1,7 wiederholt. Lass uns den griechischen Urtext auf einige Schlüsselworte untersuchen:

- *Liturgos* (Diener): ein Diener oder ein Anbeter Gottes (Strong, G3011)
- *Phlox:* Flamme; ein Lichtblitz, eine Glut oder Feuerzunge; Blitz (Strong, G5395)
- *Poieo:* machen; verursachen oder jemanden mit einer bestimmten Eigenschaft ausstatten (Strong, G4160)

Gott macht seine Diener zu Feuerflammen. Diese Diener könnten sowohl Engel als auch wiedergeborene Männer und Frauen auf der Erde mit einschließen. Seine Diener sind diejenigen, die Gott anbeten und ihm dienen. Hier ist also nicht nur von dem fünffältigen Dienst der Apostel, Pastoren, Lehrer, Propheten und Evangelisten die Rede. Jeder wiedergeborene Christ sollte sich zu den Dienern Gottes zählen. Dies bedeutet, dass Gott möchte, dass jeder wiedergeborene Gläubige für ihn brennt! Er will, dass aus deinem Leben neues Feuer emporlodert; dass du brennst, erfüllt von seiner Herrlichkeit und Gegenwart.

In Apostelgeschichte 2,3 steht, dass an Pfingsten gespaltene Feuerzungen auf jede Person im Obergemach kamen. Jeder der 120 Anwesenden hatte Flammen über sich, je eine gespaltene Feuerzunge. Wie bereits erwähnt, war es eine Zeit der göttlichen Veränderung, eine Zeit, in der die Gemeinde zu einer neuen Ebene aufstieg. Sie bewegte sich von dem alten Bund zu einem neuen Level an Autorität und Dienst. Als diese Veränderung begann, kamen Feuerzungen, die vom

Heiligen Geist begleitet wurden, auf die Menschen. Engel brachten dieses Feuer zu jedem einzelnen Gläubigen, um sie für die neue Zeit zu bevollmächtigen und in Bewegung zu bringen. Es sollte eine feurige Bewegung werden. Der Schlüssel zu jeder Bewegung ist Bewegung. Der Heilige Geist und seine Engel brachten sehr deutlich folgende Botschaft: „Werdet voller Feuer und kommt in Bewegung!"

Dies ist es, was in der letzten Zeit durch die Zunahme an Engelaktivität geschieht. Auch heute helfen die Engel dabei, eine neue Ausgießung des Heiligen Geistes freizusetzen. Eine ihrer Aufgaben ist es, den Gläubigen unter der Leitung des Heiligen Geistes neues Feuer zu bringen und sie geistlich in Brand zu setzen. In Hesekiel 1,13 steht: *„Zwischen den lebendigen Wesen war etwas, das aussah wie glühende Kohlen oder wie leuchtende Fackeln, die zwischen den Wesen hin und her fuhren. Dieses Feuer glänzte und Blitze zuckten daraus hervor."*

Die „Neues Leben" Übersetzung (NL) beschreibt das Aussehen der lebendigen Wesen als leuchtende Fackeln, die wie Blitze zwischen den Wesen hin und her fahren. Die englische Übersetzung *„The Bible in Basic English"* beschreibt, dass es zwischen den lebendigen Wesen so aussah, als jagten Flammen über glühenden Feuerkohlen. Genau so sah es auch an Pfingsten aus, als helle Flammen über den 120 Gläubigen aufleuchteten! Was geschah also? Engel dienten ihnen mit neuem Feuer von Gottes Altar, das auf sie kam. Das Netzwerk der Engel unterstützt den Heiligen Geist, die andere „Person" Christi, und half dabei, die Gemeinde auf eine neue Ebene des Dienstes zu bringen.

Schlussgedanke

Ich erinnere mich an die Zeit, in der Gott anfing, mich über Engel zu lehren. Damals sah ich oft einfach Lichtblitze umherfliegen. Nun weiß ich, dass dies ein Zeichen für die Aktivität von Engeln ist. In Jesaja 6,6-7 berichtet Jesaja, dass ein Seraphim mit einer glühenden Kohle in der Hand, die er mit einer Zange vom Altar genommen hatte, zu ihm kam. Als die Kohle Jesajas Mund berührte, wurde ihm seine Schuld vergeben und seine Sünde ausgelöscht. Der griechische Gelehrte Spiros Zodhiates gab die folgende, sehr treffende Beschreibung: „Das hebräische Wort *Seraph* bezeichnet einen Engel mit Flügeln, welcher als eine hell leuchtende Feuerflamme erscheint." Dies zeigt uns das Bild von Engeln, die an Pfingsten mit glühenden Kohlen umherflogen. Begleitet von einem Netzwerk von Engeln kam der Heilige Geist, um die Gemeinde mit Kraft und neuem Feuer zu taufen. Der Auftrag dieser Engel war, das Volk Gottes zu entzünden bzw. mit Leidenschaft zu füllen. Dies ist auch heute noch die wichtigste Aufgabe der Engel.

Es ist an der Zeit für eine neue Ausgießung. Es ist an der Zeit, dass die Gemeinde neue Kraft von oben empfängt. Es ist an der Zeit, dass neues Feuer auf alle Gläubigen fällt. Es ist an der Zeit, dass eine göttliche Veränderung stattfindet und die Gemeinde auf ein neues Level bringt. Es ist an der Zeit, dass die Apostel und Gläubigen ihre Regionen wieder mit dem Evangelium prägen, während sich die Engel – unter der Leitung des Heiligen Geistes – mit der Gemeinde vernetzen. Sie bewegen sich nun auf einem neuen Wind des Heiligen Geistes, um den Heiligen zu helfen, dieselben Werke zu tun, die Jesus tat. Sie zucken wie Blitze umher und sie schlagen die Feinde des Königs Jesus.

Die Armee der Engel

Engel bringen dem Volk Gottes Kohlen vom Altar, um es zu reinigen. Sie lauern den Streitkräften der Hölle auf. Sie handeln gemäß prophetischer Worte. Sie setzen die Befehle der Heiligen, welche aus dem Wort Gottes kommen, um. Sie kämpfen gegen Fürstentümer, Mächte und Gewalten der dunklen Seite, die sich gegen unseren König zusammengetan haben. Sie helfen dabei, die aktuelle Bewegung des himmlischen Königreichs zu unterstützen. Gemeinsam mit uns bringen sie die Ernte ein. Sie unterstützen die Dritte Große Erweckung, die bereits begonnen hat. Durch die Kampagne des Heiligen Geistes vernetzen sie Menschen, Orte und Aktivitäten. Sie helfen uns, dass wir das, was uns geraubt wurde, siebenfach zurück erhalten. Sie schaffen Verbindungen und Begegnungen, um Raum für Zeichen und Wunder zu schaffen.

Wir treten nun in die Zeit ein, in der die Kraft Christi durch seine Gemeinde sichtbar wird. Es hat noch keine Kampagne wie diese gegeben. Die Synergie der Zeitalter und der Hochbetagten[4] steht dahinter. Armeen von Engeln stehen dahinter. Der Heilige Geist erhebt sich wie nie zuvor. Jetzt ist die Zeit, dass die Bemühungen des Himmels und der Erde unter der Leitung des Heiligen Geistes zu einer neutestamentlichen Explosion zusammengebracht werden. Diese *Dunamis*-Explosion wird bewirken, dass Millionen von Menschen errettet werden. Sie wird eine neue Harmonie zwischen den Generationen schaffen und verursachen, dass sie gemeinsam mit Entschlossenheit marschieren und mit großer Leidenschaft vorwärtsgehen. Die Generationen werden im Glauben zusammenarbeiten und keine Kompromisse eingehen. Von nun an wird man kühn proklamieren,

---

4   Anspielung auf Daniel 7,9 (Anm. d. Übersetzerin)

Der Heilige Geist und Engel des Feuers

dass Jesus der Weg, die Wahrheit und das Leben ist und es keinen anderen Weg in den Himmel gibt. Diese Bewegung wird sehr fokussiert sein und es wird kein Raum für Verwirrung geben. Diese Bewegung des Heiligen Geistes wird sich weder einschüchtern noch sich durch politische Korrektheit hemmen lassen. Sie wird nicht wankelmütig sein und sich nicht durch Sorgen lähmen lassen. Es wird eine Bewegung sein, die sich in dem brennenden Feuer der Gegenwart Christi bewegt. Eine Bewegung, die mit dem Evangelium des Königreichs brennt.

Der Heilige Geist setzt die Gläubigen, die in unerschütterlichem Gehorsam leben, neu in Brand. Wir treten nun in die großartigste Zeit der Menschheitsgeschichte ein, in der die Gemeinde Gottes Wirken wie nie zuvor erleben wird. Die Ära, für die wir seit vielen Jahren beten, hat bereits begonnen; deshalb müssen wir ihr unsere Schritte anpassen. Wir warten nicht auf Gott; er wartet auf uns. Als der Engel Jesajas Lippen berührte, war seine Frage: *„Wer wird für uns gehen?"* Alles, was Gott von uns hören möchte, ist: *„Hier bin ich, Gott. Ich werde gehen."* Wie die 500 Jünger, die sich im Obergemach versammeln sollten, musst auch du dich entscheiden, entweder an der Ausbreitung des Königreich Gottes auf der Erde teilzunehmen oder die größte Erweckung zu verpassen, die die Welt je gesehen hat.

KAPITEL DREI
ENGEL DIENEN UNS

Beauftragte Engel

In den folgenden Bibelübersetzungen von Hebräer 1,14 wird die Rolle der Engel im Leben der Auserwählten Gottes deutlich:

Sind sie nicht alle dienstbare Geister, ausgesandt zum Dienst um derer willen, die das Heil erben sollen? (ELB)

Alle Engel sind nur Wesen, die Gott dienen. Er sendet sie aus, damit sie allen helfen, denen er Rettung schenken will. (HFA)

Nein, die Engel sind alle nur Diener, Wesen der unsichtbaren Welt, die denen zu Hilfe geschickt werden, die am kommenden Heil teilhaben sollen, dem Erbe, 'das Gott uns schenkt'. (NGÜ)

Die Engel sind doch alle nur Geister, die Gott geschaffen hat zum Dienst an den seinen. Er schickt sie denen zu Hilfe, die Anteil an der endgültigen Rettung haben sollen. (GN)

Nein, die Engel sind alle nur Diener. Es sind Wesen der himmlischen Welt, die Gott als Helfer zu denen schickt, die an der kommenden Rettung teilhaben sollen. (NEÜ)

Bete niemals Engel an

Engel wurden also geschickt, um uns zu dienen. Es ist jedoch sehr wichtig, dass wir eine gesunde Sicht in Bezug auf Engel haben.

Wir müssen die Regeln unseres Umgangs mit Engeln verstehen. Wir dürfen sie niemals anbeten. Engel sind geschaffene Wesen; sie sind nicht Teil der Gottheit. Nur Gott gebührt unsere Anbetung.

In Offenbarung 19,10 erhält der Apostel Johannes Offenbarungen über den Himmel und das Hochzeitsmahl des Lammes. Er fällt dem Engel, der die Offenbarung für ihn freisetzt (was eine der Aufgaben der Engel ist), zu Füßen. Sofort hält ihn der Engel auf:

„Tu das nicht! Ich bin 'Gottes` Diener wie du und deine Geschwister, die ihr treu zur Botschaft von Jesus steht." Die Schlachter-Übersetzung drückt es folgendermaßen aus: *„Sieh dich vor, tue es nicht! Ich bin dein Mitknecht und der deiner Brüder, die das Zeugnis Jesu haben. Bete Gott an!"*

Engel sollten als ebenbürtige Diener Gottes geehrt und respektiert werden. Kolosser 2,18 verurteilt die Verehrung von Engeln und warnt davor, dass sie uns unseres Lohns berauben kann. Engel sind dienende Geister. Sie dienen Gott, wie auch wir es tun, und wir müssen sie als Mitknechte, die uns, den Erben der Errettung, durch Gott an die Seite gestellt wurden, betrachten. *Wir sind Erben; die Engel nicht.* Bete daher niemals Engel an.

Das Netzwerk der Engel

Vor etwa zehn Jahren begann ich über die vielfältigen Netzwerke in unserem Land, insbesondere die apostolischen und prophetischen Netzwerke, nachzudenken. Es gibt seit Anfang der 80er Jahre große Bemühungen, die Apostel und Propheten für die kommende Erweckung in Netzwerken zu verknüpfen. Als ich darüber nachdachte, wo mein Platz ist und wie mein Beitrag dazu aussehen soll, und mir Gedanken über die verschiedenen Netzwerke machte, begann der Heilige Geist zu mir zu sprechen. Er fragte mich sehr deutlich: „Was ist mit meinem Netzwerk der Engel?" Der Heilige Geist schafft es irgendwie, eine Frage zu stellen und gleichzeitig eine Aussage zu machen. Ich war sofort von dem Begriff *„Netzwerk der Engel"* gefesselt. Noch nie hatte ich darüber nachgedacht, dass Engel in Netzwerken organisiert sein könnten.

Ich erinnere mich, dass ich innehielt und mir dachte: „Naja, Gott schuf ja nicht Millionen von Engeln, nur um zu sehen, ob er es kann. Er sagte bestimmt nicht: ‚Lass uns ein paar Engel machen. Mal sehen, was sie wohl so tun. Könnte unterhaltsam werden.'" Die Engel wurden aus einem bestimmten Grund geschaffen und organisiert. Sie besitzen die Disziplin einer strukturierten Armee und widmen sich mit voller Konzentration ihrem Auftrag, der mit den Erben Christi zu tun hat. *Wir* sind ihr Auftrag.

Wenn Netzwerke zusammenarbeiten

Ich begann darüber nachzudenken, was für ein Potenzial darin läge, wenn unter der Leitung des Heiligen Geistes die Netzwerke von Gemeinden und geistlichen Diensten mit dem Netzwerk der Engel zusammenarbeiteten, und mir wurde bewusst, dass man dieses Potenzial noch nie voll ausgeschöpft hat.

Seit den 50er Jahren wurde der fünffältige Dienst in großartigen Netzwerken zusammengebracht. Parallel dazu etablierten Leiter wie Billy Graham, Oral Roberts und T.L. Osborn evangelistische Netzwerke

In den 60er Jahren entstanden pastorale Netzwerke und große Gemeinden, geleitet von Pastoren wie Jack Hayford und Tommy Barnett.

In den 70ern fingen Kenneth Hagin, Kenneth Copeland und andere an, Netzwerke aufzubauen, die den Lehrauftrag in den Mittelpunkt stellten.

In den 80er Jahren entstanden durch Männer und Frauen Gottes wie Chuck Pierce, Dr. Peter Wagner und Cindy Jacobs überall in Amerika und auf der ganzen Welt prophetische Netzwerke.

In den 90ern etablierten sich schließlich die apostolischen Netzwerke. All diese Netzwerke sind für die heutige Zeit unerlässlich. Der Heilige Geist wird bald mit neuem Feuer und frischen Wind über sie kommen. Und er wird ihnen ein organisiertes Netzwerk von Engelarmeen zur Seite stellen. Jetzt beginnt es!

Der Dienst an den Erben der Errettung

Wie bereits erwähnt, steht in Hebräer 1,14, dass Engel dienende Geister sind, die gesandt wurden, um den zukünftigen Erben der Errettung zu dienen. Das Wort „dienend" entspricht dem griechischen Wort *liturgikos*, welches „Befreiung bringen, ein öffentlicher Bediensteter sein oder religiöse oder wohltätige Aufgaben übernehmen" (Strong, G3010) bedeutet. Engel werden also gesandt, um den Erben der Errettung Erleichterung und Kraft zu schenken.

Erben (*kleronomeo*) sind Besitzer. Sie erben oder erhalten ein Erbe (Strong, G2816). Das Wörterbuch definiert einen Erben als „jemanden, der etwas erhält oder den Anspruch besitzt, etwas zu erhalten". Jesus bezahlte den vollen Preis, damit wir Errettung erhalten können. In Römer 8,17 steht: *„Wenn wir aber Kinder sind, sind wir auch Erben – Erben Gottes und Miterben mit Christus."* Weil wir die Empfänger des Erbes Gottes sind, haben wir Anspruch darauf, *soteria* – also Errettung – zu erhalten.

Soteria ist das griechische Wort für Errettung. Es bedeutet, „Rettung, Sicherheit, Heilung, Befreiung erhalten oder Erhalt" (Strong, G4991). *Soteria* enthält drei Hauptaspekte:

- Erstens wird es für den natürlichen, irdischen Bereich gebraucht und deutet auf eine materielle und zeitlich begrenzte Befreiung hin. In Lukas 1,69, Apostelgeschichte 7,25 und 27,34, Philipper 1,19 und Hebräer 11,7 sind biblische Verweise auf Situationen zu finden, in denen das Netzwerk der Engel dazu dient, temporäre, auf das irdische Leben fokussierte Befreiungen zu schenken.

- Zweitens wird der Begriff hinsichtlich geistlicher oder ewiger Befreiung gebraucht. Dies wird zum Beispiel in Apostelgeschichte 4, Römer 1, Römer 10 und Epheser 1,13 deutlich. Diese Stellen beziehen sich auf die Errettung als geistliche Befreiung, in der geistliche Bindungen und Festungen zerbrochen werden.

- Schließlich wird *soteria* auch verwendet, wenn es um die gegenwärtige Echtzeit-Errettung geht. Diese finden wir in Philipper 2,12 und Petrus 1,9.

Zusammenfassend lässt sich feststellen, dass Engel den *kleronomeo* mit *soteria* dienen, den Erben der Errettung – sowohl in der natürlichen als auch geistlichen Welt. Das geschieht heute und wir sollten es nicht erst in der Zukunft erwarten. Manche Engel sind Regionen zugeordnet, während andere für Gemeinden zuständig sind.

Diese dienenden Engel retten uns und bieten Schutz. Sie bewahren und dienen uns, den Erben Christi. Sie dienen uns, indem sie uns verschiedene Aspekte der Errettung zuteil werden lassen, und sie tragen zu unserer Befreiung und unserer Bestimmung bei.

Keine Narzissten mehr!

Ich habe mir schon oft Gedanken über Strategien im Königreich Gottes gemacht und wie man in einer Region eine neue Kampagne am besten durchführen kann. Ich habe über die Probleme, die bisher jede Bewegung Gottes in der Geschichte wieder zum Stillstand brachten, nachgedacht. Meistens hatte es mit der Gemeinde als Institution zu tun oder damit, dass sie es Satan erlaubten, sie in die Irre zu führen.

Wie können wir also am besten die Bewegung des Geistes unterstützen? Wie überwinden wir den Narzissmus, die „Alles dreht sich um mich"-Mentalität? Wie werden wir die pharisäische Besserwisserei los? Ich bin immer mehr zu der Überzeugung gelangt, dass wir es ohne die Hilfe von Gott niemals schaffen können. Man hat es auf jede andere Weise versucht und es hat nicht funktioniert! Wenn es eine neutestamentliche Kampagne werden soll, brauchen wir hierfür übernatürliches Eingreifen und es müssen Zeichen und Wunder geschehen. Egal, wie sehr wir uns anstrengen oder wie viel Mühe wir in eine Sache stecken, es bedarf göttlichen Eingreifens, damit es gelingt. Der Auftrag der neutestamentlichen Gemeinde erfordert es, dass göttliches Eingreifen nötig ist, sonst können die Strategien, die unsere Region beeinflussen sollen, nicht funktionieren.

Eines Tages war ich wieder einmal unterwegs zum See, um zu beten und über die Engel und Strategien, die es für die Überwindung des Narzissmus in den Gemeinden braucht, nachzudenken. Als ich gerade in die Straße am See einbog, sprach der Heilige Geist zu mir. Dieses Wort war sehr kraftvoll und kühn. Es geschah etwas, was ich bisher sehr selten erlebt habe. Ich konnte das Wort akustisch hören und ich musste das Auto am Straßenrand abstellen. Ich zitterte am ganzen Körper. Seine Worte klangen wie ein kühner Befehl: „Setze meine ‚Heir Force' frei!" – womit die Streitkraft, die für seine Erben kämpft, gemeint war. Sofort wusste ich, dass er „heir" meinte und nicht „air"[5].

Dieses Wort wurde für mich zum apostolischen Auftrag, den ich seitdem überall mit mir trage.

Wie auch das Militär der Vereinigten Staaten eine Luftwaffe hat, die eingesetzt wird, um Gefangene zu befreien oder den Feind anzugreifen, so kann auch diese „Heir Force" ausgesandt werden, um eine Region zu retten. Die Gemeinde hat auch eine Streitmacht, die den Erben dient. Sie ist von

---

[5] „Heir" (dt. Erbe) und „air" (dt. Luft) sind phonologisch betrachtet identisch (Aussprache: [er]). Es handelt sich also um eine Art Wortspiel mit Bezug auf die amerikanische Luftwaffe, die „Air Force". (Anm. d. Übers.)

Gott geschaffen, um uns zu helfen, um unsere Regionen für Erlösung (*soteria*) zu öffnen. Diese Streitmacht ist so organisiert, dass sie den Himmel öffnen, die Mächte der Finsternis, die sich in den jeweiligen Regionen festgesetzt haben, zerschlagen, die Strategien der Hölle vereiteln und mit apostolischen Teams zusammenarbeiten. Sie ist aufgestellt, um zu helfen, zu bevollmächtigen, zu befreien und zu retten. Wir haben als Erben eine Streitmacht hinter uns, die Gott Selbst mit Vollmacht ausgestattet hat. Mit ihrer Hilfe werden wir Veränderung hervorrufen, Segen bringen, Versorgung freisetzen und die Kampagne, die er angeordnet hat, erfolgreich durchführen. *Es ist an der Zeit, diese „Heir Force" freizusetzen.*

Prophetische Bestätigungen

In dieser Zeit begann der Heilige Geist sein Wort durch erstaunliche prophetische Worte zu bestätigen. Es ist mir wichtig, anzumerken, dass ich den jeweiligen Propheten nichts darüber erzählt hatte, was zu der Zeit geschah. Der Prophet Mark Chironna war als Sprecher eingeladen und er prophezeite Folgendes über mich: „Du wirst von meinem Geist in die Tiefe meiner Gegenwart gelockt werden, und in dir wird ein Bewusstsein über den Dienst der Engel erwachen." Wow, geschah das gerade wirklich!?

Dann kam der Prophet James Goll in unsere Gemeinde und prophezeite Folgendes: „Es werden Engel freigesetzt und es wird eine Rex-Humbard-Salbung[6] für Kommunikation und Wunder auf dich kommen." Danach leitete er uns in der folgenden Proklamation: „Wir proklamieren, dass die Engel des Himmels in dieser irdischen Welt willkommen

---

6 Rex Humbard (1919-2007) war ein bekannter TV-Evangelist in den USA (Anm. d. Übers.)

sind. Ihr seid hier willkommen, ihr seid willkommen in dieser Region, ihr seid willkommen in diesem Bundesstaat, in dem alles möglich ist für die, die glauben. Wir rufen dies hervor. Beauftragte Engel, beauftragte Engel, Engel seiner Gegenwart, Engelboten seid willkommen! Wir rufen aus, dass die Engel Gottes über uns freigesetzt werden und wir durch die Ressourcen des Himmels gestärkt werden! Wir werden gestärkt und neu belebt! *Durch die Freisetzung der Armee des Himmels in dieser Region* erhalten wir übernatürliche Kraft." Was für eine Bestätigung.

Auch die Prophetin Barbara Yoder kam zu uns und prophezeite Folgendes: „Ich befreie die Gemeinde von der religiösen Struktur, die sie bisher gefangen hielt. Und der Herr sagte: Lass dein Rufen hören, denn ich zerschneide die Fesseln! Und ich zertrenne nicht nur die Fesseln, sondern – der Herr sagt – ich löse auch Heerscharen meiner Engel. Sie bewegen sich durch dieses gesamte Gebiet und diese Region. Sie nehmen die Worte, die ihr proklamiert habt, und machen sich auf, diese auszuführen."

Die Prophetin Jane Hamon prophezeite bei ihrem Besuch dies: „Der Herr sagt: ‚Ich will, dass ihr wisst, dass ich spezifische Engel beauftragt habe, mit euch zu arbeiten und euch zu begleiten.' Der Herr sagt: ‚Ihr sollt wissen, dass ich meine großen Kaliber für euch einsetze.' Es wird Situationen geben, in denen Michael kommt und mit euch arbeitet. Manchmal wird Gabriel kommen und zu euch sprechen. ‚Es gibt bereits Offenbarungen, die ich euch gegeben habe und die ihr aber noch nicht verstanden habt.' Und der Herr sagt, so wie Gabriel auch zu Daniel kam und ihm Dinge erklärte, die für ihn schwer zu verstehen waren – so spricht der Herr: ‚Ich werde meinen Engel Gabriel senden und er wird euch Einsicht geben, damit ihr in diese neue Zeit eintreten könnt."

Der Prophet Chuck Pierce kam, um bei uns ein Seminar zum Thema „Berufung" zu leiten. Ann Tate begleitete ihn und prophezeite: „Der Herr sagt: ‚Ich will als der Herr Zebaoth, der Herr der Engelheere, zu euch kommen. Wenn ich bei euch bin, werdet ihr euch entscheiden müssen, ob ihr mit mir in Übereinstimmung kommen wollt oder nicht. Wenn ihr mit mir in Einklang kommt, dann werdet ihr auch mit den Heerscharen Gottes übereinstimmen, weil ich die Armee der Engel sammle und in Einklang bringen werde. Der Herr sagt: ‚Dies muss geschehen, denn mein Thron wurde herausgefordert, sich mit den Thronen der Ungerechtigkeit, die sich in diesem Gebiet niedergelassen haben, zu messen. Mein Thron hat diesen Kampf mit ihnen noch nicht ausgefochten.' Der Herr sagt über die jetzige Zeit: ‚Um in diesen Kampf des Königreichs, zu dem ich euch rufe und der auf der Erde einen deutlichen Unterschied machen wird, zu treten, muss eine neue Ausrichtung auf mich, den Herrn Zebaoth, dem Herrn der Engelsheere, stattfinden. Wenn ihr euch nach mir ausrichtet, werde ich in einer neuen und größeren Dimension Engel freisetzen, weil ihr an meiner Seite steht.' Der Herr sagt: ‚Ich habe euch für diesen Zweck auserwählt und wenn Ohio in Übereinstimmung damit kommt, wird der Rest der Nation Veränderung erfahren und sich ebenfalls nach dem Herrn der Engelheere ausrichten.' Der Herr sagt: ‚Es ist mir gleich, ob es am Ende nur die 300 Männer Gideons sind – es wird ausreichen.'" Und wieder, was für eine Bestätigung!

Der Prophet Chuck Pierce prophezeite, dass wir um den Staat Ohio herum eine *Firewall* bauen sollen. Danach hatte

Jane Hamon für uns noch folgende Worte: „Aus der gesamten Region werden Gemeinden kommen, um ihre Fackel in euer Feuer zu halten." In der apostolischen Leiterversammlung entwickelten wir im Gebet daraufhin folgende Strategie:

- Ohio hat 88 Bezirke; unser Ziel war es, in jedem dieser Bezirke eine Gebetsversammlung abzuhalten, zu der wir alle Pastoren und Fürbitter einluden. Dazu wollten wir etwa 50 Gebetsproklamationen über den jeweiligen Bezirk aufstellen und Erweckung und Reformation ausrufen. Außerdem wollten wir die „Heir Force" freisetzen. Inzwischen waren wir bereits in zahlreichen Bezirken überall im Staat.

- Ebenfalls ließ ich Gebetsfackeln herstellen, die wir dann von Gemeinde zu Gemeinde weitergeben konnten. Das Konzept ist simpel: Jede Gemeinde betet eine Woche lang 24/7 und gibt dann die Fackel an die nächste Gemeinde weiter. Während ich dies schreibe, haben schon über 600 Gemeinden mit einer unserer Gebetsfackeln Gott um Erweckung in unserem Staat angerufen.

- Zudem gründeten wir politische Aktionsgruppen, die herausfinden sollen, welche Anwärter auf Regierungspositionen sich mit unserer DNA identifizieren können. Für diese beten wir täglich und natürlich wählen wir sie auch.

- Außerdem haben wir mit ‚Kriegsadler'-Abenden[7] für die kommende Generation begonnen. Diese Abende heißen „The Cry".

---

7   Kriegsadler, s. Kapitel 6.

Ich habe keinen Zweifel daran, dass nichts davon ohne den Heiligen Geist und seine Engel möglich wäre. Die Engel haben mit dieser Kampagne zusammengearbeitet und uns mit Orten und Menschen verbunden und sich auch im geistlichen Kampf an unsere Seite gestellt. Die Befähiger des Himmels haben hart dafür gearbeitet, die Kampagne zum Erfolg zu führen.

Einsichten König Davids über Engel

In Psalm 103,19-22 steht: *„Der HERR hat seinen Thron im Himmel errichtet, und sein Reich herrscht über alles. Lobet den HERRN, ihr seine Engel, ihr starken Helden, die ihr seinen Befehl ausrichtet, dass man höre auf die Stimme seines Wortes! Lobet den HERRN, alle seine Heerscharen, seine Diener, die ihr seinen Willen tut! Lobet den HERRN, alle seine Werke, an allen Orten seiner Herrschaft! Lobe den HERRN, meine Seele!"* (LUT). Der Heilige Geist inspirierte König David, geniale Worte zu wählen. Das Wort *Helden* kommt vom hebräischen Wort „gibbor". Es bedeutet „Krieger, tapferer Mann oder Held" (Strong, H1368). „*Gibbor*" gleicht wiederum den hebräischen Worten „*gebulah*" oder „*gebul*". Es ist deshalb wichtig zu wissen, da *gebulah* „Territorium, Region, Grenzen, Grenzmarkierung, Küsten oder Begrenzungen" (Strong, H1367) bedeutet. Engel helfen also mit, die Grenzen des Königreichs Gottes zu beschützen. Sie sind unsere Grenzpatrouille, die vom Heiligen Geist geleitet wird. Sie unterstützen uns bei der Bewahrung unserer Regionen. Sie sind Krieger, die tapfer dafür kämpfen, Territorien zu öffnen oder zu bewachen. Sie helfen uns, Grenzmarkierungen mit der Aufschrift „Gott regiert in diesem Gebiet" aufzustellen. Wenn ein Apostolat die Worte Gottes über der Region, für welches es zuständig ist, proklamiert, dann hören Engel genau zu und etablieren die Herrschaft des Königs Jesus.

Wenn wir die Herrschaft des Königs Jesus über einer Region proklamieren, fangen Engel an, sie mit uns zu etablieren. Unsere Mitdiener beginnen, die Grenzen zu patrouillieren. Sie kämpfen in der natürlichen und der geistlichen Welt. Diese Engel werden dann beginnen, jeden Bund in Kraft zu setzen, den wir dort in Jesu Namen proklamiert haben.

- Stark bzw. *Stärke* (hebräisch: *koakh*) – Kraft, kraftvoll sein, standfest sein oder etwas hervorbringen. Sie horchen, um das Wort Gottes hervorzubringen, welches proklamiert wurde (Strong, H3581).
- Befehle bzw. *Befehl* (hebräisch: *dabar*) – Angelegenheit, Veranlassung, Anliegen oder Zweck. Sie kümmern sich um die Angelegenheiten des Königs in der Region (Strong, H1697).
- *Willen* (hebräisch: *ratson*) – Wunsch, Wohlgefallen oder Vorliebe (Strong, H7522). Sie tun, was immer die Vorliebe des Königs ist. Sie tun alles, was er getan haben möchte. Sie tun, was auch immer die andere Person der Gottheit, der Heilige Geist, umsetzen möchte.

Offensichtlich ist der Auftrag der Engel dem unseren sehr ähnlich. Auch wir sollen das tun, was die Vorliebe des Königs ist. Wir sollen tun, was er möchte. Wir sollen seine Herrschaft in unserem Gebiet errichten. Wir sollen seinen Willen in unserer Region durchführen. Wir sollen Grenzen ziehen, die Folgendes proklamieren: „Gott regiert hier. Sie betreten das Gebiet des Königreichs. Sie betreten das Gebiet Gottes. Sie betreten das Land, in dem die Verträge des Königs eingehalten, geschützt und durch den Heiligen Geist, die Heiligen vor Ort und die Engelarmeen in Kraft gesetzt werden." Wir dazu sind aufgerufen, seine Herrschaft zu proklamieren. Wir sollen gegen die Mächte der Hölle proklamieren: „Eure Strategien werden hier nicht funktionieren. Ihr könnt dieses Territorium nicht betreten!" Wenn wir das Wort des Herrn proklamieren und prophezeien, was es sagt, werden seine Heerscharen mobilisiert. Große Siege, Befreiung und Wunder können dann in unserer Region geschehen – *wir können das Land verändern, sodass es mit dem Wort Gottes in Übereinstimmung kommt!*

KAPITEL VIER
DAS WESEN DER ENGEL

Wir brauchen Hilfe

In den letzten zehn Jahren habe ich mich der Aufgabe gewidmet, mich mit Engeln zu beschäftigen, um den Leib Christi darüber zu lehren. Obwohl mich dies nicht gleich zu einem Experten macht, beobachte ich derzeit, dass man gewisse Kennzeichen für Engelaktivitäten beobachten kann. Weil wir die Zeiten erkennen und verstehen sollen (s. 1. Chronik 12,33), müssen wir unsere Aufmerksamkeit auf die Geschehnisse in der Welt richten. Damit wir die richtigen Schlussfolgerungen ziehen, müssen wir verstehen, wie der Heilige Geist und das Netzwerk der Engel zusammenarbeiten. So können wir Erkenntnis, Offenbarung und Leitung erhalten.

Und wieder einmal heißt es in Hebräer 1,14: *„Nein, die Engel sind alle nur Diener, Wesen der unsichtbaren Welt, die denen zu Hilfe geschickt werden, die am kommenden Heil teilhaben sollen, dem Erbe, 'das Gott uns schenkt'."* Engel werden ausgesandt, um den Erben der Errettung, also denjenigen, die Jesus als

Herrn und Retter angenommen haben, zu helfen. Weil Gott in seiner Weisheit Engel zu unserer Unterstützung sandte, müssen wir daraus schließen, dass wir diese Hilfe nötig haben. Wir müssen außerdem schlussfolgern, dass es sein Wille für uns ist, dass wir diese Unterstützung erhalten sollen, sonst hätte er sie uns nicht geschickt.

Zur Abhängigkeit bestimmt

Unsere Bestimmung und Berufung sind von Gott gegeben und wurden festgelegt, noch bevor wir geboren waren. Die Bibel macht deutlich, dass unsere Bestimmung und Berufung von gewissen Dingen abhängig ist. Mit anderen Worten

Sie sind abhängig vom Heiligen Geist

Es gibt gewisse Aspekte meiner Berufung, die ich ohne den Heiligen Geist niemals erreichen kann. Römer 8,14 verdeutlicht, dass wir vom Heiligen Geist geleitet sein müssen, um die Tatsache, dass wir Söhne und Töchter des lebendigen Gottes sind, auszuleben. Ich benötige die Kraft und Hilfe des Heiligen Geistes, ohne die ich gewisse Aspekte meiner Bestimmung nie erreichen werde.

Sie sind abhängig von der Bestimmung anderer Menschen

Anders ausgedrückt: Ich brauche deine Hilfe. Es gibt gewisse Aspekte der Berufung, die Gott für mich geplant hat, die ich ohne deine Hilfe nicht erreichen werde. Ich brauche Menschen, die mir helfen und mich unterstützen. Wir können unsere Bestimmung ohne die Hilfe anderer Leute nicht erfüllen. Ich brauche Hilfe – manchmal auch einen kleinen Schubs – und ich brauche Ermutigung. Viele Menschen haben schon Dinge getan, die sie nie für möglich gehalten hätten, und zwar einfach deshalb, weil jemand an sie geglaubt hat.

Es gibt Bereiche, in denen dich andere ermutigen, wodurch du in der Lage bist, Dinge in die Tat umzusetzen, die du selbst nicht von dir gedacht hättest. Wie du siehst, ist es wichtig, dass wir einander ermutigen: „Ich denke, dass du ein wahnsinnig großes Potenzial hast. Ich glaube, dass du nicht annähernd das erlebst, was noch alles in dir steckt!" Wir brauchen einander, um unser Potenzial in Christus noch mehr zu entfalten.

Sie haben die Unterstützung der Engel

Es gibt manche Dinge bezüglich meiner Berufung, die Gott in seiner Weisheit den Engeln befohlen hat, sie zu unterstützen. Das ist eine neutestamentliche Lehre und Gottes Plan. Er sandte Engel, die uns zur Seite stehen.

Das sollten wir im Hinterkopf behalten, um das Wesen der Engel und ihr Vorgehen zu verstehen. Unser Dienst kann durch ihre Hilfe auf ein ganz anderes Niveau gebracht werden.

Das intrinsische Wesen der Engel

Wenn du die Assistenz von jemanden in vollem Maße empfangen willst, dann musst du seine Persönlichkeit verstehen. Wie denkt er? Wie sieht seine Lebenserfahrung aus? Was ist sein Hintergrund? Es wäre hilfreich, sein Persönlichkeitsprofil zu verstehen und welche Ausbildung er durchgemacht hat. Wenn du die Kombination von Fähigkeiten und Persönlichkeit einer Person kennst, kannst du noch produktiver mit ihr zusammenarbeiten. Natürlich kann die Aufgabe von

Engeln variieren, weil Gott sie zu allen möglichen Aufträgen beruft, doch ihre Natur, Werte und Wesen bleiben gleich. Lasst uns einen Blick auf das Wesen der Engel werfen, damit wir ein Verständnis dafür bekommen.

Der intrinsische Wert der Engel

Engel sind sehr intelligent und weise. In 2. Samuel 14,20 lässt Joab David durch eine Witwe mitteilen, dass dieser so weise wie ein Engel sei und wisse, was auf der Erde geschieht. Engel wissen, was so alles auf der Erde geschieht. Das Wort „*weise*" heißt im Hebräischen „*kakam*" und bedeutet „gerissen, schlau, listig und klug" (Strong, H2450). Unsere Engel-Assistenten sind keine seltsamen, naiven Wesen. Viele Christen sind heutzutage der Meinung: „Wenn es seltsam ist, dann ist es Gott!" Seltsam bedeutet nicht gleich übernatürlich. Wir müssen in unserem Leben übernatürlich agieren. Wenn du ein Verständnis von Gottes Wesen hast, dann weißt du, was ich meine. Es ist nicht sonderbar, dass Gott die Welt schaffen konnte. Wenn du verstehst, wer er ist, dann wirst du dir denken: *Natürlich konnte er das; er ist übernatürlich.* Engel sind übernatürlich *weise* Wesen, nicht *sonderbare* Wesen.

Engel sind geduldige Wesen

In 4. Mose 22 wird die Geschichte eines abtrünnigen Propheten namens Bileam erzählt. In mancherlei Hinsicht ist es eine der lustigsten Geschichten in der Bibel. Bileam wollte den Moabitern (den Feinden des Volks Gottes) helfen, doch Gott schickte einen Engel, um ihn aufzuhalten. Als Bileam gerade auf einem Esel unterwegs war, um den Offizieren der Moabiter zu helfen, stellte sich ein Engel dem Tier in den Weg. Bileam sah den Engel nicht – im Gegensatz zu dem Esel, der deshalb vom Weg abwich. Dies ärgerte Bileam und so stieg er ab und schlug den Esel. Schließlich brachte er den Esel wieder auf den Weg, doch wieder blockierte der Engel den Weg. Als der Esel erneut auswich, züchtigte Bileam wieder den Esel. Dies geschah drei Mal, bis Gott dem Esel ermöglichte, zu sprechen. Ich weiß nicht, ob Gott über manche Dinge ebenso lachen muss wie wir, doch das muss eine passende Gelegenheit dafür gewesen sein. Der Esel drehte sich also um und fragte: „Warum schlägst du mich?"

Bileam antwortete, woraufhin Gott seine Augen öffnete, damit auch er den Engel sehen konnte. Der Engel sagte: „Warum schlägst du den Esel? Wenn er nicht ausgewichen wäre, hätte ich dich sicherlich getötet." Was für ein ernüchternder Gedanke! Es war, als ob der Engel sagte: „Du wirst die Moabiter nicht erreichen, weil ich den Auftrag habe, dich zu stoppen!" Ich möchte, dass du an diesem Beispiel siehst, wie geduldig der Engel seinen Auftrag ausführte. Obwohl sich das Geschehen hinzog und mindestens drei Versuche nötig waren, tat der Engel geduldig, was ihm befohlen worden war.

Es sind sehr geduldige Wesen, die uns unterstützen, und diese Geduld kennt keine Kompromisse. Sie sind ihrer Aufgabe völlig ergeben und werden treu und standhaft sein, um sie zu vollenden. Sie geben nicht auf. Ich bin mir sicher, dass manche Engel vielleicht sogar jahrzehntelang geduldig auf das Agieren der Heiligen gewartet haben, damit sie in Aktion treten können. Sie haben auf die Befehle gewartet, die nötig waren, um loszuziehen und eine Region zu verändern. Sie haben auf die Gemeinde gewartet und darauf, dass diese endlich aktiv wird und damit das Blatt wendet.

Sie haben auf viele Menschen – vielleicht auch auf dich – jahrelang geduldig gewartet, dass diese umkehren und sich neu für Gott in Brand setzen lassen, damit sie ihnen mit ihren gottgegebenen Bestimmungen helfen können.

Engel sind sanftmütige Wesen

In Judas 9 steht, dass der Erzengel Michael, als er mit dem Teufel kämpfte, es nicht wagte, eine schmähende Anklage gegen ihn zu bringen, sondern Folgendes sagte: „Der Herr weise dich zurecht!" *Sanftmut* bedeutet nicht *Schwäche*. Michael hat lediglich seine Autorität angewandt. Er machte Gebrauch von der ihm von Gott übertragenen, also *anvertrauten Autorität*. Er hielt sich nicht damit auf, den Teufel anzuklagen. Er war für einen bestimmten Auftrag da, und dieser Auftrag bestand darin, sich um den Körper des verstorbenen Mose zu kümmern.

Wir werden von sanftmütigen Wesen unterstützt, die von ihrer Autorität Gebrauch machen. Sie weichen nicht zurück, wenn sie es mit Dämonen zu tun haben. Sie weichen nicht zurück, wenn sie es mit Luzifer und seinem Reich zu tun haben. Stattdessen besitzen sie große Autorität und üben diese auch aus. „Der Herr weise dich zurecht!" ist so ähnlich, wie wenn wir „im Namen Jesu" sagen. In seinem Namen weisen wir den Feind zurück. Kenneth Knox drückt es so aus: „Michael genügte es, Luzifer anzusehen und zu sagen: ‚Der Herr weise dich zurecht' oder ‚Jesus weise dich zurecht'". Zurechtzuweisen bedeutet auch, zu verurteilen oder zu bestrafen. Er sagte demnach: „Der Herr soll dich bestrafen; der Herr wird dich verurteilen und ich werde geduldig warten, bis deine Strafe vollzogen wird. Du wirst für immer weggesperrt werden, und bis dahin werde ich Geduld üben." Er erlaubte es sich nicht, sich emotional auf die Dämonen einzulassen. Es ist wichtig, dass du nicht in diese Falle trittst!

Gebrauche deine Autorität wie Michael. Seine Aufgabe war es, sich um den Leib von Mose zu kümmern. Die Aufgabe der Engel heute ist es, sich um den Leib Christi zu kümmern, der die Gemeinde ist. Dem werden sie nachgehen und zwar, ohne sich emotional auf Dämonen einzulassen; stattdessen werden sie die Autorität, die sie tragen, nutzen, um den Leib Christi zu beschützen.

Engel sind freudige Wesen

In Lukas 15,10 lesen wir, dass über jede Person, die zu Christus kommt, Freude im Himmel ausbricht. Gott sei Dank haben wir keine traurigen Engel als Assistenten. Nein, das Königreich Christi ist Gerechtigkeit, Friede und Freude im Heiligen Geist. Es ist schwierig, einen depressiven Assistenten um sich herum zu haben. Engel singen, tanzen, und rufen; sie blasen kein Trübsal und sind weder Querulanten noch Nörgler. Der Himmel ist eine jammerfreie Zone – Halleluja!

Engel sind kraftvoll und mächtig

Vergiss diese Michelangelo Gemälde von Engeln, die aussehen wie kleine Kinder. In 2. Thessalonicher 1,7 steht, dass der Herr mit seinen mächtigen Engeln auf die Erde zurückkehren wird. *Dunamis* ist das griechische Wort für „mächtig" (Strong, G1411). *Dunamis* ist die Kraft Gottes, die zu allem fähig ist. Ein Beispiel für die Freisetzung von Energie ist, wenn Dynamit gezündet wird und explodiert. Die Engel können diese Energie freisetzen, und wenn das geschieht, ist es immer ein Zeugnis, dass Gott Einfluss nimmt. Sie sind kraftvoll, weil sie seine Wunder wirkende Kraft tragen. Wenn du an die Engel denkst, darfst du dir also keine schwachen, zarten Feen vorstellen, die umherschweben. Engel sind kraftvolle, mächtige Wesen des Lichts, die aus der Gegenwart des Königs Jesus kommen, und sie sind Träger seiner göttlichen Kraft und Herrlichkeit!

Johannes schreibt in Offenbarung 18,1: *„Danach sah ich einen Engel, der vom Himmel herabkam. Er war mit großer Vollmacht ausgestattet, und die Erde wurde vom Glanz seiner Herrlichkeit erleuchtet."* Johannes sah höchstwahrscheinlich einen Erzengel. Er ist einer von mindestens drei Helfern, die jeweils einer der Personen der Dreieinigkeit zugeteilt sind. Dieser spezielle Engel war Michael, der Engel des Kampfes, der Gott, dem Vater, zur Seite steht. Er repräsentiert die Kraft Gottes. Wann immer Israel im Kampf steht, ist Michael involviert, weil Gott, der Vater, sie beschützt. Immer wenn Gott in der Bibel etwas tut, dann beauftragt er Michael.

Der Engel, der dem Heiligen Geist hilft, ist Gabriel. Er ist ein Bote, der Gottes Wort trägt und Leitung und Richtung gibt. Gabriel ist der Engel, der Maria besuchte, um sie zu informieren und zu führen. Dies tat er, indem er proklamierte, dass der Heilige Geist auf sie kommen würde. Er besuchte auch Josef, um ihm die Nachricht der Empfängnis Jesu zu bringen, und Zacharias, um ihn von der Ankunft Jesu zu informieren. Überall in der Heiligen Schrift sehen wir Gabriel Botschaften vom Heiligen Geist überbringen.

Der Engel, der Jesus assistierte, war Luzifer. Seine Hauptaufgabe war es, die Anbetung zu leiten, bis er sich im Himmel gegen Gott auflehnte. Als er rebellierte, fiel er wie ein Blitz aus dem Thronsaal und landete auf der Erde, wo seine Rebellion bis heute weitergeht. Doch anfangs war er ein Diener von Jesus Christus gewesen. Deshalb kamen nicht der Vater oder der Heilige Geist, um für unsere Sünde zu sterben. Warum also Jesus? Weil die Dreieinigkeit versteht, wie Autorität funktioniert, und sie handeln nicht außerhalb dieser Prinzipien. Jesus sagte, dass er diesem Erzengel Autorität übertragen hatte, und es war somit seine Aufgabe, auf die Erde zu gehen und die Autorität wieder an sich zu nehmen. Aus diesem Grund stand er aus dem Grab auf und verkündete: *„Mir ist alle Macht im Himmel und auf der Erde gegeben."* (Matthäus 28,18). Dies bedeutet, dass wir jetzt in seinem Namen von dieser Autorität Gebrauch machen können. Wir haben nun die Machtposition bekommen, die der Erzengel Luzifer einst hatte, während er noch Christus zur Seite stand. Die gleiche Arbeit, die er getan hat, tun nun auch wir. Wir sind jetzt die Assistenten von Jesus und verrichten den Dienst im Thronsaal. Und wir haben wiederum auch Helfer an unserer Seite – die Engel. Es ist sehr wichtig, dass wir verstehen, was Autorität ist und wie sie funktioniert. Wir müssen jedoch darauf achten, dass wir den biblischen Rahmen nicht verlassen. Wir haben mächtige Helfer an unserer Seite, die uns dabei unterstützen, Dinge zu erreichen, die wir alleine nie erreichen könnten.

Engel sind gehorsam

In Psalm 103,20 steht: *„Preist den Herrn, ihr seine starken und gewaltigen Engel, die ihr sein Wort ausführt und seiner Stimme gehorcht, sobald er spricht."* Das hebräische Wort für „gehorchen" ist *„schama"* und bedeutet „aufmerksam sein wie ein Soldat, intelligent wahrnehmen und gehorchen und dem Zweck des Gehorchens oder Erfüllens ungeteilte Aufmerksamkeit widmen." (Strong, H8085).

Engel reagieren mit gespannter Aufmerksamkeit, wenn der Herr spricht, und sie gehorchen ihm. Söhne und Töchter sprechen das Wort Gottes auf dieser Erde aus. Wenn wir

Befehle erteilen, machen sich Engel mit großem Eifer daran, dieses Wort in die Tat umzusetzen. Sie gehorchen nicht unseren Worten; sie hören und gehorchen dem Wort Gottes, das wir aussprechen.

Engel sind heilig

In Markus 8,38 steht: *„Wer in dieser von Gott abgefallenen und sündigen Zeit nicht zu mir und meinen Worten steht, zu dem wird auch der Menschensohn nicht stehen, wenn er mit den heiligen Engeln in der Herrlichkeit seines Vaters kommt."* Jesus nannte die Engel also heilig. Sie sind moralisch und ethisch rein und von der Welt nicht verunreinigt. Sie sind, ethisch gesehen, verpflichtet, die Befehle Gottes zu hören und sie auszuführen. Wenn du etwas siehst, das unmoralisch, korrupt oder verdorben ist, dann kannst du sicher sein, dass Engel daran nicht beteiligt sind. Es geschieht momentan vieles im Namen Gottes, wo es an Moral und Integrität mangelt, und manche behaupten, dass Engel diese Dinge unterstützen würden. Du musst verstehen: Engel werden niemals hinter etwas stehen, dem es an Integrität mangelt, und sie werden nichts Unmoralisches unterstützen. In solchen Situationen sind Dämonen, Geister, Nachahmungen am Werk. Wir müssen lernen, zu differenzieren! Wir müssen in der Lage sein, zu erkennen, was ein Dämon oder eine Simulation eines Engels ist und was von Gott kommt. Wenn wir den Unterschied erkennen, können wir entsprechend handeln.

Engel haben einen eigenen Willen

Jesaja 14,13-14 zeigt uns, dass Luzifer vor seinem Aufstand im Himmel als ein Wesen mit eigenem Willen beschrieben wird. Er sagt nämlich: *„Ich **will** zum Himmel emporsteigen und meinen Thron über die Sterne Gottes erhöhen und mich nieder-*

lassen auf dem Versammlungsberg im äußersten Norden; ich **will** *emporfahren auf Wolkenhöhen, dem Allerhöchsten mich gleichmachen!"* (SLT)

Er und die Engel, die ihm folgten, haben sich entschieden, weil sie es konnten. Natürlich haben sie sich falsch entschieden und wurden dafür verurteilt. Engel denken und treffen Entscheidungen. Die Engel, die Gott und uns dienen, tun dies freiwillig. Anders ausgedrückt, sie *möchten* es tun; sie sind nicht so geschaffen, dass sie es *müssen*. Dies ist ein wichtiger Punkt, denn einem Assistenten, der dir gezwungenermaßen dient, sich also nicht selbst dafür entschieden hat, mangelt es an Leidenschaft und Begeisterung. Wir müssen also schlussfolgern, dass sie dieser Kampagne des Heiligen Geistes und den Autoritäten über ihnen völlig ergeben sind. Weil dem so ist, tragen sie die Autorität des Himmels. Es ist wichtig, dass wir verstehen, dass Engel leidenschaftliche Wesen sind, die sich entschieden haben, diese Kampagne des Heiligen Geistes voranzutreiben. Wenn du mit dem Netzwerk der Engel zusammenarbeitest, dann arbeitest du mit Wesen voller Weisheit, Autorität und Kraft zusammen.

Engel haben geistliche Körper

Engel haben Hände und Füße, einen Kopf, einen Mund, Haare, ein Gesicht und eine Stimme. Das erlaubt ihnen, in unserer dreidimensionalen Welt zu erscheinen, in der sie genauso aussehen wie wir. Wenn es ihr Auftrag verlangt, können sie also in unserer Welt oder Dimension erscheinen und so aussehen wie du und ich. In Hebräer 13,2 steht: *„Vergesst nicht, gastfrei zu sein. Durch ihre Gastfreundlichkeit haben einige, ohne es zu wissen, Engel bei sich aufgenommen."* Eine andere Übersetzung drückt es so aus: *„Denn dadurch haben einige,* *ohne es zu wissen, Engel beherbergt."* (ELB). In der „Neues Leben" Übersetzung steht: „*Vergesst nicht, Fremden Gastfreundschaft zu erweisen, denn auf diese Weise haben einige Engel beherbergt, ohne es zu merken!*"

Die Frage ist, wie ähnlich muss ein Engel einem Menschen von der äußerlichen Erscheinung her sein, dass du einem begegnest, ohne zu merken? Sie müssen einem Menschen extrem ähneln, wenn sie in unserer Welt erscheinen wollen, was manchmal nötig ist.

Im 1. Korinther 15,44 steht: „*Gibt es einen natürlichen Leib, so gibt es auch einen geistlichen Leib.*" (LUT). Beide sind real! Der natürliche Körper ist zeitlich begrenzt und der geistliche Körper ist ewig. Die Bibel lehrt uns sogar, dass der geistliche Körper noch realer ist. In der Elberfelder Übersetzung steht: „*Wenn es einen natürlichen Leib gibt, so gibt es auch einen geistlichen.*"

Die Bibel lehrt eindeutig, dass das himmlische Engelsnetzwerk real ist. Engel sind keine Phantome, sie sind nicht imaginär, sie sind kein Spuk, sondern sie sind Realität! Unsere Helfer sind keine Illusionen. Wir haben reale, intelligente, weise und kraftvolle Wesen, die mit uns in dieser Königreichskampagne, zusammenarbeiten. Wir haben echte Unterstützung für unsere Aufträge!

Engel brauchen keine Pause

Dies steht in Offenbarung 4,8. Ich bin so froh, dass ich keinen erschöpften Engel wie Clarence in „*Ist das Leben nicht schön?*" habe, der sich erst einen höheren Rang verdienen muss. Nein, die Engel, die uns helfen, sagen: „Sei beruhigt und schlaf du erst mal; ich kümmere mich darum. Du brauchst neue Kraft; ich habe sie bereits."

Das Wesen der Engel

Engel arbeiten in der sichtbaren und unsichtbaren Welt

4. Mose 22 und Johannes 20 sprechen hiervon. Sie arbeiten sichtbar auf der Erde und gleichzeitig geistlich hinter den Kulissen. Sie agieren in unserer natürlichen Welt und beteiligen sich, wenn nötig, auch physisch.

Engel nehmen Nahrung zu sich

Dies wird in 1. Mose 18,8 und 19,3 deutlich. Ich denke, Gott hat diese Berichte in die Bibel gebracht, weil er möchte, dass wir wissen, wie real himmlische Wesen sind. Du musst real sein, wenn du sogar essen kannst. Die Kinder Israels aßen 40 Jahre lang die Nahrung der Engel in Form von Manna. Psalm 78,25 bezieht sich auf Manna als das Brot der Engel. Die Engel teilten mit Gottes Volk, was sie hatten. Zweifellos waren sie daran beteiligt, es ihnen täglich zu bringen.

Engel bewegen sich mit unvorstellbar hoher Geschwindigkeit

Offenbarung 8 und 9 zeigen uns, dass Engel sich äußerst schnell bewegen können. Sie bewegen sich mit dieser hohen Geschwindigkeit, um dem Volk Gottes zu dienen und Antworten nicht hinauszuzögern. Als Lichtwesen können sie im Handumdrehen jeden Ort auf Erden erreichen. Wenn wir uns erinnern, beträgt die Lichtgeschwindigkeit ca. 300 000 km pro Sekunde!

Engel steigen zwischen Himmel und Erde auf und ab

In 1. Mose 28,12 träumt Jakob von einer Leiter, die bis in den Himmel reicht und auf der Engel auf- und absteigen. Er gab diesem Ort den Namen „Bethel", was „Haus Gottes" bedeutet. Eine bestimmte Stelle nannte er „*machanaim*", was „der Ort, an dem zwei Engellager die kommende Generation beschützten" (Strong, H4266) bedeutet. Es ist also eindeutig, dass dort Engel verkehrten.

In Matthäus 4,11 wird ein heftiger Kampf zwischen Jesus und Luzifer beschrieben. Am Ende dieses geistlichen Kampfes kamen Engel und dienten Jesus, wobei sie ihm wahrscheinlich nach seinem vierzigtägigem Fasten Essen und Wasser brachten. Engel waren hinaufgestiegen und wieder zu dem Sohn des Menschen herabgekommen. Wieder einmal sehen wir Engel kommen und gehen.

In Johannes 1 trifft Jesus, während er seine Jünger auswählt, auf Nathanael. Nathanael war überrascht, als Jesus zu ihm sagte: „Ich sah dich unter dem Feigenbaum und Philippus hat mir von dir erzählt." Dann machte Jesus folgende Aussage:

„Weil ich dir gesagt habe, dass ich dich unter dem Feigenbaum sah, glaubst du. Aber du wirst noch viel Größeres erleben. […] Ich versichere euch: Ihr werdet erleben, dass der Himmel offen steht und die Engel Gottes von dem Menschensohn hinauf- und zu ihm heruntersteigen."
(Johannes 1,50-51).

Jesus sammelte gerade seine Jünger für eine neue Kampagne, was noch nie zuvor auf der Erde geschehen war. In der Tat sah Nathanael Engel vom Sohn des Menschen auf- und absteigen. Auch über den Jüngern stiegen Engel auf und ab, um ihnen zu helfen, so wie Engel auch Jesus in seinem geistlichen Kampf unterstützten.

Jesus ist gerade dabei, eine weitere Bewegung in unserer Zeit zu starten, und er beruft Apostel, die ihm folgen wollen. Der Heilige Geist kommt mit neuen Ausgießungen und mit den Engeln des Himmels, um Gottes Ziel zu erreichen. Engel steigen auf und kommen herab, sie dienen den Überwindern und unterstützen und stärken sie. Die Gemeinde – bevollmächtigt durch den Heiligen Geist – wird ein wahres Haus Gottes sein, ein Bethel, ein Ort, an dem Engel auf- und absteigen. Engel werden aus der Gegenwart des Königs Jesus mit neuen Aufträgen zurückkehren. Sie sind die Heere des Herrn, organisiert, um die Initiative des Heiligen Geists zu leiten.

Sei ein Täter

Ein Netzwerk von Engeln arbeitet daran, die Befehle der Heiligen und die mutigen Proklamationen aus der Bibel Wirklichkeit werden zu lassen. Sie sind in der Anbetung der Heiligen, die vom Heiligen Geist geleitet wird. Es ist anzunehmen, dass ein Assistent oder Helfer dazu da ist, jemandem zu helfen, etwas zu tun. Engel helfen uns also, im Königreich Gottes Dinge zu tun, doch sie tun unsere Arbeit nicht für uns. Sie sind keine Sklaven; sie sind Assistenten. In anderen Worten, es wird von dir erwartet, dass *du* etwas tust. Engel helfen nicht denen, die nichts tun. Sie unterstützen nicht die passiven, unbeteiligten, unverbindlichen, halbherzigen oder lauwarmen Christen. Du musst ein Täter des Wortes sein, um in dem Netzwerk des Himmels mitzuarbeiten. Diejenigen, die nichts tun, sind oft die, die sich beschweren, dass das Königreich für sie nicht funktioniert. Tu etwas und erlebe, wie dir Unterstützung zuteil wird. Sei ein Täter, der örtlich, regional und weltweit aktiv involviert ist, das Königreich voranzutreiben. Arbeite aktiv gegen die Mächte der Hölle. Rede nicht nur über Gebet, sondern sei ein Täter des Wortes, nachdem du es gebetet hast. Wenn wir unsere Zeit, unsere Talente und unsere Finanzen geben, werden uns Engel helfend zur Seite stehen. Die zwei Bereiche, in denen du die größte Engelsaktivitäten erleben wirst, sind Gebet und Anbetung. Anbetung ist eine Art von Proklamation in Liedform, während Gebet an Gott gerichtete, verbindliche Aussagen des Herzens sind. Der gemeinsame Faktor ist hier, dass wir Menschen sind, die das Wort Gottes aussprechen, woraufhin Engel aktiv werden.

Obwohl es wichtig ist, Vision für die Zukunft aufrecht zu erhalten, wollen wir auch im Jetzt agieren. Es muss eine große Kühnheit auf uns kommen, dass wir die Zeichen, Wunder und Machttaten Gottes sehen wollen. Das Netzwerk der Engel wird uns dabei helfen. Sie werden über den Erben Christi auf- und absteigen. Es ist Zeit für die größte Kampagne, die es jemals gegeben hat: die Dritte Große Erweckung! Millionen von Engeln stehen uns zur Seite, um uns bei unseren gottgegebenen Aufträgen zu helfen. Wir müssen verstehen, dass wir diese Unterstützung der Engel benötigen. Wenn Gott, der Vater, sie im Himmel braucht, wie viel mehr brauchen wir, seine Söhne und Töchter, sie auf der Erde?

Der Wecker des Himmels klingelt gerade auf dem Nachttisch einer schlafenden Gemeinde. Es ist an der Zeit, dass wir uns der Wirklichkeit stellen. Die Frage ist nur: Wirst du ein Täter sein? Wenn Christus wiederkehrt, wie wird er dich vorfinden? Die „Wächter" bzw. Engel wachen und warten, dass wir etwas *tun*. Tust du, was Gott dir sagt? Bist du ein Täter des Wortes oder ignorierst du, was du gehört hast?

DAS WESEN DER ENGEL

Viele Menschen sind vergessliche Hörer. In Jakobus 1,22-24 heißt es:

„Hört euch diese Botschaft nicht nur an, sondern handelt auch danach; andernfalls betrügt ihr euch selbst. Denn wer sich 'Gottes' Botschaft zwar anhört, aber nicht danach handelt, gleicht jemand, der sein Gesicht im Spiegel betrachtet und der, nachdem er sich betrachtet hat, weggeht und sofort wieder vergisst, wie er ausgesehen hat."

Vergiss nicht, wer du bist. Du bist der Sohn bzw. die Tochter eines Königs. Du bist eine Person mit Autorität und dazu berufen, im Leben durch Jesus Christus zu regieren und zu herrschen. Du bist hier, um an der Dritten Großen Erweckung teilzuhaben. *Die großartigste Zeit der Kirchengeschichte liegt nicht in der Vergangenheit – sie ist jetzt!*

KAPITEL FÜNF

WIE ENGEL UNSERE BERUFUNG UNTERSTÜTZEN

Hütet euch davor, auf einen von diesen gering Geachteten herabzusehen! Denn ich sage euch: Ihre Engel im Himmel haben jederzeit Zugang zu meinem Vater im Himmel (Matthäus 18,10).

Ein erstaunlicher Teil des Dienstes der Engel ist, den Menschen dabei zu helfen, in ihre Berufung zu kommen. Engel helfen den Erben Gottes und Miterben Christi, ihren Lebenszweck und ihr Potenzial zu entdecken. Es ist überaus wichtig, dies zu verstehen. Offen gesagt, wandern Millionen von Gläubigen heutzutage aufgrund von schlechter Lehre, gar keiner Lehre oder einem westlich geprägten Verständnis von Engeln als niedliche Figuren durchs Leben, ohne den wahren Sinn ihres Lebens zu verstehen. Doch wir können ihn verstehen, und Engel wurden dafür gesandt, um uns dabei zu helfen.

Die Bibel offenbart uns, dass wir Hilfe brauchen, wenn wir unsere Bestimmung in vollem Maß erleben wollen.

Niemand erreicht etwas Bedeutendes im Leben ohne eine Menge an Unterstützung. Wir brauchen die Hilfe des Heiligen Geistes. Er ist die Quelle Nummer eins, wenn es um Richtungsweisung und Leitung geht. Außerdem brauchen wir auch uns gegenseitig.

Vieles von unseren Berufungen ist voneinander abhängig. Aus diesem Grund brauchen wir die Gemeinde und den Leib Christi. Ohne die Hilfe anderer durch Mentorenschaft, Anweisungen, Ausrüstung, Unterstützung und Zusammenarbeit werden Teile unserer Berufung nie Wirklichkeit werden. Es gibt auch einige Aspekte unserer Berufung, die wir ohne die Hilfe der Engel nie in ihrer Fülle erleben werden. Wir müssen Gottes Beschluss, dass es so ist, verstehen und annehmen. Gott entschied sich, dass wir zumindest teilweise die Hilfe von Engeln benötigen, um unsere Berufung zu erfüllen. In seiner Weisheit sorgte Gott für „Diener der Berufung", indem er Engel sandte, um den Erben dabei zu helfen, ihr Potenzial zu entdecken und freizusetzen.

Geboren für eine Zeit wie diese

Dies muss geschehen, damit wir die größte Bewegung Gottes in der Geschichte erleben können. Ich glaube, das ist der Grund, weshalb der Heilige Geist die Gemeinde durch eine lange Zeit des Wandels führte. Menschen werden verändert und mit einer Zeit verbunden, für die sie geboren wurden. Dies geschieht überall und wir bekommen ein wachsendes Bewusstsein dafür, dass wir für eine Zeit wie diese hier sind. Ich selbst spüre in vielerlei Hinsicht, dass ich in eine Zeit hineingehe, die bereits lange vor meiner Geburt für mich bestimmt wurde. Es ist, als ob ich für die kommende Zeit vorbereitet wurde. Gottes Volk beginnt diese Wahrheit zu entdecken: *Ich bin hier, um die größte Ernte in der Geschichte der Menschheit zu erleben. Ich bin hier für diesen Zeitpunkt. Ich bin hier für die großen Ausgießungen des Heiligen Geistes. Ich bin für eine Zeit wie diese geboren.*

In Apostelgeschichte 17,26 lesen wir, dass Gott deine Zeit und deinen Platz festlegt. Der Grund dafür, dass du gerade jetzt hier bist, ist, dass Gott dich jetzt hier haben wollte. Du hättest vor 500 Jahren geboren werden können oder während des Persischen Reichs, doch das wurdest du nicht. Gott bestimmte deine Zeit und deinen (geografischen) Ort. Du bist jetzt am Leben, weil Gott es so will. Das bedeutet, es gibt etwas an deiner Bestimmung, das die Welt jetzt gerade braucht, vor allem in dem Gebiet, wo du lebst. Gott in seiner unendlichen Weisheit weiß das und mit Hilfe des Heiligen Geistes, der Engel und des Leibes Christi möchte er es freisetzen.

Du bist es ja auch, der meinen Körper und meine Seele erschaffen hat, kunstvoll hast du mich gebildet im Leib meiner Mutter. Ich danke dir dafür, dass ich so wunderbar erschaffen bin, es erfüllt mich mit Ehrfurcht. Ja, das habe ich erkannt: Deine Werke sind wunderbar! Dir war ich nicht verborgen, als ich Gestalt annahm, als ich im Dunkeln erschaffen wurde, kunstvoll gebildet im tiefen Schoß der Erde. Deine Augen sahen mich schon, als mein Leben im Leib meiner Mutter entstand. Alle Tage, die noch kommen sollten, waren in deinem Buch bereits aufgeschrieben, bevor noch einer von ihnen eintraf. (Psalm 139,13-16)

Bevor du geboren wurdest, schrieb Gott die Pläne und Bestimmung nieder, die er für dich gedacht hat. Noch bevor du in dem Leib deiner Mutter warst, hielt er in seinem Buch Dinge für dich fest. Darüber nachzudenken, ist erstaunlich. Gott schrieb tatsächlich Dinge über dich auf. In 2. Timotheus 1,9 steht: *„Er ist es ja auch, der uns gerettet und dazu berufen hat, zu seinem heiligen Volk zu gehören. Und das hat er nicht etwa deshalb getan, weil wir es durch entsprechende Leistungen verdient hätten, sondern aufgrund seiner eigenen freien Entscheidung. Schon vor aller Zeit war es sein Plan gewesen, uns durch Jesus Christus seine Gnade zu schenken."* Wieder wird deutlich, dass Gott vor Beginn der Zeit unsere Bestimmung festlegte. Für „Bestimmung" steht im Griechischen das Wort „*prothesis*" und es ist eins der Worte, über das ich am liebsten spreche. „*Pro*" bedeutet „vor, voranstellen, vorbereiten oder Exposition." „*Thesis*" bedeutet „ein schriftlicher Bericht, ein Aufsatz oder eine Zusammenstellung". *Bevor du geboren wurdest, schrieb Gott bereits dein Thesenpapier.* Er schrieb deine Bestimmung auf und die Pläne, die er für dich hat. Irgendwann in der Unendlichkeit setzten sich die drei Personen der Gottheit zusammen und dachten darüber nach, warum es dich geben sollte. Sie erwogen, warum du auf die Erde kommen würdest, für was sie dich schaffen wollten und was der Sinn deines Lebens sein würde. In ihrem Buch hielten sie einen Aufsatz über dich schriftlich fest. In Jeremia 29,11 spricht Gott: *„Denn ich weiß, was für Gedanken ich über euch habe, spricht der Herr, Gedanken des Friedens und nicht des Unheils, um euch eine Zukunft und eine Hoffnung zu geben."* (SLT). Gott hat für jeden von uns großartige Pläne. Du hast eine strahlende Zukunft vor dir und deine Bestimmung ist gut. Gott hat für deinen Lebensweg kein Unglück vorgesehen. Der Feind hat vielleicht schlechte Dinge für dein Leben eingeplant, doch Gott und sein Königreich nicht. Seine Pläne sind nur gut und darauf ausgerichtet, dass dich eine glänzende und hoffnungsvolle Zukunft erwartet.

Denken wir noch einmal zurück an Matthäus 18,10, wo Jesus bezüglich Engeln und kleinen Kindern sagt: *„Hütet euch davor, auf einen von diesen gering Geachteten herabzusehen! Denn ich sage euch: Ihre Engel im Himmel haben jederzeit Zugang zu meinem Vater im Himmel."* „Engel" steht in diesem Vers im Plural, also sind es mindestens zwei. Es könnten auch mehr sein, doch zwei sind es auf jeden Fall. Da es Milliarden dieser Schutzengel gibt, muss es zumindest zwölf Milliarden Schutzengel für die sechs Milliarden Menschen auf der Erde geben. Von den Millionen weiterer Engel, die damit beschäftigt sind, Gott zu dienen oder die Apostel, Gemeinden, Visionen oder das Wort Gottes zu unterstützen, ganz zu schweigen.

> *Denn ich sage euch: Ihre Engel im Himmel sehen allezeit das Angesicht meines Vaters im Himmel.*
> (Matthäus 18,10; LUT)

> *Denn ich sage euch: Ihre Engel im Himmel haben jederzeit Zugang zu meinem himmlischen Vater.*
> (Matthäus 18,10; NEÜ)

> *Hütet euch davor, auf ein einziges dieser Kinder herabzusehen. Denn ich sage euch, dass ihre Engel im Himmel meinem himmlischen Vater stets besonders nahe sind.*
> (Matthäus 18,10; NL)

Es gibt weder im Alten noch im Neuen Testament eine Stelle, die darauf schließen lässt, dass wir diese Engel je wieder verlieren. In seinem Buch *„Ich glaube an Visionen"* schreibt Dr. Kenneth Hagin, wie Jesus und sein Engel ihm erschien und sagte, dass der Engel eine Botschaft für ihn habe. Dann sagte ihm Jesus, dass Engel Boten sind, und erklärte ihm, wie sie uns Botschaften bringen. Er beendete die Begegnung mit Dr. Hagin, indem er sagte: „Nur weil du erwachsen wirst, bedeutet das nicht, dass du deine Engel verlierst."[8] In der Tat deutet die Bibel auf das Gegenteil hin. Der Dienst der Engel wird in deinem Leben vielleicht durch Unglauben, Ungehorsam, Sünde, Passivität, mangelndes Verständnis oder negatives Gerede eingeschränkt. Alles, was Gott einschränkt, beschränkt auch die Engel. Es muss Einheit herrschen, damit wir das Eingreifen der Engel erleben. Doch von unserem Alter ist der Dienst der Engel – wie die Bibel lehrt – völlig unabhängig.

In Anbetracht dieser Tatsache, die Jesus selbst verdeutlichte, können wir davon ausgehen, dass die Engel, die dir zugeteilt sind, über deine Bestimmung unterrichtet wurden. Wie sonst sollten sie deinem Lebenszweck dienen, wenn sie ihn nicht verstehen? Wie könnten sie deine Berufung unterstützen, wenn sie keine Informationen über deine Berufung bekommen? Die Engel, die beständig die Gegenwart Gottes im Himmel vor Augen haben, wurden vom Autor deiner Bestimmung über diese unterrichtet und halten immer Ausschau nach einer Zeit, einem Ort oder einer Gelegenheit, um dich in diese Bestimmung hinein zu befördern. Diese Unterstützung, die wir als Gläubige erhalten, zeigt die Liebe, die Wertschätzung und die besondere Fürsorge Gottes. Es gibt auf der ganzen Welt keine anderen Geschöpfe, die diese Art der Fürsorge erleben dürfen, wie wir als Wiedergeborene. Du bist geschätzt und hast eine göttliche Berufung auf deinem Leben. Dies wird dadurch, dass es Engel gibt, die seit deiner Geburt den Auftrag haben, dir bei der Erfüllung deiner Berufung zu helfen, noch deutlicher!

---

[8] Kenneth E. Hagin, Ich glaube an Visionen (Durchbruch Verlag, 2013)

Lukas 1 (Maria)

Die Tatsache, dass Engel über unsere Berufung Bescheid wissen und den Auftrag haben, sie zu unterstützen, wird in der Bibel immer wieder offenbart. In Lukas 1,30 beispielsweise, wusste der Engel Gabriel, dass Maria die Mutter Jesu sein würde. Es stand in seiner Dienstanweisung. Er wusste, dass dies ihre Bestimmung war, noch bevor sie es selbst erkannte. Gabriel war da, um es ihr zu offenbaren und dabei zu helfen, dass es Wirklichkeit wurde. Offensichtlich wusste er über ihre Bestimmung Bescheid, bevor er bei ihr auftauchte. Ansonsten hätte er diese Dinge nicht so eindeutig in die Wege leiten können.

Lukas 1 (Zacharias und Elisabeth)

Lukas 1 erzählt uns auch das Zeugnis des Hohepriesters Zacharias und seiner Frau Elisabeth. Sie waren nicht in der Lage, Kinder zu kriegen, doch Unfruchtbarkeit war nicht Teil ihrer Bestimmung.

Eines Tages erschien der Engel Gabriel Zacharias und offenbarte ihm Gottes Plan für sein Leben. *„Doch der Engel sagte zu ihm: Du brauchst dich nicht zu fürchten, Zacharias! Dein Gebet ist erhört worden. Deine Frau Elisabeth wird dir einen Sohn schenken; dem sollst du den Namen Johannes geben"* (Lukas 1,13). Es war die Bestimmung von Zacharias und Elisabeth, einen Sohn zu haben und der Engel des Herrn offenbarte ihnen diese Bestimmung.

Der Engel kannte auch die Bestimmung von Johannes, obwohl dieser noch nicht einmal geboren war. Es gab noch keine einzige Zelle von Johannes. Es war gerade erst prophezeit worden, dass er entstehen würde. Obwohl er noch nicht geboren war, wusste der Engel, dass Johannes wie Elia sein würde. Er sollte keinen Wein oder andere alkoholischen Getränke zu sich nehmen und er würde den Weg bereiten, damit das Volk Gottes Jesus empfangen konnte. Der Engel wusste es, weil es in Johannes *Thesenpapier* stand.

Apostelgeschichte 27

In Apostelgeschichte lesen wir, dass der Apostel Paulus als Gefangener auf einem Schiff nach Italien reiste, als ein heftiger Sturm aufkam. Es wurde sehr schnell deutlich, dass das Schiff untergehen würde. Kurz bevor dies geschah, erschien der Engel des Herrn und sagte zu Paulus, dass er keine Angst haben solle, da er auf jeden Fall vor Caesar gebracht werden müsse. Er gab Paulus ein Wort über seine Bestimmung. Der Engel wusste, dass es Gottes Plan war, dass er nach Rom gehen und Caesar begegnen sollte. Aufgrund von Paulus Gebet und Gehorsam wurden Engel freigesetzt, damit sie sich um die Erfüllung dieser Bestimmung kümmerten, indem sie eine übernatürliche Rettung herbeiführten und Paulus und alle anderen an Bord sicher an Land brachten.

Es ist bemerkenswert, dass der Engel zu ihm sagte: „Du musst nach Rom gelangen." Diese Form von „müssen" entspricht dem griechischen Wort „*dei*" und bedeutet „von Natur aus notwendig, verpflichtet, persönliche Verpflichtung oder unvermeidbar" (Strong, G1163). Der Engel sagte also: „Es lässt sich nicht vermeiden. Du musst nach Rom gehen." Es ist ein der Bestimmung dienender Auftrag. In Apostelgeschichte 27,24 spricht der Engel: „*Paulus, du brauchst dich nicht zu fürchten! Gott hat bestimmt, dass du vor dem Kaiser erscheinen sollst[...]*". Hab keine Angst – du hast einen wichtigen Termin auf dem Weg deiner Bestimmung!

Indem sich der Engel Paulus offenbarte, versicherte er ihm: „Die Armeen der Engel stehen hinter dir und sie werden dich sicher nach Rom bringen."

Gibt es Ziele in unserem Leben, die wir nur deshalb erreichen werden, weil Engel uns helfen? Ja, mit Sicherheit! Sie versuchen beständig, uns mit einem Zeitpunkt, Ort oder Ereignis zu verbinden, der uns in Einklang mit unserer Bestimmung bringt. Sie können uns bewahren, befreien, retten, leiten und zu unseren göttlichen Terminen und vorherbestimmten Orten führen. Da Engel verstehen, was unsere Berufung ist, werden sie uns sicher an die in Gottes Drehbuch beschriebenen Orte bringen. Warst du schon einmal in einer Situation, die sich als großer Segen oder als eine großartige neue Bekanntschaft herausstellte, und hast dich gefragt: *Wie ist das jetzt passiert?* Vielleicht war es nicht nur irgendein Zufall; es war Teil deiner Bestimmung und Engel haben die Verbindung ermöglicht.

Richter 6 (Gideon)

In Richter 6 lesen wir die Geschichte von Gideon. Er drosch gerade Weizen in einer Kelter, weil er sich vor den Truppen der Midianiter fürchtete. Sieben Jahre lang war den Israeliten von den Midianitern die Ernte gestohlen worden und das Volk Gottes somit verarmt. In ihrer Angst flohen die Israeliten in die Berge und versteckten sich in Höhlen. Gideon nahm den Weizen also mit zur Kelter, und als er drosch, geschah Folgendes:

> *„Und der Engel des Herrn kam und setzte sich unter die Terebinthe bei Ophra; die gehörte Joas, dem Abiesriter. Und sein Sohn Gideon drosch Weizen in der Kelter, um ihn vor*

den Midianitern in Sicherheit zu bringen. Da erschien ihm der Engel des Herrn und sprach zu ihm: Der Herr ist mit dir, du tapferer Held!" (Richter 6,11-12; SLT).

In Vers 14 lesen wir dann, dass der Engel Gideon zusprach, er solle in seiner Kraft hingehen und Israel von den Midianitern befreien. Es besteht kein Zweifel, dass der Engel des Herrn Gideons Bestimmung kannte. Es war Gottes Plan für Gideon, dass er Israel retten sollte, und der Engel wusste das offensichtlich. Er verstand Gideons Aufgabe, als dieser selbst noch von Furcht erfüllt war. Obwohl er sich aus Angst versteckte, kannte der Engel sein Potenzial und nannte ihn einen mächtigen Helden. Der Geist Gottes lag auf ihm und Gideon war in der Lage, seine Lebensbestimmung zu erfüllen. Er und seine 300 Krieger besiegten die Armee der Midianiter und beendeten somit die Plünderung der israelischen Ernte.

Potenziale sind schlummernde Fähigkeiten. Es sind in dir angelegte Fähigkeiten, von denen du vielleicht noch nichts weißt. In dir liegen Fähigkeiten verborgen, über die du noch nie nachgedacht hast. Die Engel kennen diese potentiellen Fähigkeiten und versuchen beständig, diese hervorzuholen, indem sie dich mit Zeitpunkten, Ereignissen oder Orten verbinden, die wiederum dein Potenzial freisetzen. Engel, die deine Bestimmung und dein Potenzial kennen, machen sich an die Arbeit, um dieses Potenzial in dir hervorzuholen.

1. Mose 24 (Isaak)

Als für Isaak, Abrahams Sohn, die Zeit gekommen war, sich eine Frau zu nehmen, erzählt 1. Mose 24,7 von einem Engel, der wusste, dass Rebekka Teil seiner Bestimmung war. Dies war noch lange, bevor Isaak irgendetwas darüber wusste. Ein Engel führte Abrahams Diener zu ihr, obwohl sie in einem anderen Land lebte. Beachte bitte, dass der Engel genau wusste, wo sie Wasser holte. Er kannte den Zeitpunkt und den Ort und sandte Abrahams Diener zu der für Isaak bestimmten Ehefrau.

1. Mose 18 (Abraham)

In 1. Mose 18 nähern sich drei Fremde Abraham. Wir wissen, dass zumindest zwei von ihnen Engel sind. Der dritte mag sogar der Chef der Engel persönlich sein – nämlich Jesus. Viele glauben, dass diese Begebenheit eine Theophanie ist, also eine Erscheinung Christi in Gestalt eines Engels im Alten Testament. Die Engel erklären Abraham, dass sie ihn ein Jahr später wieder besuchen werden und er dann einen Sohn haben wird. Zu dem Zeitpunkt ist Sarah gerade 89 und Abraham 99 Jahre alt – scheinbar zu alt, dass sich dieses Wort erfüllen könnte. Als jedoch die Engel wiederkehren, hat Abraham tatsächlich einen Sohn – Isaak. Die Engel wussten, dass es Abrahams Bestimmung war, diesen versprochenen Sohn zu bekommen, und sie brachten ihm diese Botschaft und trugen somit zu ihrer Erfüllung bei.

Es folgte eine übernatürliche Geburt, wie die Engel es vorhergesagt hatten.

1. Mose 32 (Jakob)

In 1. Mose 32,24 kämpfte Jakob eine ganze Nacht lang mit einem Engel um seine Bestimmung. Ringen Engel mit dir um deine Bestimmung? Absolut. Was das betrifft, sind sie sehr hartnäckig. Jakob war ein Lügner, Schlitzohr und Betrüger, der sich durchs Leben mogelte. Er stahl das Erstgeburtsrecht seines Bruders Esau, indem er seinen Vater Isaak betrog und ihm weismachte, er sei Esau. Dies versetzte Esau völlig in Rage. Jakob floh und hielt sich 20 Jahre lang von seiner Familie fern, weil er fürchtete, dass Esau ihn umbringen würde, sobald er ihn traf. Nach 20 Jahren erschien Jakob im Traum ein Engel des Herrn und gab ihm eine Botschaft. In 1. Mose 31,13 steht: *„Ich bin der Gott von Bethel, wo du einen Gedenkstein gesalbt und mir ein Gelübde gegeben hast. Mache dich jetzt auf, zieh aus diesem Land und kehre zurück in das Land deiner Verwandtschaft!"* (ELB). Mit Furcht und Zittern entschied sich Jakob, zu gehorchen. Monatelang bereitete er seine Familie auf die Rückkehr in sein Heimatland vor, obwohl er immer noch Angst vor Esau hatte und davor, was dieser seiner Familie antun könnte.

1988 begann Gott mit mir um meine Bestimmung zu ringen. Es waren drei Jahre des Ringens um den apostolischen Ruf auf meinem Leben. Zu dem Zeitpunkt hatte ich noch kein Verständnis von Aposteln. Ich wurde nie wirklich darüber gelehrt. Das Einzige, was ich über Apostel wusste, war, dass es in der Bibel welche gab. Ich erlebte eine Zeit, in der immer wieder Leute auf mich zukamen und mir sagten, dass ich ein Apostel sei. Sie prophezeiten das über mich. Es bedeutete mir aber nichts, und ehrlich gesagt wollte ich lieber ein Pastor als ein Apostel sein. Also verdrängte ich alles, was damit zu tun hatte. Ich lebte drei Jahre lang mit dieser Einstellung, doch das innere Ringen hörte nicht auf; nein, es wurde sogar immer intensiver. Ich wurde sehr unzufrieden mit der Person, die ich war. Ich wusste, dass es noch mehr gab, was der Herr mit mir vorhatte.

Gegen Ende dieser Phase besuchte ich Indianapolis, um ein Wochenendseminar über geistliche Kampfführung zu halten. Am Freitag war ich allein im Hotel und hatte mir den Tag freigenommen, um mit dem Herrn allein zu sein. Ich war in meinem Zimmer um den Herrn zu suchen, und während ich dort den ganzen Morgen betete, geschah etwas Erstaunliches. Als ich dort auf dem Boden lag, kam der Engel des Herrn in mein Zimmer. Über eine Stunde lang lag ich mit dem Gesicht nach unten auf dem Boden und wagte es nicht, mich zu bewegen. Der Raum war gefüllt mit der Gegenwart des Herrn, und meine Gedanken kreisten um das, was da gerade geschah. Ich fragte mich: „Was ist hier los, Herr, was möchtest du tun?" Irgendwann gab ich nach und sagte: „Herr, ich werde tun, was auch immer du willst."

Der Engel des Herrn, der mich inzwischen auch auf andere Art und Weise begleitet, gab mir folgende Botschaft: „Der Herr hat dich berufen, ein Apostel für ihn zu sein, und du musst damit beginnen, es auszusprechen und öffentlich zu verkünden. Selbst im Fernsehen und überall, wo du teilnimmst, sollst du sagen, dass du ein Apostel im Königreich Gottes bist. Mit anderen Worten, du sollst den Mantel und das Amt akzeptieren."

Zu dem Zeitpunkt verstand ich noch nicht, dass es bei dem Apostelamt nicht darum geht, sich zu profilieren, sondern zu dienen. Ich selbst habe keinerlei Autorität und ich kann nichts tun. Es ist das Amt, das die Autorität trägt, doch ich verstand dies noch nicht. Ich sah nur meine eigenen Begrenzungen und verstand nicht die Autorität des Königreichs, die man mit einem Amt oder einem Mantel der Salbung bekommt.

Am nächsten Tag fuhr ich von Indianapolis nach Hause und hatte zwei Stunden Zeit, mit dem Herrn zu reden. Schließlich sagte ich zu ihm: „Heiliger Geist, warum muss ich das tun? Warum bittest du mich, dies zu tun?"

Seine Antwort war sehr deutlich: „Weil ich in der Region nicht das erreiche, was ich möchte, bis du es tust." Ich dachte, dass Gott doch in dieser Region tun kann, was er will. Dazu braucht er doch nicht mich.

Daheim angekommen, ging ich am Sonntagmorgen nicht nach vorne, um zu verkünden, dass ich den Mantel eines Apostels im Königreich Gottes bekommen hatte. Ich ging nur nach vorne und predigte. Während ich sprach, sah ich die ganze Zeit etwas, das ich bereits schon fünf Jahre zuvor gesehen hatte. Im Gebet sah ich das Bild eines Wagenrads, dessen Speichen voller Licht waren und durch das ganze Land fuhr. Gott hatte damals zu mir über einen Auftrag in der Region gesprochen. Während ich redete, sah ich das Gleiche im ganzen Raum, egal wohin ich blickte.

Nach der Predigt schnappte ich mir einen unserer Ältesten und bat ihn, mit mir nach Georgia zu gehen, damit ich das alles einer Person erzählen konnte, die das sicherlich verstehen würde. Wir flogen am darauffolgenden Wochenende, und als wir ankamen, erzählte ich meinem Bekannten von der Begegnung mit dem Engel in meinem Hotelzimmer. Ich erklärte ihm, dass ich zunächst geglaubt hatte, ein Wort vom Herrn empfangen zu haben, es nun aber anzweifelte.

Nachdem er sich alles angehört hatte, sagte er, dass ich das Ganze aus einem anderen Blickwinkel betrachten müsse. Er sagte, ich solle mir Matthäus 16 anschauen. Dort fragte Jesus seine Apostel: *„Wer sagen die Leute, dass ich bin?"* Petrus antwortete: *„Du bist der Christus, der Sohn des lebendigen Gottes."* Daraufhin sagte Jesus: *„Du bist gesegnet. Denn dies wurde dir nicht von Fleisch und Blut offenbart. Auf diesen Fels werde ich meine Gemeinde bauen. Die Tore der Hölle werden dagegen nicht ankommen."*

Ich sagte: „Ja, aber ich weiß, dass er seine Gemeinde nicht auf den Apostel Petrus bauen wollte."

Er erwiderte: „Nein, du hast es immer noch nicht verstanden. Wer war denn der Apostel Petrus?"

„Naja, also er war ein Apostel", antwortete ich.

„Ja, auf dem Fels der Offenbarung, die durch die Apostel offenbart wird, wird er seine Gemeinde bauen." Da machte es plötzlich ‚klick'. Ich verstand, dass auf mich ein Mantel gelegt wurde und es Dinge in dieser Region gab, die gebunden und gelöst werden mussten. Gott brauchte den Mantel eines Apostels, um dies zu tun. Es geht hierbei nicht um mich, und es ging noch nie um mich.

Nachdem ich schließlich diesen apostolischen Ruf akzeptiert hatte, wurden meinem Leben verschiedene Engel zugeteilt. Die Engel kannten meine Berufung. Sie kannten sie, bevor ich es selbst tat. Sie kannten sie, während ich noch mit ihr rang. Sie wussten, welches Potenzial in mir lag, weil es schon lange so für mich vorgesehen war. Einer von ihnen erschien mir in Indianapolis und sagte: „Hör auf, mit deiner Berufung zu kämpfen, und fang an, zu verkünden, wer du bist. Akzeptiere den Mantel. Es geht hier nicht um dich." Dies hat die Art und Weise, wie ich lebe, verändert und meine Berufung ist auf ein ganz neues Niveau gebracht worden.

In der Zeit des Ringens, durch die du gegangen bist, begleitete dich vielleicht ein Engel, der zu dir sagte: „Hör auf, dein Potenzial zu vergeuden, und werde zu der Person, die du sein sollst." *Vor dir liegt eine von Gott geplante Zukunft voller Hoffnung.* Wie Jakob und wie auch ich höre auf, damit zu ringen, und beginne, es auszusprechen!

KAPITEL SECHS
KRIEGSADLER UND ENGEL

Engel mit Schärpen

Ich habe bereits von einigen Engelsbegegnungen erzählt. Ein Schlüsselerlebnis war hier der Tag am Caesar Creek, als der Herr zu mir sprach und mir auftrug, die Streitmacht der Erben – also das Netzwerk der Engel – freizusetzen. Zwei Wochen nach diesem Auftrag machte ich mich an einem Sonntag bereit, auf die Bühne zu gehen und zu predigen, als ich auf die Tribüne blickte und zwei extrem große Engel sah. Sie schienen mir zwischen 3 und 3,5 Meter groß zu sein. Die Engel trugen Schärpen in verschiedenen Farben; der eine hatte eine wunderschöne saphirblaue Schärpe an, während der andere eine purpurne Schärpe trug. Unter diesen Schärpen waren weiß glitzernde Gewänder. Dies war deshalb für mich bedeutsam, weil die drei Male, bei denen ich bis dahin Engel gesehen hatte, sie mir als strahlend, weiße Wesen erschienen waren. Diesmal war ihre Kleidung farbig, und obwohl ich wusste, dass die Farben eine wichtige Rolle spielten, wusste ich nicht, wofür genau sie standen. Wenn ich jetzt darauf zurückblicke, dann erstaunt es mich, dass mich diese Begegnung nicht erschreckte oder aus dem Konzept brachte. Es erschien mir ganz natürlich, dass die Engel da waren, fast als ob ich sie schon erwartet hätte. Ich fuhr mit dem Gottesdienst fort, ohne ein Wort darüber zu verlieren, weil ich nicht wusste, was die Farben bedeuteten.

In dieser Woche begann ich mich mit Farben und ihrer prophetischen Bedeutung zu beschäftigen. Bevor ich diese Engel sah, hatte ich mir nie viele Gedanken über Farben gemacht; jetzt begann ich mich sofort intensiv damit auseinanderzusetzen. Es war eine faszinierende Lehreinheit, die ich in der darauffolgenden Woche mit meiner Gemeinde teilte. Ich fand heraus, dass sich das Königsblau auf den Thron Gottes, die himmlische Welt und den Mantel des Hohepriesters bezieht. Blau symbolisiert himmlische Anmut und steht in der Bibel für Gnade. Als primäre Bedeutung findet sich für blau jedoch die Gegenwart oder der Dienst des Heiligen Geistes. Purpur repräsentiert in der Bibel den König. Könige trugen damals Purpur und feines Leinen (purpur und weiß). Purpur repräsentiert die Autorität und den Reichtum eines Königs, in allererster Linie jedoch dessen Autorität. In Purpur und feine Leinen gekleidet zu sein, bedeutet, dass du mit Autorität bekleidet und gesalbt bist. Während ich betete und fastete, kam mir eine Interpretation in den Sinn, und ein prophetisches Wort wurde mir plötzlich klar.

Der Herr sagte: „Es ist an der Zeit für eine neue Freisetzung meines Heiligen Geistes. Es wird Kraft ausgegossen werden und die königliche Salbung und Autorität wird in einer bisher nie dagewesenen Maß zunehmen. Das Netzwerk der Engel unterstützt den Heiligen Geist darin, den König des Himmels zu verherrlichen. Jung und alt werden nun gemeinsam an der größten Bewegung des Königreichs Gottes in der Geschichte teilnehmen."

Die generationsübergreifende Salbung

Die ausgegossene Salbung wird – wie die Bewegung, die damals zu Pfingsten stattfand – alle Generationen mit einschließen. Ich fing an, eine Vision zu entwickeln – keine Vision, in der ein Staffelstab an die nächste Generation weitergereicht wurde, sondern eine Vision von einem Ruderboot. Ich sah mich selbst in einem Ruderboot rudern und hinter mir saßen Teenager, also niemand aus meiner Generation. Der Heilige Geist sprach: *„Es ist an der Zeit, zusammen zu rudern."* Ich glaube, dass wir uns in einer Zeit befinden, in der die Generationen unter der Salbung des Heiligen Geistes beginnen, gemeinsam zu rudern. Es ist eine *kairos*-Zeit, also eine strategischer Augenblick (Strong, G2540).

Es ist jetzt an der Zeit, dass die Generationen „ein Team" werden und von den Gaben, Talenten und Fähigkeiten jedes Einzelnen Gebrauch machen, um unserer Welt Jesus und sein Königreich vorzustellen. Was für ein unglaubliches Potenzial sich vor uns ausbreitet! Wenn der Heilige Geist und seine Engel beginnen, mit den Menschen aller Altersklassen zusammenzuarbeiten, können sie wirklich ganze Nationen zu Jüngern machen.

Während ich über die Bedeutung der generationsübergreifenden Salbung nachdachte, gab mir der Heilige Geist ein prophetisches Wort. Es ist inzwischen Teil des apostolischen Rufs auf meinem Leben geworden. Ich bin berufen, dabei zu helfen, die kommende Generation für den Dienst freizusetzen. Ich machte mich also gerade bereit, meine Sonntagspredigt zu halten, als der Heilige Geist mich dazu bewegte, über Kriegsadler zu prophezeien. Er sprach sehr kühn und nannte die kommende Generation seine „Kriegsadler".

Der Herr spricht: Wenn euch jemand angreift, dann denkt nicht einmal im Entferntesten daran, dass ich ihn geschickt habe. Wenn jemand angreifen sollte, wird nichts daraus werden. Ich erschaffe den Schmied, der seinen Schmiedeofen anheizt und eine Waffe fertigt, die dazu da ist, zu töten. Ich erschaffe auch den Zerstörer. Doch keine Waffe, die gegen euch geschmiedet ist, wird Erfolg haben, und ihr sollt jede Zunge, die gegen euch ein Urteil spricht, selbst verurteilen. Dies ist das Erbe der Diener des Herrn, und ihre Gerechtigkeit ist von mir, spricht der Herr.

Eine unvorstellbar große Kraft wird nun auf der Erde freigesetzt. In der ganzen Geschichte hat es noch keine derartige Kampfkraft gegeben. Man wird sie meine „Kriegsadler" nennen. Sie werden meine Adlerstreitmacht sein, und diese Adlerstreitmacht wird mit meiner Engelstreitmacht und meinen Kriegshelden zusammen in den Kampf ziehen. Es steht jetzt eine Generation junger Krieger auf, die mit den erfahrenen Kämpfern, die ihren Ruf seit Jahren erworben haben, zusammenarbeiten werden. Die jungen Leute dieser Generation werden nun meine „Kriegsadler" genannt werden. Sie werden auf den Wellen meiner Herrlichkeit reiten. Sie werden mit den Strömen meiner Winde fließen. Sie werden sich in meiner Gegenwart bewegen und sie werden anfangen, die Werke meines Königreichs zu manifestieren. Sie werden meine Kraft demonstrieren, meinen Willen erfüllen und auf meinen Wegen gehen; und sie werden in meiner Herrlichkeit erstrahlen. Kein anderes Königreich wird ihnen widerstehen können. Meine einzigartige Adlerstreitmacht wird die Welt durch die Leidenschaft, mit der sie für mich einstehen, in Staunen versetzen.

Die kommende Generation von „Kriegsadlern" wurde für den Kampf gegen die Hölle vorbereitet, um die Erde von der dämonischen Belagerung zu befreien. Sie wird jetzt freigesetzt, in den Kampf zu ziehen, und sie werden sich vor den Feinden ihres Gottes nicht beugen. Sie werden feindlichen Königen keine Anerkennung zollen. Sie werden nicht auf die Propaganda und Beleidigungen der Hölle hören, und sie werden es nicht zulassen, dass ich mit falschen Göttern in einen Topf geworfen werde.

Sie werden sich an mich halten und ich werde mit ihnen fliegen. Sie werden sich an mir festhalten und ich werde gemeinsam mit ihnen aufsteigen. Wir werden auf den Winden segeln. Sie werden mit einer Geschwindigkeit laufen, die bisher noch nicht möglich war, weil sie von mir getragen werden, und sie werden die Hürden nehmen. Wir werden die Mauern überspringen, in dämonische Bollwerke einbrechen und sie zerstören. Wir werden die Tore der Hölle zerschmettern. Meine „Kriegsadler", sowohl die jungen als auch die Veteranen, werden nun mit mir aufsteigen, spricht der Herr, und sie werden mit dem Schrei des Jägers mit mir in den Kampf reiten. Sie werden grausame Regime bekämpfen. Sie werden Gefangenen Befreiung bringen. Auch wenn sie umzingelt sind, werden sie sich nicht ergeben. Obwohl die Chancen schlecht für sie zu stehen scheinen, sind sie nicht eingeschüchtert. Sie werden nicht aufgeben, auch wenn die Realität gegen sie spricht. Sie werden nicht nachlassen, obwohl neue Waffen, die noch nie eingesetzt wurden, gegen sie gerichtet sind. Das Gewicht meiner Gegenwart wird auf ihnen sein und sie werden auf dem Wind gleiten und mit unglaublicher Geschwindigkeit herabstechen und die Wachposten der Hölle ausschalten.

Das Königreich des Gegners wird ihre Beute sein. Meine einzigartige Adlerstreitmacht wird für das Königreich der Finsternis eine furchterregende Größe darstellen. Sie werden das Regime der Hölle in Angst und Schrecken versetzen, weil sie in meiner Gegenwart fliegen. Meine „Kriegsadler", die sich mit mir umhüllen, werden mit übernatürlicher Kraft fliegen.

Sie werden auf den Winden des Himmels gleiten. Sie werden laufen und nicht müde werden. Sie werden gehen und nicht schwach werden. Mein Geist wird sie erneuern. Meine Gegenwart wird sie wieder stark machen. Sie werden mit Adlerflügeln aufsteigen und keine Waffe, die gegen sie geschmiedet ist, wird Erfolg haben. Alle, die sich gegen sie erheben, werden fallen. Dies ist das Erbe meiner Kinder, und sie sind gerecht gesprochen wegen dem Blut des Lammes, spricht der Herr.

Mehr zu den Farben

In der Bibel tragen Farben oft eine prophetische Bedeutung und Symbolik. Bernstein, zum Beispiel, symbolisiert die Herrlichkeit Gottes, wie du in Hesekiel 1,4 und 8,2 sehen kannst. Schwarz bezieht sich auf Sünde, Tod, Hungersnot und manchmal auch auf die Stunden um Mitternacht, wie Klagelieder 4,8 und Offenbarung 6,5 zeigen. Braun wird mit Schafen in Beziehung gesetzt (1. Mose 30,32-33; 35; 40). Karmesinrot ist oftmals ein Bild für Sünde. Purpurnes Leinen wurde im Tempel verwendet, wie uns Jesaja 1,18 und 2.

Chronik 2,7 verdeutlichen. Grau beschreibt das Haar von älteren Menschen. Rot oder scharlachrot steht symbolisch für das Blut zur Sühne, beispielsweise in Jesaja 1,18, Josua 2,18 und 3. Mose 14,52. Weiß repräsentiert Reinheit, Licht und Gerechtigkeit (Offenbarung 6,2;11 und 19,8). Grün bezieht sich auf die Vegetation, wie Psalm 23,2, 2. Könige 19,26 und Offenbarung 8,7 zeigen. Es gibt zudem einige wenige Situationen, in denen sich grün auch auf eine Leiche bezieht.

Weiß, Blau und Purpur

Die Farben weiß, blau und violett haben spezifische prophetische Bedeutungen.

Weiß bezieht sich auf Reinheit, Gerechtigkeit, Heiligkeit und Licht. Weiße Gewänder werden denjenigen von uns gegeben, die als Überwinder in Christus sterben (Offenbarung 3,5; 6,11). Die vierundzwanzig Ältesten, die um den Thron Gottes sitzen, sind ebenfalls in Weiß gekleidet (Offenbarung 4,4). Von Jesus selbst wird berichtet, dass er während der Verklärung Kleider trug, die weiß wie das Licht waren, und sein Gesicht wie die Sonne schien (Matthäus 17,2).

Wir lesen in 2. Korinther 11,14, dass sich Satan selbst als ein Engel des Lichts verkleidet, was ursprünglich sein Wesen war. Er war der Morgenstern, der Lichtträger, und ist jetzt ein gefallener Engel, wie auch die Engel, die ihm gefolgt sind. Das bedeutet nicht, dass es im Königreich Gottes keine Engel des Lichts mehr gibt. Nur ein Drittel ist gefallen, während zwei Drittel geblieben sind, um Gott und seinem Volk zu dienen. Es gibt Millionen von Engeln des Lichts – reine, heilige Wesen, die die Gegenwart, Salbung und Herrlichkeit Gottes auf sich tragen.

Die Farbe blau symbolisiert den Heiligen Geist. Sie bezieht sich auf den geistlichen und den natürlichen Himmel. Blau ist außerdem ein Symbol für Gottes Thron und göttliche Gnade. Saphirblau ist die Farbe des Mantels des Hohepriesters, daher repräsentiert sie auch den Dienst Jesu, der nun durch den Heiligen Geist weitergeführt wird. Der Heilige Geist kam an Pfingsten „aus heiterem (also blauem) Himmel", direkt vom Thron Christi, um Diener des Volkes Gottes und dessen Hohepriester zu sein. Die Gnade des Himmels wurde uns vom Heiligen Geist in Form der Gnadengaben bzw. *Charisma* weitergereicht, als er kam (1. Korinther 12). Der Heilige Geist ist mit Jesus verbunden und hört, was Christus der Gemeinde sagt. Dann kommuniziert er diese Botschaft an uns. Jesus sagt in Johannes 14,18: *„Ich werde euch nicht als hilflose Waisen zurücklassen; ich komme zu euch."* Der hohepriesterliche Dienst Jesu ist durch den Heiligen Geist konstant bei uns. Er ist der Geist der Wahrheit, der uns als Leib Christi leitet.

In 2. Mose 24,9-10 steht, dass Moses, Aaron, Nadab, Abihu und siebzig Älteste auf den Berg Sinai stiegen. Dort trafen sie auf Gott. Der Boden unter Gott war eine saphirblaue Fläche. In Hesekiel 1,26 wird der Thron Gottes in der Farbe saphirblau beschrieben. Hebräer 4,16 bezeichnet den Thron als Thron der Gnade. Wieder sehen wir, dass in der Bibel die Farbe blau den Heiligen Geist, den Himmel, Gottes Gnadenthron und den hohepriesterlichen Dienst Jesu bzw. des Heiligen Geistes repräsentiert.

Purpur symbolisiert schließlich das Königtum und die Autorität und Salbung eines Königs. Sie bezieht sich auf die Gewänder der Reichen oder auf den Reichtum an sich. In Lukas 16,19 lesen wir, dass Jesus von dem reichen Mann, gekleidet in Purpur und feinen Leinen, erzählte. Purpur war zur damaligen Zeit die kostbarste aller Farben. Sie wurde von der Purpurschnecke, die im Mittelmeer zu finden ist, gewonnen, und man benötigte 250.000 Exemplare dieser Weichtiere, um eine Unze[9] dieser Farbe zu erhalten, was sehr kostspielig war.[10] Nur sehr reiche Menschen konnten also Purpur tragen. In Apostelgeschichte 16,14 sehen wir, dass Lydia den Dienst des Apostels Paulus finanziell unterstützte, indem sie reichen Leuten purpurne Gewänder verkaufte. Während seiner Gefangenschaft kleideten die römischen Soldaten Jesus in Purpur, wie Markus 15,17 berichtet. Obwohl diese Handlung mit Ignoranz und Lästerei ausgeführt wurde, handelten diese Soldaten prophetisch, weil er der König ist.

Prophetische Einsicht

Es ist ein apostolisches, prophetisches Wort aus der Heiligen Schrift, dass der Heilige Geist mit einem neuen Wind auf unsere Zeit bläst. Die Zeit der großen Joel-Erweckung in Apostelgeschichte 2 ähnelt dem, was jetzt beginnt. Die Engel des Lichts wurden bereits freigesetzt, um uns dabei zu helfen, die weißen Gewänder der Überwinder zu tragen. Mit der Unterstützung der Armee der Engel werden die Überwinder Gottes Königreich in alle Regionen der Erde tragen, indem sie die Mächte der Finsternis überwinden. Diese Wesen des Lichts (Engel) sind gesandt, um den Kampf zu Gunsten der Heiligen zu wenden. Sie werden dabei helfen, Regionen für eine neue Bewegung des Königreichs zu öffnen. Das Tragen

---

9   Ca. 28 gr., Anm. d. Übers.

10   Nelsons's New Illustrated Bible Dictionary (Nashville, TN: Thomas Nelson Publishers, 1995), 288.

von blauen und purpurnen Schärpen auf dem Hintergrund von funkelnden, weißen Leinen bestätigt also, was der Geist Gottes sagt: Wir werden überwinden!

Was Joel prophezeite, wird nun als ein neuer Wind und frisches Feuer aus dem Himmel herabkommen. Gott kommt auf neue Art und Weise und mit neuer Kraft auf seine Gemeinde. Warum tut er das? Weil wir vor den saphirblauen Thron der Gnade gekommen sind und immer wieder dorthin zurückkehren. Wir ermutigen jeden, den wir kennen, das Gleiche zu tun, weil wir durch den mächtigen Heiligen Geist erleben durften, wie himmlische Gnadengaben über uns freigesetzt wurden.

Die Gnadengaben werden durch die Hilfe der Engel nun in neuem Maße freigesetzt: Das Wort der Weisheit, das Wort der Erkenntnis, die Gabe des Glaubens, die Gabe der Wundertaten, der Heilung, der Geisterunterscheidung, der Sprachenrede, der Auslegung der Sprachenrede und der Prophetie. Diese Gaben werden sich für uns in ihrer Bedeutung, Demonstration und Manifestation erweitern. Die Welt hat die Geistesgaben noch nicht auf die Art und Weise gesehen, wie sie nun durch die Erben hervorkommen werden. Der hohepriesterliche Dienst des Herrn, der durch unser Glaubensbekenntnis geformt bzw. aktiviert wird, manifestiert sich zunehmend in unserem Leben und wird deutlich sichtbar sein. Es ist egal, was die Hölle dagegenstellen will. Es ist egal, was die Regierung unternimmt oder etwa Atheisten, Terroristen, die Medien oder Kunst und Unterhaltungsindustrie. Das Königreich Gottes wird physisch erkennbar sein!

Das leblose, passive Christentum kann dieses Mandat nicht aufhalten, weil Gott immer einen letzten Rest hoffnungsloser Getreuer finden wird, die es bereitwillig empfangen.

Wenn dies geschieht, dann wird er wie aus heiterem Himmel eine neue Ausgießung schenken. Er wird sie in Brand setzen und mit Kraft ausstatten, damit ihre gesamte Region erschüttert wird. Die Hölle kann diese Bewegung nicht aufhalten. Ziel dieser himmlischen Kampagne ist es, die gesamte Menschheit zu erreichen. Und es wird geschehen! Der Heilige Geist, das Heer der Engel und die Gemeinde Gottes werden, in Einklang mit dem Thron Gottes, dem Befehl des Königs zustimmen. Es ist unveränderlich und es wird geschehen!

Eine kühne Autorität beginnt, in der Gemeinde aufzusteigen. Wir fangen an, zu verstehen, dass wir nicht hier sind, um mit der Hölle zu spielen. Wir sind hier, um sie aufzuhalten. In Einklang mit Jesus, dem König der Könige, ist es unsere Aufgabe, den Teufel und seine Gefolgschaft aus ihren Festungen zu vertreiben. Als Söhne und Töchter Gottes und Erben Christi wurde uns die Autorität übertragen, genau dies im Namen Jesu zu tun. Die Engel sind bereit, uns bei diesem Vorhaben zu unterstützen. Kann die Gemeinde die Feinde unseres Königs zu seinen Füßen legen? Ja! Die Gemeinde wird, mithilfe der vom Heiligen Geist geführten Engel, seine Feinde binden, damit sie zum Fußschemel für unseren Gott werden. Die neutestamentliche Gemeinde wird auf mächtige Weise Befreiung, Heilung und Wohlergehen freisetzen und erleben.

Jesus sagte, dass es eine herrliche Gemeinde sein wird, die über alle Macht der Hölle triumphieren wird (Matthäus 16,18).

Die Mayflower-Vision

Eines Tages hatte ich eine Vision von einem alten hölzernen Segelschiff, ähnlich der Mayflower. Dieses Holzschiff ankerte am Hafen. Es wurde durch riesige Taue gehalten, eins war vorne und eins hinten angebracht. Plötzlich erschien ein großer Engel mit einer gewaltigen, scharfen Axt und lief hinunter zur Anlegestelle. Er näherte sich dem vorderen Tau und durchtrennte es mit einem Hieb. Das Schiff war zwar noch hinten befestigt, doch es begann durch den Wind hin und her zu schaukeln. Zuerst dachte ich, das Boot würde gegen das Dock krachen. Kurz bevor es aufprallte – genau im richtigen Augenblick – schwang der Engel die Axt über das hintere Tau und hieb es ebenfalls entzwei. Anstatt gegen das Dock zu krachen, trieb das Boot nun in Richtung offenes Meer. Ein riesiges Segel entfaltete sich, als der Wind hineinblies. In diesem Moment sah ich ein Wort auf dem Segel stehen: Oasis. Das ist der Name der Gemeinde, die ich leite, doch ich wusste, dass es sich nicht nur auf meine Gemeinde bezog, sondern auf die gesamte neutestamentliche Gemeinde. Die Buchstaben waren dick und braun (braun ist, wie bereits erwähnt, die Farbe, die sich auf Schafe bezieht). Ich bekam folgende prophetische Erkenntnis mit großem Nachdruck:

Die neutestamentliche Gemeinde wird durch den Wind des Heiligen Geistes in eine andere Richtung gedreht. Das, was dafür sorgte (durch Passivität), dass sie im Hafen festgetaut war, wurde gelöst. Jetzt kann sie die Freiheit genießen, in Gottes Wind zu segeln. Die Stimme Gottes wird mit einer erneuten Aussendung erklingen: „Sammelt meine verlorenen Schafe ein. Hisst die Segel für meine Ernte. Hisst die Segel für die verlorenen Seelen, für die ich gestorben bin. Verlasst den Hafen und segelt in die Zeit der Ernte hinein."

KAPITEL SIEBEN

ENGEL HELFEN, GANZE REGIONEN ZU VERÄNDERN

Und ich werde euch die Jahre zurückerstatten, welche die Heuschrecke, der Fresser, der Verwüster und der Nager verzehrt haben — mein großes Kriegsheer, das ich gegen euch gesandt habe; und ihr sollt genug zu essen haben und satt werden und den Namen des Herrn, eures Gottes, loben, der wunderbar an euch gehandelt hat; und mein Volk soll nie mehr zuschanden werden! Und ihr sollt erkennen, dass ich in Israels Mitte bin und dass ich, der Herr, euer Gott bin und keiner sonst; und mein Volk soll nie mehr zuschanden werden! (Joel 2,25-27; SLT)

Und hat Gott je zu einem Engel gesagt:»Setze dich an meine rechte Seite, bis ich deine Feinde zum Schemel für deine Füße gemacht habe!«? Nein, die Engel sind alle nur Diener, Wesen der unsichtbaren Welt, die denen zu Hilfe geschickt werden, die am kommenden Heil teilhaben sollen, dem Erbe, ´das Gott uns schenkt`. (Hebräer 1,13-14)

Ein wichtiger Aspekt der Unterstützung durch Engel ist, dass sie Apostel, pastorale Leiter und den fünffältigen Dienst unterstützen, ihre Regionen zu verändern, damit diese in göttliche Ordnung kommen. Es ist Zeit für eine wesentliche Veränderung in unserer Nation und in der Gemeinde. Es ist an der Zeit, in den Erntemodus zu wechseln und zu sehen, wie Millionen von Menschen Jesus finden.

Ich glaube, jetzt ist die Zeit für eine Erweckung gekommen, wie sie von Joel prophezeit wurde . Mit einer neuen Ausgießung des Heiligen Geistes, die Auswirkung auf alles Fleisch haben wird; eine Erweckung, die unsere jungen Männer und Frauen zu einer Generation voller Sinn und Bestimmung werden lässt. Sie werden das Wort des Herrn prophezeien. Sie werden die Prinzipien des Wortes Gottes verkünden und in großer Kraft und Autorität wandeln, so dass durch sie Zeichen und Wunder geschehen. Eine prophetische und apostolische Generation wird hervortreten, wie es sie noch niemals zuvor in der Menschheitsgeschichte gab. Das bedeutet, dass prophetische Offenbarungen an Qualität und Quantität zunehmen werden. Es werden sich unbestreitbare und offensichtliche Machterweise unseres Gottes überall auf der Erde ereignen, und Zeichen und Wunder werden im Himmel und auf der Erde geschehen.

Im Jahr 2006 gab mir der Herr, während ich die Botschaft vorbereitete, dass Engel uns bei der Veränderung ganzer Regionen helfen, folgendes prophetisches Wort:

> Es ist Zeit für eine neue Freisetzung meines Heiligen Geistes auf der Erde. Es wird Kraft ausgegossen werden, und die Salbung und Autorität des Königs wird in bisher nie dagewesenem Maß ansteigen. Das Netzwerk der Engel unterstützt den Heiligen Geist

Engel helfen, ganze Regionen zu verändern

dabei, den König des Himmels groß zu machen. Die Jungen und die Alten werden am größten Vorstoß meines Königreichs in der gesamten Geschichte teilnehmen.

Dieses Wort macht deutlich, dass die kommende Ausgießung generationsübergreifend sein wird. Anstatt den Staffelstab an die nächste Generation weiterzugeben, sagt der Heilige Geist: „Nein, laufe **gemeinsam** mit der kommenden Generation."

Und ich werde euch die Jahre zurückerstatten, welche die Heuschrecke, der Fresser, der Verwüster und der Nager verzehrt haben — mein großes Kriegsheer, das ich gegen euch gesandt habe; (Joel 2,25; SLT)

Der Prophet Joel sprach, inspiriert vom Heiligen Geist, über Ernte. Heuschrecken fressen die Ernte. Jesus, das Haupt der Gemeinde, verglich die verlorene Menschheit mit einem Erntefeld.

Ja, unsere Ernte wurde von dämonischen Heuschrecken befallen, die alles vernichten. Doch wir treten jetzt in eine neue Zeit ein. Diese alles zerfressenden Dämonen, die eine passive, erkaltete Gemeinde eingeschüchtert haben, können die königreichsgesinnte Gemeinde unserer Zeit nicht mehr beeindrucken. Wir lassen uns nicht von Dämonen und ihren Strategien einschüchtern. Wir sind hier, um im Namen Jesu zu regieren und zu herrschen und die Feinde unseres Königs als Fußschemel zu seinen Füßen zu legen. Wir sind hier, um in seinem Namen eine überlegene Kraft und Autorität zu demonstrieren. Der Teufel und sein Königreich ist nicht überlegen. Auf unserer Seite sind mehr Engel, und die Engel Gottes sind mächtiger als die gefallenen Engel Satans.

Es entsteht jetzt ein Volk, das zu verstehen beginnt, dass der, der größer ist, wirklich in ihnen lebt. Erster Johannes 4,4 ist uns nicht gegeben, um unser Ego zu füttern. Nein, es ist eine Tatsache: *„[...] denn der, der in euch lebt, ist größer 'und stärker' als der, von dem die Welt beherrscht wird".*

Wir dürfen erleben, wie die übriggebliebene Gemeinde aufsteht und an eine Wiederherstellung der Ernte glaubt. Ich weiß nicht, wie viele Ernten wir in Amerika oder auf der ganzen Welt verloren haben, doch ihre Zahl ist sicherlich gewaltig. Gott hat jedoch durch den Propheten Joel versprochen: „Joel, deine Ernten werden dir erstattet werden. Du wirst den Herrn, deinen Gott, preisen, denn er tut große Wunder an dir und du wirst nicht beschämt werden. Du wirst eine neue Ausgießung des Heiligen Geistes empfangen. Deine Söhne und Töchter werden prophezeien. Ich werde am Himmel und auf der Erde und unter der Erde meine Wundertaten vollbringen. Und tausende Menschen, die sich im Tal der Entscheidung befinden, werden den Namen des Herrn, deines Gottes, anrufen." Gott sagt: „Ich verpflichte mich persönlich dazu, deine verlorene Ernte wiederherzustellen. Vertrau mir und sei treu. Verkünde, was ich dir sage. Verkünde meine Worte und ich werde mein Wort geschehen lassen."

Die Wortwahl in Joel 2 ist dem Versprechen Gottes an Abraham sehr ähnlich: *„Gott gab ihm ein Versprechen und bekräftigte es mit einem Eid, den er bei sich selbst schwor, weil es keinen Größeren gibt, bei dem er hätte schwören können."* (Hebräer 6,13).

In der Bibel wurde ein Eid immer sieben Mal ausgesprochen, da die Zahl sieben für Ganzheit oder Vollständigkeit steht. Gott sagt hiermit: „Ich stehe mit meinem ganzen Sein dahinter. Alles, was ich bin, sagt es." Gott schwor Abraham einen Eid und er verspricht auch uns, dass er unsere verlorene Ernte wiederherstellen wird. Es ist ein unveränderbares Versprechen. Ohne Wenn und Aber!

Wenn Gott sein Versprechen umsetzt, um es in seine vollständige Erfüllung zu bringen, werden Engel freigesetzt. Dies war in der Vergangenheit der Fall und wir sehen es auch heute noch. Die neue Ausgießung des Heiligen Geistes, die Joel prophezeite, wird Engel freisetzen, die den Aposteln und Gemeindeleitern helfen, ihre Regionen in Einklang mit dem Wort Gottes zu bringen. Diese Engel werden die Wiederherstellung der verlorenen Ernten und das Einbringen neuer Ernten und die Rückerstattung auf jedem Gebiet unterstützen. Diese Engel werden Aposteln dabei helfen, in ihren Regionen Befreiung zu bringen und dämonische Festungen einzureißen. Dies wird natürlich die Ernte beeinflussen, in der Millionen Menschen Jesus als Herrn annehmen.

Sind sie nicht alle dienstbare Geister, ausgesandt zum Dienst um derer willen, die das Heil erben sollen?
(Hebräer 1,14; ELB)

Engel assistieren den „Ausgesandten". Es bezieht sich also auf den apostolischen bzw. neutestamentlichen Dienst, denn das Wort „*Apostel*" bedeutet „Gesandter" (Strong, G652). Apostel werden vom dreieinigen Gott geschickt, um einen Auftrag auszuführen, und oftmals betrifft dieser Auftrag eine Region, einen Staat oder eine Nation und Engel unterstützen diesen Dienst.

Nein, die Engel sind alle nur Diener, Wesen der unsichtbaren Welt, die denen zu Hilfe geschickt werden, die am kommenden Heil teilhaben sollen, dem Erbe, 'das Gott uns schenkt`.
(Hebräer 1,14)

Engel sind beauftragt, unseren von Gott gegebenen Aufträgen zu dienen. Das griechische Wort für *Engel* ist „*aggelos*" und bedeutet „ein Bote" (Strong, G32). Hebräer 1,14 erklärt uns, dass Engel dienende Geister sind. Für „dienend" steht im Griechischen das Wort „*iturgikos*", was „Erleichterung verschaffen, ein öffentlicher Bediensteter, religiöse oder wohltätige Aufgaben erfüllen" (Strong, G 3010) bedeutet.

„*Ausgesandt*" kommt vom griechischen Wort „*apostello*" und bedeutet „abgesondert, befreit, auf eine Mission gesandt und aus geschäftlichen Gründen von einem Ort an einen anderen gesandt" (Strong, G649). Engel sind bestimmten Orten oder Regionen zugeordnet, um dort Gottes Aufträge zu erledigen. Natürlich können sie auch an einen anderen Ort gesandt werden. Außerdem ist es wichtig, dass „*apostello*" eine abgeleitete Form von „*apostolos*" ist, dem ursprünglichen griechischen Wort für Apostel. Dies deutet auf folgende wichtige Definition hin: Das Werk der Apostel und der Dienst der Engel fließen zusammen, sie arbeiten Hand in Hand (Strong, G652). Apostel und Engel sind auf göttliche Weise miteinander verbunden und gemeinsam bestimmten Orten oder Regionen zugeordnet.

Jesus, das Haupt der Gemeinde, beschreibt in der Offenbarung den Dienst der Engel und das Werk der Apostel als miteinander verbunden. Der Apostel Johannes empfängt dort eine Botschaft von Jesus – eine Nachricht, die an sieben Gemeinden in Kleinasien gerichtet ist. Beachte, dass dort sieben spezifische Regionen erwähnt werden. Jeder Brief beginnt mit den Worten: „*Schreibe an den **Engel** der Gemeinde […]*" (Offenbarung 2,1;8;12;18; 3,1;7;14)

Jesus nennt den „Ausgesandten" jeder Gemeinde „*aggelos*". Warum? Weil sowohl „Engel" als auch „Apostel" bedeutet:

„ein mit einer Botschaft zu einer Region Ausgesandter". Interessanterweise ist das hebräische Wort für Engel „*malak*", was wiederum „Bote" bedeutet und sich auf einen Botschafter bezieht, der die Person, die ihn sandte, repräsentiert (Strong, H4397). Für einen Engel oder einen Apostel wäre dies dann Jesus oder Gott selbst. „*Malak*" bezeichnet ebenfalls eine Person, die von Gott beauftragt ist, eine Aufgabe zu erledigen und ein von Gott gesetztes Ziel zu erreichen. Im Alten Testament wird „*malak*" mit Prophet, Priester oder Lehrer übersetzt und bezieht sich auf das Werk der Apostel oder das Werk der Beauftragten. Sowohl im Alten als auch im Neuen Testament ist das Werk der Apostel (der Gesandten) und der Dienst der Engel eng miteinander verbunden. In Hebräer 2,2 steht, dass Engel Botschaften an Propheten übermitteln, die diese Nachricht dann über eine Region prophezeien. Diese prophetischen Worte können dann zu Strategien für Apostel und pastorale Leiter werden. Ich setze diese Strategie bereits seit Jahren in der „Oasis Church" und im „Awakening Now Prayer Network"[11] ein. Unsere Leiter treffen sich, um über prophetische Worte, die wir empfangen, zu beten und Strategien zu entwickeln, wie diese Prophetien in unserer Region realisiert werden können. Dies hat uns immer wieder geholfen, in Richtung Erweckung weiterzugehen. Und Engelsarmeen wurden freigesetzt, um uns dabei zu unterstützen.

Unser Zeugnis ist, dass Engel uns dabei geholfen haben, unsere Region zu verändern. Dämonische Festungen wurden gestürzt, und die Region, die einst als „der Evangelistenfriedhof" bekannt war, ist nun bereit für Erweckung. Engel, die speziell dem Auftrag der Apostel zugeteilt sind, haben

---

11   dt.: „Erweckung Jetzt Gebetsnetzwerk" (Anm. d. Übers.)

dabei geholfen, Befreiung zu bringen. Es steht für uns außer Frage, dass es Engel waren, die uns unter der Leitung des Heiligen Geistes ermöglichten, einer unfruchtbaren Region Erneuerung zu bringen.

Engel befreien Apostel

In Apostelgeschichte 5 brachte der Engel des Herrn den Aposteln auf großartige Weise Befreiung, damit sie weiterhin ihren Auftrag ausführen konnten. Manchmal überlesen wir diese Stelle einfach und richten nicht genügend Aufmerksamkeit darauf, was eigentlich geschah.

Diese Geschehnisse weckten den Neid des Hohenpriesters und seiner ganzen Gefolgschaft, der Partei der Sadduzäer, und sie beschlossen, nicht länger untätig zuzusehen. Sie ließen die Apostel festnehmen und in das städtische Gefängnis bringen. Doch in der Nacht öffnete ein Engel des Herrn die Türen des Gefängnisses und führte die Apostel hinaus. »Geht in den Tempel«, befahl er ihnen, »tretet vor das Volk und verkündet unerschrocken die Botschaft, die der Herr gebracht hat und die zum Leben führt!« (Apostelgeschichte 5,17-20)

Die Apostel wurden in ein Gefängnis gesperrt, doch ein Engel kam, öffnete die Zelle und befreite sie, damit sie im Tempel bzw. in der Gemeinde ihren Dienst tun konnten. Durch die Hilfe der Engel wurde ihre Gefangenschaft beendet und sie konnten ihren Dienst fortsetzen. Es wird deutlich, dass der apostolische Dienst, die Ausgießung des Heiligen Geistes zusammen mit der Unterstützung von Engeln von äußerster Wichtigkeit sind, wenn wir Regionen verändert sehen wollen.

Ich glaube, dass dies in Amerika bereits begonnen hat. Zwar noch nicht im großen Stil, aber hier und da kann man Anfänge erkennen. Wir bewegen uns aus Gefangenschaft hin zum Dienen in großer Freiheit. Wir bewegen uns auf eine großartige Befreiung zu und Engel helfen uns dabei. Es gibt gewisse Aspekte unseres Auftrags, die ohne eine neue Ausgießung des Heiligen Geistes und die Freisetzung von Engeln nicht möglich sind. Der apostolische Dienst ist davon komplett abhängig.

Petrus

In Apostelgeschichte 12,7 steht, dass der Apostel Petrus im Gefängnis in Ketten saß, als der Engel des Herrn kam, die Ketten zerbrach und das Gefängnis öffnete. Beachte, dass wieder ein Engel kam, um den Dienst eines Apostels zu unterstützen. Die Strategie der Hölle war es immer, die Apostel gefangen zu nehmen und sie festzuhalten. Warum? Weil sich ganze Regionen veränderten, wenn sie auf freiem Fuß waren. Als Folge der Befreiung durch den Engel, begann die Sendung von Petrus zu den Gemeinden in Kleinasien. Eine gewaltige Erweckung begann, als die Regionen mit dem Evangelium Christi in Berührung kamen.

Paulus

In Apostelgeschichte 27 wird davon erzählt, dass Paulus als Gefangener auf einem Schiff nach Rom unterwegs war. Als ein Sturm aufkam, war die Schiffsbesatzung in großer Angst und dachte, dass es mit ihnen vorbei sei. Doch Paulus erhob sich und sprach:

Aber nachdem jetzt alles so gekommen ist, fordere ich euch auf: Lasst den Mut nicht sinken! Denn nicht ein Einziger von euch wird umkommen; nur das Schiff ist verloren. Letzte Nacht trat nämlich ein Engel des Gottes, dem ich gehöre und dem ich diene, zu mir und sagte: ›Paulus, du brauchst dich nicht zu fürchten! 'Gott hat bestimmt, dass` du vor dem Kaiser erscheinen sollst, und deinetwegen wird er allen, die mit dir auf dem Schiff sind, das Leben schenken.‹
(Apostelgeschichte 27,22-24)

Erstaunlicherweise wusste der Engel, dass es Paulus' Aufgabe war, nach Rom zu gehen. In der Tat verloren sie das Schiff, doch niemand verlor sein Leben. Wieder einmal waren ein Apostel und ein Engel zusammen unterwegs, um in einer bestimmten Region einen Auftrag auszuführen. Sie waren Partner für die Ziele des Königreich Gottes. Das Evangelium wurde zu einer anderen Nation gebracht, von dem völkischen Bund weg zu heidnischen Völkern, so wie Jesus es Paulus prophezeit hatte, als er ihn auf dem Weg nach Damaskus berief, ein Apostel für die Heiden zu sein. Eine göttliche Verlagerung fand statt, göttlicher Schutz wurde gewährt und eine übernatürliche Befreiung war das Resultat.

Jesus

Jesus war auch ein Gesandter. In Matthäus 1 geschah ein gewaltiger Umbruch auf der Erde. Es fand ein Wechsel vom alten Bund zum neuen Bund, vom Gesetz zur Gnade statt. Jesus war von Gott gesandt. Sein Auftrag war eindeutig und es waren viele Engel beteiligt. Es wurden Engel beauftragt, das Kommen Jesu zu begleiten; deshalb verkündete Gabriel Maria, dass sie das Christuskind gebären würde. Es kamen auch Engel zu Zacharias und Elisabeth, den Weisen aus dem

Morgenland und Josef. Jesus – ein Gesandter und ein Apostel des Königreichs – kam, um Veränderung zu bringen, und es wird mehr als deutlich, dass Engel dieses Vorhaben unterstützten. Auch halfen Engel dabei, das Königreich Gottes für die Ernte vorzubereiten. Jesus erklärte in Matthäus 13,39, dass Engel als Erntearbeiter dabei helfen würden, die endzeitliche Ernte einzufahren. Worum geht es denn bei all den Erschütterungen auf der Erde? Sie sind Zeichen einer gewaltigen Veränderung in der geistlichen Welt. Sie prophezeien eine massive Veränderung im Königreich unseres allmächtigen Gottes. Sie prophezeien einen Wechsel hin zur Erntezeit, wie der König selbst es prophezeite.

Gideon

In Richter 6 erschien dem Gideon der Engel des Herrn. Sieben Jahre lang hatten die Midianiter das Volk Gottes ausgeraubt und ihre Ernte gestohlen. Deshalb waren sie verarmt, doch es war an der Zeit, das Rauben und den Verlust der Ernte zu stoppen. Es war Zeit für eine Veränderung und Zeit, die Ernte wieder einzubringen, und erneut half ein Engel bei diesem Auftrag.

Der Engel verwandelte Gideon von einem passiven, eingeschüchterten Mann ohne Hoffnung zu einem mächtigen Leiter voller Mut, der mit übernatürlicher Hilfe und einer Armee von 300 Männern 15 000 midianitische Kämpfer tötete. Gemeinsam mit den Engeln holte Gideon die Ernte zurück.

Das ist auch die Aufgabe in unserer Zeit. Unter der Leitung des Heiligen Geistes stehen uns Engel zur Verfügung, um uns dabei zu helfen, passive Christen in offensive, kulturverändernde Krieger zu verwandeln, die sich die Ernte zurückholen. Engel sind damit beschäftigt, Mut unter dem Volk Gottes zu wecken. Außerdem helfen Engel dem Heiligen Geist dabei, starke Leiter in ihre Berufung zu bringen; Leiter, die vorangehen und den Raub der Ernte zu stoppen; Leiter mit Ausdauer, die eine große Ernte einfahren werden; Leiter, die aktiv werden, auch wenn die Chancen schlecht stehen, nur weil Gott auf ihrer Seite ist; Leiter, die die geraubte Beute in das Lager Gottes zurückbringen; und solche, die mit den letzten Treuen die Hölle angreifen.

Josua

In Josua 5 lesen wir von Josuas Vorbereitungen, das Volk Gottes in ihr gelobtes Land zu führen. Es war Zeit für eine Veränderung der Kultur, einen Wechsel vom Leben in der Wildnis zu einem Leben im eigenen Erbe. Ein Übergang von Gefangenschaft zu großer Freiheit. Ein Wechsel von selbst Besitzgegenstand zu sein hin zum Besitzen. Als Josua nach Jericho kommt, um die Situation außerhalb der Stadtmauern einzuschätzen, trifft er auf einen mächtigen Krieger mit gezogenem Schwert. Josua fragt den Engel: *"Bist du für uns oder für unsere Gegner?"*

Der mächtige Krieger sagt: *"Nein, ich bin der Befehlshaber über das Heer des Herrn."*

Für Heer steht das Wort "tsebaah", was „eine Menge von Wesen" bedeutet, "die für den Kampf aufgestellt sind; und eine große Menge von Kriegsengeln, die auf den Kampf vorbereitet sind" (Strong, H6635) . Wir erinnern uns an unsere Definition von *Kampagne*, bei der es sich um eine Reihe von miteinander verbundenen Aktionen handelt, durch die etwas erreicht werden soll.

Eine große Ansammlung von Engeln wurde vom Befehlshaber des Himmels so aufgestellt, dass sie dem Volk Gottes helfen konnten, Gottes Versprechen zu empfangen. Eine gewaltige Menge von Kriegsengeln wurde für die Kampagne mobilisiert, durch die dem Volk Gottes der Übergang in einen neuen Lebensstil ermöglicht werden sollte. Sie arbeiteten eng mit den Kindern Israels zusammen, um ihre bisherige Kultur, die von Sklaverei geprägt war, in eine Kultur der Freiheit zu verwandeln. Dieser Übergang wurde durch den allmächtigen Gott und seinen Engeln ermöglicht.

Pfingsten

In Apostelgeschichte 2 wird beschrieben, dass an Pfingsten eine gewaltige Veränderung stattfand. Jesus sandte sein anderes Ich, den Heiligen Geist, um auf der Erde eine brandneue Bewegung zu starten. Wie wir bereits bei Josua sehen konnten, wurde auch hier der Heilige Geist von den Armeen der Engel begleitet. Der Heilige Geist und seine Engel brachten die Gemeinde auf ein neues Level des Dienstes. *Alles* wurde auf ein neues Niveau gehoben: Salbung, Begabungen, Fruchtbarkeit und die Autorität, zu leiten und zu regieren. Die Heere des Himmels unterstützten den Heiligen Geist bei einer Ausgießung der Kraft. Sie halfen dabei, den Dienst der Apostel in neue Regionen zu bringen. Der Heilige Geist kam mit Armeen von Engeln, um den Aposteln bei der Veränderung von Regionen durch das Evangelium Jesu Christi zur Seite zu stehen. Die historischen Berichte erzählen davon, dass ganze Regionen durch Zeichen, Wunder und großartigen Heilungen von der Kraft Gottes berührt wurden. Dies konnte geschehen, weil der Heilige Geist und die Engel sich mit der apostolischen Kampagne eins machten.

Warum ist in der letzten Zeit eine Zunahme an Engelaktivität zu beobachten? Warum nehmen Zeichen und Wunder zu? Ich glaube, dies bestätigt, dass es an der Zeit für eine neue Kampagne des Heiligen Geistes ist. Im Laufe des letzten Jahrhunderts haben wir viel von Schlüsseln erfahren, die für apostolische Kampagnen wichtig sind, doch wir haben den grundlegenden Schlüssel für alle apostolischen Bewegungen nicht erkannt. *Der Schlüssel für jede Bewegung ist „Bewegung".* Du musst dich bewegen. Du kannst nicht immer Urlaub machen. Es gibt Zeiten, in denen du in Aktion treten musst. Es gibt Zeiten, in denen du den Mut Gideons beweisen und aufstehen musst, um einen Unterschied zu machen.

Du kannst nicht immer weglaufen und dich verstecken. Manchmal musst du dich aktiv beteiligen und zurückholen, was dir gestohlen wurde. Es ist an der Zeit, dass die Gemeinde aufsteht und das beansprucht, was ihr geraubt wurde.

Jetzt ist die Zeit, in der das Volk Gottes aktiv werden muss. Engel arbeiten unter der Leitung des Heiligen Geistes eng mit der Gemeinde zusammen und schlagen die Feinde unseres Königs. Engel holen Kohlen vom Altar des Himmels, um das Volk Gottes in Brand zu setzen. Der Heilige Geist setzt Kraft für einen Neuanfang und eine neue Zeit der Fruchtbarkeit und Multiplikation frei. Er kommt, um eine Bewegung zu erwecken und zu erneuern, keine Institution. Wir sind dazu gerufen, Teil einer Bewegung zu sein, die, wie damals die 120 Menschen im Obergemach, die Welt mit dem Evangelium des Königreichs auf den Kopf stellt.

Bewegungen sind weder passiv noch wundern sie sich, warum Gott nicht die gestohlenen Dinge für sie zurückholt. Nein, sie stehen auf und kommen in Bewegung, weil sie wissen, dass sich der ganze Himmel mit ihnen bewegen wird.

Engel helfen, ganze Regionen zu verändern

Es ist an der Zeit, dass sich die Gemeinde Gottes erhebt und in der Kraft des Heiligen Geistes lebt. Es ist an der Zeit, ein Leben voller Zeichen und Wunder zu führen. Es ist an der Zeit, von den Gaben des Heiligen Geistes Gebrauch zu machen – den Worten der Weisheit, der Gabe des Glaubens, der Unterscheidung der Geister und Heilungen und Wunder. Die Gemeinde ist per Definition eine Bewegung. Es ist an der Zeit, dass die Gemeinde ihre Bequemlichkeit aufgibt und sich neu fokussiert, von Einschüchterung zu großem Mut findet und von Hoffnungslosigkeit zu Glauben und Vertrauen auf den lebendigen Gott; und dass sie sich aus ihren vier Wänden auf die Straßen, in die Regierung, die Medien, in die Geschäftswelt, Bildung, Kunst und Unterhaltung begibt; von einem selbstsüchtigen Christentum, das nur „Was ist für mich drin?" fragt, hin zu Dienern Gottes, die seinen Willen tun; von einem konsumorientierten Christsein hin zu Jüngerschaft.

Es ist an der Zeit für eine neue Ausgießung des Heiligen Geistes und dass neues Feuer auf das Volk Gottes fällt. Es ist an der Zeit, dass die Apostel ihre Region mit einem kraftvollen Evangelium verändern.

Es ist an der Zeit, aus der Gefangenschaft auszubrechen und in Freiheit zu kommen. Es ist an der Zeit, dass die Ressourcen wiederhergestellt und multipliziert werden. Es ist an der Zeit, die Raubzüge der Hölle zu stoppen. Es ist an der Zeit, nicht mehr in der Wildnis umherzuirren und stattdessen unser neues Land einzunehmen. Es ist an der Zeit, dass die Gemeinde auf ein neues Niveau an Kraft und Autorität kommt, welches Gott für die heutige Zeit bestimmt hat. Es ist an der Zeit, dass Gottes Volk hier auf der Erde in Einklang mit dem Himmel kommt und mit der kommenden

Generation zusammenarbeitet. Es ist an der Zeit, dass die Gemeinde vom Himmel hört und sich zusammenschließt, um die Salbung des Königs Jesu freizusetzen. Es ist an der Zeit, im Namen Jesu die Zähne der räuberischen Heuschrecken zu zerstören und in der Salbung unseres Königs aufzustehen, um die Widerstände der Hölle zu brechen. Unter der Leitung des Heiligen Geistes und mit Hilfe der Engel ist es an der Zeit, dass wir die Ernte einbringen!

KAPITEL ACHT
UM DEN THRON EINER REGION KÄMPFEN

Denn ein Kind ist uns geboren, ein Sohn ist uns gegeben; und die Herrschaft ruht auf seiner Schulter; und man nennt seinen Namen: Wunderbarer, Ratgeber, starker Gott, Ewig-Vater, Friedefürst. Die Mehrung der Herrschaft und der Friede werden kein Ende haben auf dem Thron Davids und über seinem Königreich, daß er es gründe und festige mit Recht und Gerechtigkeit von nun an bis in Ewigkeit. Der Eifer des Herrn der Heerscharen [Engelarmeen] wird dies tun!
(Jesaja 9,5-6; SLT)

Deshalb sage ich dir jetzt: Du bist Petrus, und auf diesen Felsen werde ich meine Gemeinde bauen, und das Totenreich mit seiner ganzen Macht wird nicht stärker sein als sie. Ich werde dir die Schlüssel des Himmelreichs geben; was du auf der Erde bindest, das wird im Himmel gebunden sein, und was du auf der Erde löst, das wird im Himmel gelöst sein.«
(Matthäus 16,18-19)

Für das Wort „*Herrschaft*" steht im Hebräischen „*misrah*", was „Imperium" oder „Dynastie" bedeutet (Strong, H4951). Jesus möchte, dass seine Gemeinde seinen Thron repräsentiert und sein Imperium über ihre Region ausweitet. Für „*Thron*" steht das hebräische Wort „*kisseh*". Es bedeutet „der Machtsitz; Sitz der Autorität; Dach, unter dem sich die Regierung befindet; Gerichtsbarkeit und die Position, von der aus ein König regiert" (Strong, H3678). Jesus sitzt auf dem Thron seines Königreichs, um für Ordnung zu sorgen und Rechtsprechung und Gerechtigkeit zu etablieren. Er will, dass sich seine Gemeinde nach ihm ausrichtet, um zusammen mit ihm diese Herrschaft zu erlangen.

In Jesaja 9,6 steht: *„Der Eifer des Herrn der Heerscharen wird dies tun!"* (SLT). Der Eifer des Herrn Zebaoth, dem Herrn der Engelsarmeen, wird dies tun. Armeen von Engeln werden mit der Gemeinde zusammenarbeiten und ihnen beim Kampf um den „Thron" und um die Etablierung des Königreichs Christi in ihrer Region zur Seite stehen. Jesus wird seine Armeen freisetzen, um der Gemeinde, die seinen Befehlen folgt, dabei zu helfen, Dinge hier auf Erden zu binden oder zu lösen. Der griechische Name „*ekklesia*", den Christus der Gemeinde gegeben hat, macht dies deutlich. Er wird im Neuen Testament 113 mal gebraucht und hat eher eine politische als ein religiöse Bedeutung (Strong, G1577). Man würde vermuten, dass Jesus für die Gemeinde eher ein religiöses Wort wie *Tempel* oder *Synagoge* verwenden würde, aber das tut er nicht. Indem er seine Gemeinde „*ekklesia*" nennt, gebraucht er ein Wort, das den Akt des Regierens beschreibt. Collin Brown gibt in dem „*International Dictionary of New Testament Theology*"[12] eine Definition von „*ekklesia*", wie sie zur Zeit Christi gängig war:

---

12 dt.: Internationales Lexikon zur Theologie des Neuen Testaments (Anm. d. Übers.)

Die Ekklesia ist eine Versammlung von qualifizierten Bürgern einer Region, die in regelmäßigen Abständen zusammenkommen, um Gesetze und Regelungen zu beschließen. Diese Entscheidung geschieht entweder durch ein gesprochenes Ja oder Nein oder durch Handzeichen. Ihr Einflussbereich beinhaltet:

A. Entscheidungen über Gesetzesvorschläge und finale Entscheidungen über jedes neue Gesetz.

B. Berufungen in ein offizielles Amt.

C. Sowohl die Innen- als auch Außenpolitik ihrer Region, einschließlich Übereinkommen mit anderen Regionen, Krieg und Frieden und finanzielle Entscheidungen.

D. Die Ekklesia entschied über Fälle des Verrats.

E. Sie konnte die Armee einberufen, um Krieg zu führen.

F. Die Ekklesia regelte auch gesellschaftliche und kulturelle Angelegenheiten in ihrer Region.

G. Die Ekklesia entschied per Handzeichen, wer im Aeropag, dem höchsten Gericht Athens (ähnlich dem Supreme Court[13]), sitzen durfte. [14]

Jesus sagt: *„Meine Gemeinde, die aus meinen Erben besteht, ist dazu berufen, mit mir in ihrer Region zu regieren und zu herrschen."* Das ist eine Definition, die sich sicherlich stark von dem unterscheidet, was wir heute in der Welt sehen. Tatsächlich haben wir viele Institutionen, die sich zwar Gemeinde

---

13 Der Supreme Court ist der oberste Gerichtshof der Vereinigten Staaten. (Anm. d. Übers.)

14 Quelle: Colin Brown, New International Dictionary of New Testament Theology Vol. 1 A-F (Grand Rapids, Michigan: Zondervan Publishing House, 1975), 291.

nennen, jedoch für die gleichen säkularen Werte stehen, die ihnen die Gesellschaft vorlebt. Das ist keine wirkliche Gemeinde. Den Erben Christi, den Wiedergeborenen, wurde Autorität gegeben, um auf der Erde die Dinge zu regeln. In Jesu Namen wurde uns die Autorität gegeben, den Einfluss der Hölle auf diese Welt zu überstimmen. Wir können sogar die natürliche Regierung überstimmen, indem wir um göttlichen Beistand bitten. Wir können darum bitten, dass Armeen von Engeln geschickt werden, um die Anordnungen, die wir treffen, zu unterstützen.

Obwohl wir uns im Natürlichen politisch beteiligen müssen, um an Entscheidungen teilzuhaben, müssen wir verstehen, dass ein Großteil des Kampfes der *ekklesia* geistlicher Natur ist. Wir haben den Auftrag, einen geistlichen Kampf um den Thron unserer Region zu führen, und dieser Kampf intensiviert sich zunehmend.

Beachte, dass Jesus hier wiederum sagt: *„[...] was du auf der Erde bindest, das wird im Himmel gebunden sein, und was du auf der Erde löst, das wird im Himmel gelöst sein."* (Matthäus 16,19). Das Wort „*binden*" und das Wort „*lösen*" sind jeweils Begriffe, die bei Gericht gebraucht werden – sie haben rechtsprechende Wirkung. Du kannst vor Gericht einen Vertrag abschließen oder du lässt den Vertrag auflösen. Der griechische Urtext fasziniert mich seit vielen Jahren. Jesus sagt in Matthäus 16,18-19 wortwörtlich – wenn man alle griechischen Zeitformen beachtet: „Was auch immer dir begegnet, das der Rat der Hölle (die Leitung/Regierung der Hölle) beschlossen hat, du wirst vor der Entscheidung stehen, ob du es binden willst oder nicht. Das Endergebnis hängt von deiner Reaktion ab. Wenn du diese Sache auf der Erde bewusst bindest, wirst du in der weiteren Entwicklung der Angelegenheit erkennen, dass es bereits im Himmel gebunden worden ist." *Jesus sagt, dass es von der Reaktion der Gemeinde abhängt, was gebunden oder gelöst werden soll.* „Wenn es durch mein Volk in meinem Namen gebunden oder gelöst wird, wird der Himmel voll und ganz dahinter stehen. Mein Thron wird dich unterstützen und es wird ausreichend Kraft freigesetzt werden, um es zu vollstrecken. Ich sende meine Engelsarmeen, um dabei zu helfen."

Jesaja prophezeite, dass der Eifer des Herrn der Heerscharen (der Engelsarmeen) dies tun wird. Für „*tun*" steht das hebräische Wort „*asah*", was „arbeiten, etwas produzieren, erreichen, konstruieren und bauen" bedeutet. „*Asah*" wird in Richter 11,36 auch mit „Krieg führen" (Strong, H6213) übersetzt. Armeen von Engeln werden an der Seite der Gemeinde mit dem Königreich der Hölle Krieg führen und ihre Befehle des Bindens bzw. Lösens ausführen. Engel helfen uns dabei, Regionen einzunehmen. Entsprechend der Proklamationen der Gemeinde unterstützen sie uns dabei, Ressourcen freizusetzen und Stützpunkte in Regionen zu errichten. Die Engelsarmeen helfen der Gemeinde, den Einfluss des Königreichs Gottes in ihrer Region zu verstärken.

Engel werden uns auch dabei helfen, den Himmel über unserer Region von dem Einfluss der Hölle und ihren Fürstentümern und Mächten (den dämonischen Fürsten) zu reinigen. Dämonische Fürsten können gebunden und von ihren Thronen über einer Region abgesetzt werden. Die rechtliche Grundlage für diese dämonischen Bollwerke, die durch Sünde oder gebrochene Bünde, Götzendienst oder generationsübergreifende Bundesbrüche entstand, kann durch die *ekklesia*, die im Namen Jesu Autorität über sie einnimmt, gebrochen werden.

Gekämpft wird um den Thron einer Region. Wenn du das Königreich der Hölle in Jesu Namen stürzt und dann die Autorität als ein wachsamer Herrscher unter der Autorität Christi einnimmst, ist es weitaus leichter, Veränderungen auf der Erde durchzusetzen, weil du die Macht der Hölle entthront hast. Der Kampf wird zuerst im Geistlichen gewonnen, bevor es sichtbar wird. Jesus sagte: „Wenn meine Gemeinde um den Thron ihrer Region kämpft und das Reich der Hölle bindet, wird das Königreich der Hölle nicht mehr gegen sie ankommen, denn ich, der Herr Zebaoth, werde Armeen von Engeln freisetzen, die ihre Position verteidigen."

Auf diesen Felsen will ich meine Gemeinde bauen, und alle Mächte der Hölle können ihr nichts anhaben. Ich werde dir die Schlüssel zum Himmelreich geben. Was du auf der Erde bindest, wird auch im Himmel gebunden sein, und was du auf der Erde öffnest, wird auch im Himmel offen sein.
(Matthäus 16,18-19; NL)

[...] und auf diesem Felsen werde ich meine Gemeinde bauen! Nicht einmal die Macht des Todes wird sie vernichten können. Ich werde dir die Schlüssel zu Gottes neuer Welt geben. Was du hier auf der Erde für verbindlich erklären wirst, das wird auch vor Gott verbindlich sein; und was du hier für nicht verbindlich erklären wirst, das wird auch vor Gott nicht verbindlich sein. (Matthäus 16,18-19; GN)

[...] und auf diesen Felsen werde ich meine Gemeinde bauen, und alle Mächte des Todes können ihr nichts anhaben. Ich werde dir die Schlüssel zu dem Reich geben, in dem der Himmel regiert. Was du auf der Erde bindest, wird im Himmel gebunden sein, und was du auf der Erde löst, das wird im Himmel gelöst sein. (Matthäus 16,18-19; NEÜ)

Die Auswirkungen dieser Verse sind unglaublich. Wir sollen das binden, was der Himmel binden möchte, und das lösen, was der Himmel lösen möchte. Wir tun dies, indem wir uns mit dem Wort Gottes in Einklang bringen. Es wird deutlich, dass Jesus Christus von seiner „*ekklesia*" erwartet, in seinem Namen Dinge zu verkünden oder Gesetze aufzustellen. Sie soll entscheiden, was für eine Region nötig ist oder was sich kulturell verändern soll. Es ist wichtig, dass wir uns daran erinnern, dass Jesus das gesagt hat und nicht einer der Jünger oder irgendeine andere Person in der Bibel. Der König höchstpersönlich hat es gesagt. Die Gemeinde soll Gottes Wort in einer Region proklamieren. Sie soll verkünden: „Dein Reich komme, Dein Wille geschehe, wie im Himmel so auch in dieser Region!"

Die Gemeinde muss sich erheben und mit Christus an himmlischen Orten oder in himmlischen Sphären sitzen. Das ist es, was Paulus in Kolosser lehrt:

Mit Freuden sagt Dank dem Vater, der euch tüchtig gemacht hat zu dem Erbteil der Heiligen im Licht. Er hat uns errettet aus der Macht der Finsternis und hat uns versetzt in das Reich seines geliebten Sohnes, in dem wir die Erlösung haben, nämlich die Vergebung der Sünden. Er ist das Ebenbild des unsichtbaren Gottes, der Erstgeborene vor aller Schöpfung. Denn in ihm ist alles geschaffen, was im Himmel und auf Erden ist, das Sichtbare und das Unsichtbare, es seien Throne oder Herrschaften oder Mächte oder Gewalten; es ist alles durch ihn und zu ihm geschaffen. Und er ist vor allem, und es besteht alles in ihm. Und er ist das Haupt des Leibes, nämlich der Gemeinde. Er ist der Anfang, der Erstgeborene von den Toten, auf dass er in allem der Erste sei.
(Kolosser 1,12-18; LUT)

„*Der Erste*" bezeichnet einfach die höchste Position der Autorität.[15] Throne (Mehrzahl) sind von Gott geschaffen, ob sichtbar oder unsichtbar. Das Wort „*Thron*" ist im Griechischen „*thronos*" und bedeutet „ein imposanter Autoritätssitz" (Strong, G2362). Natürlich sieht man das heutzutage bei den Regierungssitzen dieser Welt, die für alle sichtbar sind. Von diesem Sitz aus regieren sie ihr Herrschaftsgebiet (ihre Nation). Das Gleiche gilt für „*Herrschaften*", was im Griechischen das Wort „*kuriotes*" ist und „regierende Macht, Herr, Herrschaft und jemand, der die Herrschaft besitzt" (Strong, G2963) bedeutet.

Für „*Mächte*" steht das griechische Wort „*arke*", welches „ein Leiter, ein Herrscher, ein Urheber oder die aktive Ursache bzw. der Urheber von etwas" (Strong, G746) bedeutet. „*Arke*" kann sich in der Bibel auch auf Engel oder Dämonen beziehen. „*Gewalten*" ist im Griechischen das Wort „*exusia*" und bezeichnet „ausführende Gewalt, jemand mit der Erlaubnis, Autorität auszuüben" (Strong, G1849).

All dies ist heutzutage in den Nationen sichtbar. Wenn man eine Region oder ein Herrschaftsgebiet einnehmen möchte, muss man natürlich zuerst den Thron einnehmen. Wenn du den Thron nicht einnimmst, wirst du mit deinem Vorhaben nicht sehr weit kommen. *Doch was ist mit der unsichtbaren Welt? Was ist mit der himmlischen Sphäre?* In dem Abschnitt in Kolosser steht eindeutig, dass manche Throne und manche Mächte *nicht* sichtbar sind. Das bedeutet aber nicht, dass sie nicht real sind; es bedeutet nur, dass wir sie mit unseren natürlichen Augen nicht sehen können. Gott schuf sichtbare und unsichtbare Throne und er selbst sitzt auf dem

---

15   Webster's Ninth New Collegiate Dictionary (Springfield, MA: Merri- am-Webster's Inc. Publishers, 1984), s.v. „preeminence."

Thron des Himmels. Du kannst dies nicht mit deinen natürlichen Augen sehen, doch es ist ein wirklicher Thron, und von diesem Thron aus werden Entscheidungen getroffen, die die Dinge auf der Erde beeinflussen. Jesus sitzt zur Rechten Gottes auf einem Thron im Himmel.[16] Wenn von diesem Thron ein Befehl ausgeht, hat dies Einfluss auf der Erde. Die himmlische Realität ist also nichts Imaginäres, sondern etwas „Reales, aber Unsichtbares."

Der Kampf um den Thron Gottes

Bevor der Mensch geschaffen wurde, gab es im Himmel einen Kampf, in dem Luzifer und seine Engel um den Thron Gottes kämpften. Jesaja beschreibt diesen Kampf folgendermaßen:

Wie bist du vom Himmel herabgefallen, du Glanzstern, Sohn der Morgenröte! Wie bist du zu Boden geschmettert, du Überwältiger der Nationen! Und doch hattest du dir in deinem Herzen vorgenommen: ›Ich will zum Himmel emporsteigen und meinen Thron über die Sterne Gottes erhöhen und mich niederlassen auf dem Versammlungsberg im äußersten Norden; ich will emporfahren auf Wolkenhöhen, dem Allerhöchsten mich gleich machen!‹ Doch ins Totenreich bist du hinabgestürzt, in die tiefste Grube! Die dich sehen, schauen dich verwundert an, sie betrachten dich [und sagen]: ›Ist das der Mann, der die Erde erzittern ließ, der Königreiche erschütterte; (Jesaja 14,12-16; SLT)

Das Buch der Offenbarung erklärt uns, dass Michael und seine Engelsarmee gegen Luzifer und dessen Engel kämpf-

---

16 Francis Frangipane, The Days of His Presence (Lake Mary, FL: Charisma House, 2012), 52.

ten, um den Thron zu verteidigen. Luzifer war – um es milde auszudrücken – nicht erfolgreich und wurde wie ein Blitz aus dem Himmel geworfen. Wenn Luzifer es wagen konnte, Gott seinen Thron streitig zu machen, ist es nur verständlich, dass er auch versuchen wird, andere Throne einzunehmen. Und dies passiert in der realen geistlichen Welt gerade jetzt. Es war schon immer Luzifers Bestreben, den Thron einer Region zu besetzen. Er will, dass sein Königreich, seine gefallenen Engel, seine Dämonen den Thron über einer Region besetzen. Warum? Um auch auf den natürlichen Thron einer Region (also dessen Regierung) Einfluss zu nehmen, damit er anhand seiner teuflischen Pläne mit Hilfe der irdischen Regierung gegen Christus ankämpfen kann. Luzifer will, dass seine Mächte, seine Gewalten und seine Herrschaften die Menschen auf der Erde beeinflussen. Er will durch die Menschen und die irdischen Regierungsstellen, die mit seinen Ideologien übereinstimmen, Einfluss nehmen. Er will, dass sein Königreich mit seiner Agenda (wie z.B. Abtreibung oder homosexuelle Ehen) durch die irdischen Regierungen, die unter dämonischem Einfluss stehen, Macht gewinnt und vorangetrieben wird.

Dämonische Throne haben folgende Aufgabe: diejenigen, die für Christus stehen, zu behindern, zu verwirren, zu verleumden und anzuklagen. Wie bei Adam und Eva im Garten will Luzifer, dass sein Königreich Ideologien und Gedanken, die göttlichen Prinzipien widersprechen, gesellschaftsfähig macht. Warum? Damit er die Autorität der Gläubigen und deren Herrschaftsgebiet (den Garten) an sich reißen kann.

Hesekiel 28 spricht genau davon. Hier steht, dass der Fürst von Tyrus ein Mann war, der das natürliche, irdische Gebiet Tyrus regierte. Doch es heißt, dass der König von Tyrus kein

Mensch war; es war Luzifer persönlich. In anderen Worten kontrollierte Luzifer von der „Herrschaft" über Tyrus (dem regionalen Thron über Tyrus) den Fürsten von Tyrus unten auf der Erde.

Durch die Regierung auf der Erde wurden dann die Einwohner von Tyrus unterdrückt. Ähnliche Kämpfe werden nun seit Jahrhunderten geführt. Das Königreich der Hölle hat nie aufgehört, der Gemeinde den Thron ihrer Region oder Nation streitig zu machen. Es geschieht auch jetzt überall auf der ganzen Welt und es ist an der Zeit, dass die Gemeinde Gottes das realisiert und tut, was Christus seiner Gemeinde aufgetragen hat – nämlich die Fürsten der Hölle zu binden und zu stürzen. Die Gemeinde muss von ihrer Autorität Gebrauch machen, damit über ihrer Region und dem Himmel nichts anderes befindet. Sie hat auch den Auftrag, Armeen von Engeln „zu lösen", damit sie ihr zur Seite stehen, so wie auch Gott es tat, als Satan seinen Thron übernehmen wollte. Er rief Michael und seine Engel, damit sie seinen Thron verteidigen sollten, und sie behielten den Sieg. Auch die Gemeinde kann Engelsarmeen rufen und dadurch siegreich sein!

Nun brach im Himmel ein Krieg aus. 'Der Engelfürst' Michael und seine Engel griffen den Drachen an. Dieser setzte sich mit seinen Engeln zur Wehr, aber er unterlag, und von da an war für ihn und seine Engel kein Platz mehr im Himmel. Der große Drache, jene Schlange der Urzeit, die auch Teufel oder Satan genannt wird und die ganze Menschheit verführt, wurde auf die Erde geworfen, und zusammen mit dem Drachen wurden auch seine Engel hinuntergeworfen.
(Offenbarung 12,7-9)

Es ist an der Zeit, dass die Gemeinde Christi Gottes Führung folgt und die Herrscher und Mächte der Hölle entmachtet. Es ist an der Zeit, die Fürsten des Königreichs der Hölle zu verdrängen und durch das Verkünden von Gottes Wort Engelsarmeen zu rufen, damit sie an unserer Seite kämpfen und den geistlichen Bereich über unserer Region reinigen können. Es ist ein Auftrag, den uns der Herr der Heerscharen gibt. Der König Jesus befiehlt: „Ihr Engel, kämpft an der Seite meiner Erben und erweitert mein Königreich, reinigt die himmlische Welt über ihnen, damit nichts mehr die Kommunikation zwischen Himmel und Erde stören kann." Es ist eindeutig, dass diese Reinigung der Himmel geschehen muss, wenn wir Christi Auftrag, die Nationen zu Jüngern zu machen, wie in Matthäus 28,19 steht, nachkommen wollen.

Die Himmel werden erschüttert werden

Gott verspricht, dass in den letzten Tagen eine gewaltige Erschütterung der geistlichen Welt über unseren Regionen geschehen wird. Hebräer 12,26 erklärt, dass der Herr nicht nur die Erde, sondern auch die Himmel erschüttern wird. Wir können heute bereits eine deutliche Erschütterung auf der Erde erleben. Die Schöpfung stöhnt tatsächlich unter den Naturkatastrophen, die überall passieren. Wirbelstürme, Tsunamis, Dürren und Hungersnöte töten Millionen von Menschen. Kriege, Kriegsgerüchte und Erdbeben nehmen an Zahl und Intensität zu. Es gibt finanzielle Katastrophen, und große Wirtschaftssysteme gehen bankrott. Was Jesus über das Ende der Zeit vorhersagte, können wir täglich in unseren Schlagzeilen lesen.

Ihr werdet von Kriegen hören; ihr werdet hören, dass Kriegsgefahr droht. Lasst euch dadurch nicht erschrecken. Es muss so kommen, aber das Ende ist es noch nicht. Ein Volk wird sich gegen das andere erheben und ein Reich gegen das andere. Hungersnöte und Erdbeben werden bald diese Gegend heimsuchen und bald jene. Doch das alles ist erst der Anfang, es ist 'wie' der Beginn von Geburtswehen.
(Matthäus 24,6-8)

Damals brachte seine Stimme die Erde zum Beben. Für unsere Zeit hingegen hat Gott noch etwas 'viel Gewaltigeres' angekündigt. »Noch einmal«, sagt er, »werde ich ein Beben kommen lassen, aber dann wird nicht nur die Erde erschüttert werden, sondern auch der Himmel.« »Noch einmal« – das bedeutet, dass bei dieser Erschütterung die ganze geschaffene Welt vergeht; bleiben wird nur das, was nicht erschüttert werden kann. Auf uns wartet also ein unzerstörbares Reich. Dafür wollen wir Gott danken, und aus Dankbarkeit wollen wir ihm mit Ehrfurcht und Ehrerbietung so dienen, dass er Freude daran hat. Denn eines dürfen wir nie vergessen: Unser Gott ist wie ein Feuer, das alles verzehrt.
(Hebräer 12,26-29)

Die Erde wird erschüttert werden

Über die Erschütterung der Erde wird in letzter Zeit viel gesprochen. Ja, Gott sei Dank sind wir Teil eines Königreichs, das nicht erschüttert werden kann.

Allerdings sagt er auch, dass er die Himmel erschüttern wird. Er redet hier nicht von dem Himmel, in dem Gott wohnt, was Paulus den dritten Himmel nennt; denn dieser Himmel muss nicht erschüttert werden. Er ist vollkommen.

Der Himmel, der hier gemeint ist, bezieht sich auf eine geistliche Welt, die im Neuen Testament auch als himmlische Welt bezeichnet wird. Paulus betont dies im Brief an die Epheser: *„Gepriesen sei Gott, der Vater unseres Herrn Jesus Christus! Gepriesen sei er für die Fülle des geistlichen Segens, an der wir in der himmlischen Welt durch Christus Anteil bekommen haben."* (Epheser 1,3). Die Schlachter-Übersetzung drückt es so aus: *„[...] der uns gesegnet hat mit jedem geistlichen Segen in den himmlischen [Regionen] in Christus."*

Dies beinhaltet Kraft und Autorität in der himmlischen Welt, da auf das Volk Gottes, auf die Gemeinde, aus der Höhe Kraft ausgegossen wurde. Epheser 2,6 beschreibt das, was Christus für uns getan hat, folgendermaßen: *„Zusammen mit Jesus Christus hat er uns vom Tod auferweckt, und zusammen mit ihm hat er uns schon jetzt einen Platz in der himmlischen Welt gegeben, weil wir mit Jesus Christus verbunden sind."* Es geht hier um einen Platz, von dem aus wir regieren sollen. Die Elberfelder Übersetzung beschreibt es so: *„Er hat uns mitauferweckt und mitsitzen lassen in der Himmelswelt in Christus Jesus."* Die Gemeinde, die *„ekklesia"*, soll also in der Himmelswelt zusammen mit Christus auf den Thron dieser Region sitzen und gemeinsam mit ihm regieren. Sie soll die Kraft des Heiligen Geistes freisetzen und Armeen von Engeln rufen, damit die Region von den dort ansässigen dämonischen Festungen befreit wird.

In Epheser 3,10 steht: *„[...]doch jetzt sollen die Mächte und Gewalten in der unsichtbaren Welt durch die Gemeinde die ganze Tiefe und Weite von Gottes Weisheit erkennen."* Die Gemeinde soll den Fürstentümern und Mächten die Gesetze, Urteile, Pläne, Ziele und Prinzipien des Wortes Gottes verkünden. Die Gemeinde – nicht das Königreich der Hölle – soll die

Botschaft und Kultur einer Region festlegen. Das ist der Wille Jesu. Und falls sich Dämonen in den Weg stellen, sollen wir sie hinauswerfen und um die Hilfe der Engelsarmeen bitten. Die „*ekklesia*" soll den Thron ihrer Region besetzen und das Evangelium weitergeben.

Sie soll darauf bestehen, dass in dieser Region der Wille Gottes geschieht, und sie soll der Hölle den Kampf ansagen, um sicherzustellen, dass dies auch so bleibt. Wenn die Gemeinde sich erhebt und in seinem Namen regiert, werden Armeen von Engeln an ihrer Seite gegen die Macht der Hölle kämpfen.

Wir brauchen die Autorität, Engelsarmeen freizusetzen

Zur Zeit Jesu gehörte es, wie bereits erwähnt, zu den Pflichten der „*ekklesia*", die Armee der Engel zu rufen und freizusetzen. Christen hatten die Autorität, die Armee einer Region freizusetzen, wenn es zu einem geistlichen Kampf kommen sollte. Es ist an der Zeit, dass die Gemeinde wieder betet und Engelsarmeen ruft, die ihnen helfen, den Himmel über ihnen zu reinigen. In Epheser 6,12 heißt es: *„Denn unser Kampf richtet sich nicht gegen 'Wesen von` Fleisch und Blut, sondern gegen die Mächte und Gewalten der Finsternis, die über die Erde herrschen, gegen das Heer der Geister in der unsichtbaren Welt, die hinter allem Bösen stehen."* Das „*Heer der Geister in der unsichtbaren Welt*" bezieht sich auf Armeen gefallener Engel; es sind die Engel, die sich mit Luzifer zusammengetan hatten, mit der Absicht, Gottes Thron anzugreifen und zu stürzen. Dies gelang ihnen nicht, dafür versuchen sie nun, die Throne auf der Erde zu besetzen, um die jeweiligen Regionen der Erde einzunehmen. Es besteht kein Zweifel daran, dass

Christus von seiner Gemeinde erwartet, dass sie gegen sie antritt und sie bindet. Wir sollen unsere Rüstung anlegen, wie in Epheser 6 beschrieben, um den Thron der Region kämpfen und die Menschen zu Jüngern machen. Wir leben in einer Zeit, in der eine neue Kampagne die Himmel erschüttern wird. Der Heilige Geist wird die neutestamentliche Gemeinde mit der Vollmacht ausstatten, die Mächte der Dunkelheit in der himmlischen Welt zu stürzen. Dieses Wort wurde von Jesus in Matthäus 24;29-30 bestätigt, als er seine Jünger über die Endzeit unterrichtete. Er schloss seine Lehre, indem er sagte, dass der Himmel erschüttert wird. Anschließend wird der Menschensohn in den Wolken erscheinen.

Jesus versprach, dass die Gemeinde dämonische Fürstentümer, Mächte und Herrschaftsgebiete stürzen wird. Er versprach, dass die Mächte der Hölle nicht gegen die Gemeinde ankommen werden. Wir werden eine Gemeinde erleben, die diesen dämonischen Fürsten und Festungen, die das Königreich Gottes verhindern möchten, entgegentritt. Es wird eine offensive Gemeinde sein, die sich erhebt und sagt: „Nein, nichts darf zwischen mich und Gott kommen! Nichts darf zwischen Erde und Himmel stehen!"

Mit rebellischen Königen umgehen

Sowohl Jesus als auch der Apostel Paulus und der Schreiber des Hebräerbriefs zitierten den Propheten Jesaja bezüglich der Endzeit:

> *„Die Erde wird krachend zerbersten, die Erde wird reißen und bersten, die Erde wird hin- und herschwanken. Die Erde wird hin- und hertaumeln wie ein Betrunkener und schaukeln wie eine Hängematte; ihre Missetat lastet schwer auf ihr; sie fällt und steht nicht wieder auf. Und es wird geschehen an*

jenem Tag, da wird der Herr das Heer der Höhe in der Höhe heimsuchen und die Könige der Erde auf Erden;" (SLT).

Die Einheitsübersetzung drückt es so aus: *„An jenem Tag wird der Herr hoch droben das Heer in der Höhe zur Rechenschaft ziehen und auf der Erde die Könige der Erde." (Jesaja 24,21).* Natürlich wird er nicht seine Heere zur Rechenschaft ziehen bzw. bestrafen. Doch er wird die Heere der Finsternis (Armeen von Dämonen) und „rebellischen" Könige bzw. Autoritäten auf der Erde bestrafen. Die letzte große Erschütterung wird sowohl die natürlichen als auch die himmlischen Gebiete betreffen. Ein unerschütterliches Königreich wird die Herrschaft der Hölle in der himmlischen Welt erschüttern und stürzen. Dies wird den Himmel für die Herrschaft des Königreichs Christi öffnen. Außerdem wird die Gemeinde, die ihre Autorität erkannt hat, ihren Platz an den himmlischen Orten einnehmen und durch ihre Proklamationen so regieren, wie es König Jesus entspricht.

Der Heilige Geist wird die Generationen mit Kraft salben und mit der Armee der Engel zusammenführen. Der Kampf um die Throne der Regionen wird durch die Erben Gottes, die Ohren haben um zu hören, gewonnen.

Wir leben am Ende der Zeit, für die es erstaunliche Verheißungen gibt. Wir sind kein schwacher, ausgelaugter Körper und wir werden nicht von der Hölle regiert. Wir sind hier, um die Hölle zu beherrschen. Wunderbare Tage liegen vor uns.

Es ist ein kühnes prophetisches Wort, das uns die Schrift gibt. Die Gemeinde soll aufstehen und mit Christus an himmlischen Orten sitzen. Sie soll dämonischen Mächten in einer Region widerstehen, sie besiegen und den Thron besetzen, damit sie sogar Einfluss auf die politische und kulturelle Situation in der Region hat. Die Gemeinde (die *„ekklesia"*) soll mit Christus regieren und herrschen. Wir sind hier, um den Thron einer Region zu besetzen und Gottes Willen zu verkünden.

Es ist der Auftrag der *„ekklesia"*, sowohl in der geistlichen als auch in der natürlichen Welt in einer Region zu herrschen und zu regieren. Es geht um beides. Ob weltliche oder geistliche Throne – ganz egal. Ob natürliche oder geistliche Herrschaft, es macht keinen Unterschied. Warum? Damit Christus an den sichtbaren und unsichtbaren Orten herrscht. Wir sind herausgefordert, den Auftrag anzunehmen, den die Gemeinde jahrzehntelang vernachlässigt hat. Es ist an der Zeit, den Ruf des Königs Jesus anzunehmen: *Ich werde ein Volk haben, das sich erhebt, um gemeinsam mit mir die Sitze der Autorität einzunehmen. Sie werden dämonische Fürsten vertreiben und sich weigern, ihnen weiterhin das Regieren zu erlauben .*

Den Himmel und die Erde erschüttern

In den letzten Tagen wird Gott Himmel und Erde erschüttern. Der Herr Zebaoth, der Herr der Engelsarmeen, wird Armeen von Engeln freisetzen, damit sie der Gemeinde dabei helfen, die Throne ihrer Region zu besetzen. Engel unterstützen die neutestamentlichen Gemeinden dabei, dämonische Fürsten, die sich in irdischen Gebieten etabliert haben, zu verdrängen. Man könnte auch sagen, es sind rebellische irdische Regierungen, die sich Gottes Willen widersetzen; rebellische Regierungen, die gegen das, was Gott sagt, kämpfen und gegen das Volk Gottes antreten, um es zu unterdrücken. Christus ruft seine Gemeinde (*ekklesia*) auf, diese zu konfrontieren und in seinem Namen zu überwinden. Er hat seine Erben nicht auf diese Welt gesetzt, um von antichristlichen Regierungen unterdrückt zu werden. Die Gemeinde sollte ein geistlicher Körper sein, der die Unterdrückung von irdischen Regierungen außer Kraft setzt. Wir haben es so bisher noch nicht betrachtet und es wird auch fast nie darüber gelehrt, doch genau darum geht es bei der „ekklesia". Wenn wir unseren Mund aufmachen und für das aufstehen, was Gott sagt, dann wird sein Königreich dies bestätigen. Wir können in der festen Zuversicht ruhen, dass es durch die Kraft Gottes und seiner Streitkräfte der Engel nur wenig von Gottes Leuten braucht, um dies zu schaffen. Wir müssen verstehen, dass wir nicht in der Überzahl sein müssen. Tausend Kämpfer können Zehntausende in die Flucht schlagen. Größer ist der, der in uns ist, als der, der in der Welt ist.

Wir leben in der Zeit, in der Christus seine Gemeinde bevollmächtigt, um die rebellische Regierung zu konfrontieren und zu besiegen. Die rebellische Regierung stellt sich gegen Christi neutestamentliche Gemeinde, doch die Autorität der Gemeinde ist größer. Die rebellische Regierung versucht durch Medien, Gesetze, humanistische Werte und Bildung zu vermitteln, dass Christen intolerante Versager sind. Die antichristliche Regierung diktiert der Gemeinde, was sie glauben soll, und ersetzt in einigen Fällen sogar das Evangelium. Die Lehre der Gemeinde wird durch Kompromisse, politische Korrektheit und, noch schlimmer, durch teuflische Lehren verändert.

Leider haben einige namhaften Gemeinden unserer Nation diese diabolischen Veränderungen der Bibel übernommen. Das verursacht Verwirrung und verwässert das Evangelium, bis es schließlich kraftlos ist.

Es ist wirklich erstaunlich, dass die sogenannten toleranten Menschen diejenigen sind, die unseren Glauben eben nicht tolerieren. Es erheben sich immer wieder Stimmen, die sagen, dass „evangelikale Christen im 21. Jahrhundert ankommen müssen". *Toleranz* bedeutet für die Rebellen:

„Glaubt nur das, was wir glauben. Wir wissen, was am besten ist. Tut alles auf unsere Art und Weise, sonst werden wir euch im Namen der Toleranz angreifen. Ihr werdet Abtreibung akzeptieren und dafür zahlen. Wir werden euch Steuern auferlegen, und wenn ihr dem nicht gehorcht, werdet ihr Strafe zahlen. Ihr werdet den Islam und verschiedenste andere Religionen als euer ebenbürtig annehmen. Schluss mit eurem engstirnigen Christentum. Ihr werdet säkulare Ziele verfolgen. Und falls du Christ bist und ein eigenes Unternehmen führst, werden wir dir sagen, wie du dieses Geschäft betreiben sollst. Du wirst unsere Werte akzeptieren oder wir werden dich ruinieren. Wir werden dich aus dem Markt drängen. Wir werden euch auch vorschreiben, wie ihr eure Kinder erziehen sollt. Wir werden sie lehren, was sie wissen müssen. *Wir* werden ihnen ihre ‚Grundwerte' vermitteln. Ihr Christen haltet euch da raus."

Es ist sogar noch erstaunlicher, dass viele sogenannte Christen und einige Denominationen der dämonischen Propaganda erlegen sind. Manche Gemeinden passen sich heutzutage sogar eher der Welt an, anstatt sich an die Prinzipien des Reiches Gottes zu halten. Was kulturelle Werte (in Bezug auf Gesetze, Regierung, leitende Funktionen) betrifft, hüllen sich die Pastoren, Priester und (sowohl konfessionelle als auch nichtkonfessionelle) Gemeinden und Christen Amerikas in viel zu vielen Fällen in ein unausgeglichenes und unbiblisches Schweigen. Wir verlangen unseren Leitern keine Rechenschaft ab, und deshalb wird die Wahrheit um der Bequemlichkeit und der eigenen Beliebtheit willen lieber verworfen. Wir haben zugelassen, dass unsere Vernunft die Wahrheit ersetzt. Wir haben zugelassen, dass experimentelle Philosophien die Weisheit ersetzen, die sich über Jahrtausende hinweg als tadellos erwiesen hat. Warum? Weil sich die Gemeinde geweigert hat, eine „*ekklesia*" zu sein; ein Körper, der für eine gute Regierung auf der Erde, die mit dem Wort Gottes übereinstimmt, verantwortlich ist. Und weil wir uns weigerten, Regionen zu besetzen und den Sitz auf dem Thron unserer Region einzunehmen, müssen wir nun mit ansehen, wie unsere Freiheiten unterdrückt werden. Es wird an unseren religiösen Freiheiten gerüttelt. Unsere Rechte werden umgeschrieben oder nicht mehr durchgesetzt. Und nun können wir von der Ostküste bis zur Westküste beobachten, wie Amerika durch eine rebellische, dem Willen Gottes widerstrebende Regierung unterdrückt wird.

Steht auf

Ohne Zweifel ist dies eine Zeit, in der das Volk Gottes aufstehen muss. Es ist an der Zeit, dass wir unsere Stimme gegen die Feigheit erheben.

In Offenbarung 21 werden acht verschiedene Menschengruppen, die für den Feuersee (die Hölle) bestimmt sind, aufgezählt. Lügner, Mörder, Ungläubige, Menschenhändler, Zauberer, Götzendiener und Ehebrecher. Ich denke, es ist Zeit für die Gemeinde, dass sie sich besonders auf die erste Gruppe von Menschen in dieser Aufzählung konzentriert: Die Feiglinge.

"'Schlimm' jedoch wird es denen ergehen, die sich feige zurückziehen und den Glauben verraten, deren Leben in meinen Augen verabscheuungswürdig ist, die andere umbringen, sich sexueller Ausschweifung hingeben, okkulte Praktiken ausüben oder Götzen anbeten. Auf sie und auf alle, die es mit der Lüge halten, wartet der See aus Feuer und brennendem Schwefel, und das bedeutet: 'Auf sie wartet' der zweite Tod."
(Offenbarung 21,8)

Die Feiglinge aber und die Ungläubigen und mit Greueln Befleckten und Mörder und Unzüchtigen und Zauberer und Götzendiener und alle Lügner — ihr Teil wird in dem See sein, der von Feuer und Schwefel brennt; das ist der zweite Tod. (Offenbarung 21,8; SLT)

Gott hasst Feiglinge. Er hat seine Gemeinde nicht berufen, damit sie sich feige unterwirft. Franklin Graham, Vorsitzender der „Billy Graham Association" und ebenfalls Vorsitzender der „Samaritan's Purse" sprach an der *„Watchman on the Wall National Conference"* im Mai 2014 in Washington D.C. zu den Pastoren über dieses Verhalten:

„Die Definition eines Feiglings: Ein Feigling spricht kontroverse Themen aus Furcht nicht an. Das ist ein Feigling", sagte Graham, „und Gott hasst Feiglinge. Die Feiglinge, die der Herr hier meint, sind Männer und Frauen, die die Wahrheit zwar kennen, sich aber weigern, sie anzusprechen." In seinen Ausführungen bei dieser Abendveranstaltung sprach Graham über die Notwendigkeit der Gemeinde, sich gegen Abtreibung und Homosexualität auszusprechen. Er verkündete:

„Mich werdet ihr nicht zum Schweigen bringen."
„Wir haben die Verantwortung, über diese gesell-

schaftlichen Themen zu sprechen. Abtreibung und Homosexualität betreffen die Moral der Menschen. Dies ist ein freies Land und du kannst tun, was du möchtest, doch ich will, dass du weißt, dass es Sünde gegen Gott ist", betonte Graham. Graham erwähnte auch, dass er „befreundete Pastoren kennt", die sagen, dass sie nur das Evangelium predigen und nicht zur Zielscheibe werden wollen. „Naja, glaubst du nicht auch, dass Jesus Christus eine Zielscheibe war?", fragte Graham. „Könnten wir unseren Kopf dabei verlieren? Ja, das könnten wir eines Tages vielleicht wirklich. Na und? Haut ihn doch ab!"[17]

Gott sei Dank für einen kühnen Mann, der die Wahrheit verkündet!

Wir müssen Wahrheit aussprechen

Es gibt diejenigen, die die Wahrheit nicht aussprechen, weil sie wissen, dass sie dann für Menschen, die Gerechtigkeit verabscheuen, ein Angriffsziel bieten: für die Elite in Hollywood, die Medien, die liberalen Universitäten und sogar das US-Finanzamt. Also predigen sie ein weiches Evangelium. Ihre Definition von richtig und falsch ist durch ein zensiertes, politisch korrektes Evangelium aufgeweicht worden. Alles ist unklar und hängt ganz von deiner persönlichen Interpretation ab. Es ist, was auch immer du denkst. Es ist, was immer du glaubst, wobei um der Bequemlichkeit willen außer Acht gelassen wird, dass es sehr wohl möglich ist, einer Lüge zu glauben. Millionen von Menschen haben bisher

---

17   Michael Gryboski, „Franklin Graham Calls on Pastors," Christian Post, May 23, 2014, http://www.christianpost.com/news/franklin- graham-calls-on-pastors-to-speak-out-on-abortion-homosexuality -says-god-hates-cowards-120265/.

Lügen geglaubt und Millionen tun es auch heute noch. So bringen sie sich selbst in Verdammnis. Was Menschen glauben, hat noch lange nichts damit zu tun, was die Wahrheit ist; es deutet nur darauf hin, wie mit der Wahrheit umgegangen wird. Wahrheit bezeichnet das, was uneingeschränkt wahr ist. Du musst zu Gott gehen, um das zu bekommen, was absolut wahr ist. Er ist Wahrheit. Jesus ist der Weg, die Wahrheit und das Leben. Die Wahrheit wird durch sein Wort, seinen Willen und seine Gesetze verkörpert, und es ist an der Zeit, dass wir für die Wahrheit aufstehen und jegliche „feige Unterwürfigkeit" innerhalb des Leibes Christi zurückweisen.

Es ist dringend notwendig, dass wir die Wahrheit ohne Kompromisse aussprechen, immer davon ausgehend, dass Armeen von Engeln auf das von uns gesprochene Wort Gottes warten, wie es in Psalm 103,20 steht. Wenn Engel unsere Verkündigung hören, beteiligen sie sich daran, dass dieses Wort geschieht. Sie helfen uns auf Grundlage des Wortes Gottes.

Wenn wir wollen, dass Engelsarmeen an unserer Seite kämpfen – was dringend nötig ist, um ganze Nationen zu verändern – dann müssen wir verkünden, was Gott sagt. Wenn wir wollen, dass der Heilige Geist Kraft vom Himmel her freisetzt, müssen wir mit dem Wort Gottes übereinstimmen und es mutig aussprechen. Es darf an der Kanzel oder in den Reihen kein feiges Schweigen herrschen. Überwinder erheben ihre Stimme und setzen die Kraft des Heiligen Geistes und die Engelsarmeen frei.

Im frühen 19. Jahrhundert, was viele heutzutage als die „gute alte Zeit" unserer Nation bezeichnen würden, sehen wir eine andere Realität. Unsere Regierung war damals korrupt und gespalten. Armut und die Auseinandersetzungen um die gesellschaftlichen Probleme wie Sklaverei belasteten die Bevölkerung. Das Bildungssystem war untauglich. Dem Volk konnte es nicht viel schlimmer ergehen. Wir hatten sogar Politiker, die sich gegenseitig in Duellen erschossen. Die Gemeinde Gottes war zur damaligen Zeit, ähnlich wie heute, in einem passiven Modus. Der oberste Staatsrichter des obersten Gerichtshofs war John Marshall, welcher dem damaligen Präsidenten James Madison einen Brief bezüglich des Zustandes der Gemeinde schrieb. Er schrieb: „Die Gemeinde ist in so einem erbärmlichen Zustand, als dass sie noch erlöst werden könnte." Offensichtlich stellte sich dies als unwahr heraus. Es war damals nicht wahr und ist es auch heute nicht. John Marshalls Vermutung traf nicht ein, weil das Volk Gottes zu beten anfing. Von Küste zu Küste fanden immer mehr Gebetstreffen in privaten Häusern statt. Überall in den Vereinigten Staaten von Amerika begann man unter der Woche Gebetstreffen abzuhalten. Selbst in der Mittagspause startete man Gebetsrunden. Leidenschaftliche Predigten flammten von den Kanzeln her auf und kraftvolle Evangelisten traten an die Öffentlichkeit und predigten feurige Botschaften der Umkehr. Gottes Wort wurde auf der Kanzel willkommen geheißen und mit großer Kühnheit proklamiert, und die Gemeinde wurde vom Heiligen Geist aus ihrem Schlaf aufgeweckt. Man nannte dies die Zweite Große Erweckung und es wird wieder eine geben. Eine dritte Erweckung wird kommen!

Die dritte und größte Erweckung hat bereits begonnen, und die Engel werden sie unterstützen. Es ist egal, wie viele Streitwagen der Feind hat, wie stark sie sind oder wie viele Armeen von Dämonen dahinter stehen. Es ist egal, wie ihre

Philosophien lauten oder wie viel Medienunterstützung sie haben.

Sie sind für das Königreich des Allmächtigen Gottes kein ebenbürtiger Gegner. Der Herr sagt: *„Ich werde meinen Geist auf alles Fleisch ausgießen!"* Dies kann nur bedeuten, dass es wirklich geschehen wird. Die übriggebliebene Gemeinde wird verkünden, was Gott sagt, und die Engel werden es hören und von ihrer himmlischen Sphäre her an unserer Seite kämpfen. Sie werden gemeinsam mit dem Volk Gottes die Hölle bekämpfen und zusammen den Sieg erringen. Millionen von Menschen werden errettet werden und Jesus als Herrn bekennen. Unser König Jesus wird seine Ernte einfahren und die Hölle wird dies nicht verhindern können.

In der Tat liegt die beste Zeit der Gemeinde nicht in unserer Vergangenheit, sondern in unserer Gegenwart und Zukunft.

KAPITEL NEUN
WAS ENGEL TUN

Und hat Gott je zu einem Engel gesagt:»Setze dich an meine rechte Seite, bis ich deine Feinde zum Schemel für deine Füße gemacht habe!«? (Hebräer 1,13)

Sind sie nicht alle dienstbare Geister, ausgesandt zum Dienst um derer willen, welche das Heil erben sollen?
(Hebräer 1,14; SLT)

Der Engel des Herrn lagert sich um die her, die ihn fürchten, und er rettet sie. Schmeckt und seht, wie freundlich der Herr ist; wohl dem, der auf ihn traut. (Psalm 34,8-9; SLT)

König Jesus führt eine neue Kampagne auf der Erde durch. Die Ausgießung hat bereits begonnen – eine dritte Große Erweckung! Dem Heiligen Geist zufolge wird sie dem, was in Apostelgeschichte 2 geschah, sehr ähnlich sein. Der Heilige Geist kommt mit seinen Engeln, die mit den übriggebliebenen Kämpfern und mit der Generation der Kriegsadler (der kommenden Generation) zusammenarbeiten werden, um diese neue Bewegung des Königs Jesu umzusetzen.

Als der Heilige Geist 2006 begann, mir diese Offenbarung über Engel zu geben, machte er mich mit folgender Aussage stutzig: *„Dieses Mal komme ich mit noch viel mehr Engelsarmeen."* Damit hatte er meine vollste Aufmerksamkeit. Er sagte außerdem: *„Die großartigsten Tage der Gemeindegeschichte liegen nicht in der Vergangenheit, sondern in der Zukunft."* Ich glaube das mit jeder Faser meines Seins. Ich weiß, dass etwas Gewaltiges auf der Erde im Gange ist. Eine Bewegung des Königreichs Gottes, die es in dem Maß noch nie gab!

In Hebräer 1,14 heißt es, dass Engel „dienstbare Geister" (SLT) sind. Jemand, der dienstbar ist, begleitet eine Person, um ihr mit seinem Dienst zur Seite zu stehen. Wer im Restaurant bedient, hat bestimmte Tische, die ihm zugeteilt sind. Er ist bereit, sich um die Bedürfnisse derer, die an den Tischen sitzen, zu kümmern. Engel sind ebenfalls solche Begleiter mit Aufgaben, die der dreieinige Gott ihnen zugeschrieben hat. Sie kümmern sich um uns, die Erben Gottes und Miterben Christi. Sie dienen den Erben der Errettung.

Engel und Befreiung

Engel beschützen und befreien diejenigen, die Christus und seinem Plan völlig hingegeben sind; diejenigen, die bezüglich seines Wortes keine Kompromisse eingehen und Jesus als ihren Herrn empfangen haben. In Psalm 34,8 steht: *„Der Engel des Herrn lagert sich um die her, die ihn fürchten, und er rettet sie."* Das Wort "fürchten" bedeutet hier nicht "Angst haben"; es geht um Respekt. Engel beschützen die Menschen, die Gottes Willen, sein Wort, seine Gemeinde und seine Gegenwart respektieren. Die Neue Genfer Übersetzung drückt Vers 8 folgendermaßen aus: *„Der Engel des*

Herrn lässt sich bei denen nieder, die in Ehrfurcht vor Gott leben, er umgibt sie mit seinem Schutz und rettet sie."

Für *Engel* steht das hebräische Wort „*malak*" und bedeutet „Botschafter" oder „jemand, der eine Nachricht überbringt". „*Malak*" ist auch das hebräische Wort, das gebraucht wird, um einen Propheten oder Apostel zu beschreiben, denn alle drei (Prophet, Apostel und Engel) sind Gesandte, die eine Botschaft haben. „*Malak*" bezeichnet einen Botschafter, der denjenigen, der ihn gesandt hat, repräsentiert. Im Fall der Engel wäre dies der dreieinige Gott. Vater, Sohn und Heiliger Geist senden Engel, um einen Dienst auszuführen. „*Malak*" bezeichnet auch eine Person, die beauftragt wurde, ein bestimmtes Ziel für Gott zu erreichen.

Der dreieinige Gott nutzt Engel, um seine Ziele zu verfolgen. Wenn schon der dreieinige Gott Engel ruft, um gewisse Aspekte seiner Pläne umzusetzen, dann sollte es nicht überraschen, wenn auch die Erben Christi den Dienst der Engel in Anspruch nehmen.

Für „*lagert sich*" steht im Hebräischen das Wort „*kanah*", das „ein Zelt aufschlagen, verweilen, belagern oder wachen" (Strong, H2583) bedeutet. „*Kanah*" ist dem hebräischen Wort „*kanan*" sehr nahe, was das Ganze noch bedeutungsvoller macht. „*Kanan*" bedeutet „begünstigen, Gnade haben, Erbarmen zeigen" und manchmal bedeutet es auch, „etwas schön machen" (Strong, H2604).

Für „*um her(um)*" steht das hebräische Wort „*sebibah*" und bedeutet „einkreisen, um etwas kreisen, angrenzen" (Strong, H5439). Es bezieht sich also darauf, dass unsere Grenzen beschützt werden (was hinein und hinaus darf). Der Prophet Daniel erklärt uns, dass die „Wachen" Engel sind. Was für ein erstaunliches Versprechen! Engel, die Jesus Christus repräsentieren, haben den Befehl, uns aufmerksam zu umkreisen und unsere Grenzen zu beschützen. Sie schweben über unserem Leben, so ähnlich wie sie auch über den 120 Jüngern im Obergemach in Apostelgeschichte 2,3 schwebten. Sie bewachen uns, beschützen uns vor dem Eindringen dämonischer Kräfte und umringen und umgeben uns mit der Gnade Gottes. Sie schweben über den Erben Christi, um ihnen Barmherzigkeit zuteil werden zu lassen und ihnen Freundlichkeit zu zeigen. Engel haben vom dreieinigen Gott den Auftrag, über uns zu wachen und die Dinge für uns schön zu machen. (Der König David sagt, dass sie hierbei ein Zelt aufschlagen; damals lebte man in Zelten). Engel verweilen, sie leben, sie bleiben immer bei uns und umgeben uns, um das, was für uns hässlich ist, angenehm zu machen.

Höchstwahrscheinlich ist nicht alles, was uns zustößt, angenehm. Unser Planet ist durch die Sünde verdorben. Unsere Kultur ist durch Sünde pervertiert. Wir haben Wasser und natürliche Ressourcen, die durch alle möglichen Dinge verschmutzt sind. Wir haben einen Gegner namens Luzifer, und sein Königreich versucht beständig, zu rauben, zu stehlen, uns zu töten und zu zerstören. Wir haben jedoch reale Wesen, die ihrem Auftrag, Dinge angenehm zu machen, stets treu bleiben. Ein Teil ihrer Aufgabenbeschreibung ist es, das Hässliche zu verschönern. Engel umgeben uns mit übernatürlicher Gunst, die Dinge zu unserem Besten zu verändern.

Die Wende herbeiführen

Wir leben in einer großartigen Zeit für den Leib Christi. Dies ist die Zeit einer dramatischen Wende in der Gemeinde, im Leben Einzelner, in unseren Finanzen und, wie ich glaube, in dieser Nation. Dies bedeutet nicht, dass ab sofort alles, was uns zustößt, ausschließlich schön ist, doch es bedeutet, dass das Blatt zu unserem Besten gewendet werden kann. Engel sind wie Verlängerungen des Heiligen Geistes, die in unser persönliches Leben und in das Leben der Gemeinde hineinreichen. Sie sind Helfer mit dem Auftrag, die Heiligen zu schützen.

Und auch der Geist 'Gottes` tritt mit Flehen und Seufzen für uns ein; er bringt das zum Ausdruck, was wir mit unseren Worten nicht sagen können. Auf diese Weise kommt er uns in unserer Schwachheit zu Hilfe, weil wir ja gar nicht wissen, wie wir beten sollen, um richtig zu beten. [...] Eines aber wissen wir: Alles trägt zum Besten derer bei, die Gott lieben; sie sind ja in Übereinstimmung mit seinem Plan berufen.
(Römer 8,26;28)

Wieder sehen wir, dass das Hässliche verwandelt werden kann. Übernatürliche Resultate haben Saison!

Eines der großartigsten Beispiele dafür, wie etwas Hässliches zu etwas Wundervollem wird, geschah an Pfingsten (Apostelgeschichte 2). An diesem Tag saß Jesus zur rechten Seite des Vaters im Himmel. Es war der Tag der Krönung – der Tag, an dem Jesus zum König der Könige und Herrn aller Herren gesalbt wurde. Der Vater goss das Horn des heiligen Salböls auf dem Kopf Jesu aus, es floss an ihm herunter und tropfte auf seinen Körper, der sich zu dem Zeitpunkt im Obergemach in Jerusalem befand (wie in Psalm 133 dargestellt). Was für eine großartige Ausgießung! Dieselbe Salbung, die auf dem Kopf ist, ist nun auch auf dem Körper. Jesus war nur fünfzig Tage zuvor gekreuzigt worden. Dieses Ereignis war zweifellos etwas Hässliches. Das Kreuz war eine barbarische, hässliche Methode, Menschen zu töten. Konnte daraus jemals etwas Gutes entstehen? Die Erben kennen die Antwort. Es war dem Tod nicht möglich, ihn festzuhalten. Fünfzig Tage später kamen der Heilige Geist und dessen Engelsarmee in ein Obergemach, wo sich 120 entmutigte Jünger versammelt hatten, und verwandelte das Hässliche in etwas Wunderschönes!

Das griechische Wort für *„eintreten für"* in Römer 8,26 lautet *„sunentilembenomei"*. Es ist ein Ausdruck, der „zusammen mit jemandem etwas ergreifen" (Strong, G4878) bedeutet. Der Heilige Geist und seine Engel kümmern sich gemeinsam um Dinge. Ich weiß, dass sie in meinem Leben gewisse Dinge ergriffen haben. Engel sind dazu bestimmt, unschöne Situationen, mit denen wir uns abkämpfen, zu ergreifen und sie zum Guten zu wenden. Es ist Teil ihrer Aufgabenbeschreibung. Sie schweben auch heute über den Gläubigen, begleiten ihr Leben und warten darauf, dass diese ihre Freiheit verkünden und von ihrer Autorität Gebrauch machen. Sie warten darauf, dass sie das, was Gott in seinem Wort sagt, befehlen. Engel beobachten und horchen, damit sie die Situationen entsprechend unserer Proklamation wenden können.

Die Nachfolger Jesu beginnen langsam zu verstehen, dass sie eine Armee von Engeln an ihrer Seite haben. Mächtige Engel voller Stärke, Fähigkeiten, Weisheit und Kraft stehen uns zur Verfügung, um mit uns gemeinsam das Königreich des Allmächtigen Gottes auf der Erde in größerem Maß als je zuvor freizusetzen. So etwas hat die Welt noch nicht gesehen. Und auch die Hölle hat so etwas noch nicht erlebt. In vielerlei Hinsicht war die Gemeinde Gottes bei so etwas noch nicht beteiligt. Am Horizont zeichnet sich etwas Neues für uns ab, und es werden Dinge geschehen, die die Welt aufrütteln. Das Königreich Christi wird sich mit exponentiellem Wachstum in Autorität und Macht mit Zeichen und Wundern ausbreiten!

Obwohl wir manchmal mit schwierigen Phasen und „hässlichen" Situationen konfrontiert sind, wird *„sunentilembenomei"* geschehen: Der Heilige Geist und unser Netzwerk an Engeln können gemeinsam eingreifen und das Hässliche in etwas Schönes verwandeln. Dies zu verstehen, festigt unseren Glauben und gibt unserer Seele einen sicheren Halt. Obwohl die Engel vielleicht nicht immer in der Lage sind, die Dinge wieder auf den Ausgangspunkt zurückzubringen (manche Dinge können nicht wiederhergestellt werden, beispielsweise bei Veränderungen in einer Beziehung, beim Brechen eines Bundes oder gar beim Tod eines Menschen), und obwohl es vielleicht anders aussieht, wie wir es erwartet oder uns gewünscht haben, können die Engel, die dem Heiligen Geist dienen, die Dinge für dich wenden. *Als Erbe bist du nie zu einem Problem verdammt. Es ist eine Übergangsphase, kein letztendliches Urteil!* Vertraue Gott, verkünde, was er auch sagt, und Engel werden beginnen, die Situationen zu wenden!

Das Buch Daniel erklärt uns, dass Luzifer und seine Engel versuchen, Zeiten, Gesetze oder Phasen zu verändern. Wenn böse Engel das tun, wie viel mehr können die guten Engel, gesalbt von Gott, deine Lebensphase verändern? Zeiten ändern sich. Gewisse Phasen können zu Ende gehen, und Engel sind dazu da, uns dabei zu helfen, den jeweiligen Lebensabschnitt zu ändern. Ich kann bezeugen, dass Engel in meinem Leben bereits häufig Phasen verändert haben. Es ist Teil ihres Dienstes.

Im Schutz der Engel

Im Psalm 34,7 steht: *„Der Engel des Herrn lagert sich um die her, die ihn fürchten, und er rettet sie."* Für *„retten"* steht im Hebräischen das Wort *„kalaz"* und bedeutet *„retten, einen Sieg vorbereiten oder hervorbringen"* (Strong, H2502). *„Kalaz"* trägt außerdem die Bedeutung „etwas wegnehmen". Engel befreien uns von (geistlichen und natürlichen) Bindungen. Der Apostel Paulus saß in einem realen Gefängnis, doch der Engel befreite ihn trotzdem. Engel können das wegnehmen, was uns noch vom Sieg abhält.

Als ich zehn Jahre alt war, stand mein Papa einer Gemeinde in Middletown, Ohio, als Pastor vor. Die Leute, die gegenüber wohnten, kamen in unseren Gottesdienst und sie besaßen einen Motorroller, den ich fahren durfte. Ich erinnere mich an eine Situation, in der ich mich auf den Roller setzte und Vollgas gab – eine Dummheit für einen zehnjährigen Jungen. Ich schoss also an der Straßenseite entlang, als direkt vor mir ein Auto einbog! Ich trat auf die Bremse und begann zu schlittern. Das nächste, was ich wusste, war, dass ich auf der anderen Seite des Autos stand. Es war unglaublich. Ich hatte keine Ahnung, wie das passiert war.

In dem Moment kam gerade mein Papa zu Fuß in die Nachbarschaft, was er sonst nie tat. Normalerweise fuhr er mit dem Auto durch, doch diesmal lief er und hielt nach mir Ausschau. Er sagte: „Vor ungefähr einer halben Stunde saß ich in meinem Büro in der Gemeinde, als ich plötzlich das dringliche Bedürfnis verspürte, für dich zu beten. Ich fing an: ‚Gott, was auch immer gerade passiert, beschütze Tim.'" Er war davon so bewegt, dass er mich suchen musste. Ich erzählte ihm, was passiert war, und wir gingen zu der Unfallstelle. Die Bremsspur des Rollers war etwa 6 Meter lang, danach kam eine Lücke von etwa 3 Metern, dann ging die Bremsspur wieder weiter. Ich weiß nicht, was dort geschehen war. Ich weiß nicht, ob Engel das Auto geteilt oder mich emporgehoben und auf der anderen Seite wieder abgesetzt hatten. Alles, was ich weiß, ist, dass Satan versucht hatte, mich umzubringen, indem ich etwas Dummes tat. Doch Gott erhörte das Gebet eines Pfingstpastors, der „Beschütze meinen Sohn" ausgesprochen hatte, woraufhin sich Engel an die Arbeit gemacht und bewahrt und gerettet hatten.

Im Jahr 1976, noch bevor ich auf die Bibelschule ging, nahm unsere Gemeinde an einem Bauprojekt in Guatemala teil. Einige von uns, mein Bruder Dutch mit eingeschlossen, reisten nach Guatemala, um draußen im Dschungel von Petén eine Bibelschule aufzubauen. Wir landeten in Guatemala und verbrachten eine Nacht in einem Waisenhaus. Für den nächsten Tag war geplant, mit einem Flugzeug weiter in den Dschungel zu fliegen, um uns dann mit einem Einbaum-Kanu zu dem Ort treiben zu lassen, an dem wir die Schule errichten sollten. Als wir nach der Nacht im Waisenhaus wieder zum Flughafen gingen, fingen die Beamten der Airline zu diskutieren an und erklärten uns, dass sie uns leider nicht mitnehmen konnten. Sie sagten, dass das Flugzeug keinen Platz für uns und unsere Vorräte hätte. Es sah aus, als ob wir festsaßen. Dutch, zwei andere von uns und ich stellten uns auf einen Truck, von dem aus wir beobachten konnten, was hinter dem Zaun am Flughafen geschah. Dann schlug einer von uns vor, dass wir den Psalm 34 beten könnten. Also fassten wir uns an den Händen und beteten: „Herr, wir sprechen nicht ihre Sprache, wir haben keine Möglichkeit das hier hinzukriegen, aber wir bitten dich, dass du deine Engel schickst und die Situation für uns löst, damit wir hier weiterkommen!" Zehn Minuten später kamen die Leute zu uns herübergelaufen und sagten, dass sie uns mitnehmen könnten, das Gepäck allerdings dableiben müsse, weil das Flugzeug nicht groß genug sei. Also hoben wir schließlich ohne Gepäck ab!

In dieser Nacht geschah ein starkes Erdbeben und tötete 27 000 Menschen in der Gegend von Guatemala City. Zu der Zeit, in der es stattfand, waren wir bereits in einem Zelt im Dschungel. Ich erinnere mich, dass das Zelt bebte und ich mich fragte, wer da wohl einen Streich mit uns spielte. Doch später hörte ich von der gewaltigen Zerstörung. Nachdem wir das Schulgebäude gebaut hatten, gingen wir zurück zur Stadt, um bei den Rettungsarbeiten zu helfen. Wir konnten nicht wieder im Waisenhaus übernachten, weil das zweistöckige Gebäude dem Erdboden gleich gemacht worden war.

Ich habe noch Bilder davon, wie die Wände über den Betten, in denen wir in der ersten Nacht geschlafen hatten, zusammengestürzt waren. Wir wären getötet worden, wenn uns die Engel nicht geholfen hätten, aus der Stadt heraus zu kommen. Das erinnerte mich an Daniel in der Löwengrube. König Darius kam am nächsten Morgen zu der Löwengrube und fragte: „War dein Gott in der Lage, dich zu retten, Daniel?" Daniel 6,22-23 zeigt uns dessen Antwort: *„O König, mögest du ewig leben! Mein Gott hat seinen Engel gesandt und den Rachen der Löwen verschlossen, daß sie mir kein Leid zufügten [...]"* (SLT). Die Engel hatten das Gleiche für uns getan. Sie begleiten uns, um uns zu beschützen und zu retten.

Engel leiten uns

Eine weitere Aufgabe von Engeln ist es, Sünder zu den Menschen zu führen, die ihnen das Zeugnis von Christus weitergeben. Apostelgeschichte 10 ist ein faszinierendes Kapitel über Engel und Evangelisation. Es war für die Apostel an der Zeit gewesen, ihre Vision zu verändern und jeden Menschen dieser Erde zu ihrer Zielgruppe zu machen. Es war an der Zeit für eine andere Kampagne. Christus hatte den Befehl gegeben, dass das Evangelium den Heiden verkündet werden sollte. Der Ruf nach einer neuen Bewegung des Königreichs wurde laut, also machten sich der Heilige Geist und seine Engel ans Werk. Ein Engel wurde zu Kornelius, dem Hauptmann einer römischen Truppe von Soldaten, geschickt. Er sprach: „Schicke Männer nach Joppe. Finde einen Mann namens Simon Petrus. Bitte ihn, dich zu besuchen und er wird dir erklären, wie du und alle in deinem Haushalt errettet werden können." Kornelius kannte Petrus nicht, doch er gehorchte dem Engel.

In der Zwischenzeit kümmerte sich der Heilige Geist um den Apostel Petrus und ließ ihn wissen: *„Petrus, drei Männer sind gerade auf der Suche nach dir. Sie sind Heiden, doch ich möchte, dass du mit ihnen gehst und keine Zweifel an der Sache hegst."*

Zuerst argumentierte Petrus dagegen: „Das können wir doch nicht machen. Das ist gegen das Gesetz und so handeln wir normalerweise nicht."

Doch der Heilige Geist sagte: „So handeln wir aber jetzt. Wir verändern gewisse Dinge. Es ist ein neuer Tag. Christi Opfer auf Golgatha gilt auch für die Heiden." Ohne Zweifel war dies eine Welt verändernde Offenbarung, die dem Apostel Petrus dort gegeben wurde.

Der Heilige Geist sagte: „Es ist an der Zeit für eine neue Kampagne der Gemeinde Gottes auf Erden. Es ist an der Zeit, in einen anderen Modus zu gehen. Es ist Zeit für eine neue Bewegung. Es ist Zeit, dass mein Volk beginnt, eine Ernte von Heiden für den König Jesus einzuholen." Dies veränderte alles. Es veränderte die Welt und den Lauf der Geschichte völlig. Der Heilige Geist behielt die Aufsicht über dieses Unternehmen und er gebrauchte Engel, um die Evangelisation auf eine neue Ebene zu bringen. Der Heilige Geist sprach zu den Aposteln und schickte einen Engel, der mit Kornelius sprach. Kornelius und sein Haushalt waren die ersten Heiden, denen jemals Errettung angeboten wurde.

Wenn wir für die Verlorenen beten (zum Beispiel für einen nicht erretteten Freund oder Nachbarn) und wenn wir Worte der Freiheit über ihr Leben aussprechen, damit sie gerettet werden, dann können Engel eingreifen und beginnen, sich hinter den Kulissen um sie zu kümmern. Petrus wusste ja nicht, dass sich ein Engel um Kornelius kümmerte. Es waren jedoch Engel, die die geistlichen Scheuklappen von einem heidnischen Haushalt wegnahmen. Engel arbeiten mit den Heiligen zusammen, um die Botschaft des Evangeliums auszubreiten. Das ist einer der außergewöhnlichsten Dienste, die wir von den Engel empfangen können. Der Heilige Geist überführt von Sünde und Engel führen die Verlorenen zu denen, die ihnen Zeugnis geben. Wir müssen bereit sein, Folgendes zu beten:

„Heiliger Geist, ich ergebe mich deinem Willen. Setze Engel frei, damit sie mich mit denjenigen verbinden, die mich und mein Zeugnis von der Kraft des Evangeliums brauchen."

Was Engel tun

Engelerscheinungen in Träumen

Dies ist die Geschichte der Geburt Jesu Christi: Maria, seine Mutter, war mit Josef verlobt. Aber noch bevor die beiden geheiratet und Verkehr miteinander gehabt hatten, erwartete Maria ein Kind; sie war durch den Heiligen Geist schwanger geworden. Josef, ihr Verlobter, war ein Mann mit aufrechter Gesinnung. Er nahm sich vor, die Verlobung aufzulösen, wollte es jedoch heimlich tun, um Maria nicht bloßzustellen. Während er sich noch mit diesem Gedanken trug, erschien ihm im Traum ein Engel des Herrn und sagte zu ihm: »Josef, Sohn Davids, zögere nicht, Maria als deine Frau zu dir zu nehmen! Denn das Kind, das sie erwartet, ist vom Heiligen Geist. Sie wird einen Sohn zur Welt bringen. Dem sollst du den Namen Jesus geben, denn er wird sein Volk von aller Schuld befreien.« Das alles ist geschehen, weil sich erfüllen sollte, was der Herr durch den Propheten vorausgesagt hatte: »Seht, die Jungfrau wird schwanger werden und einen Sohn zur Welt bringen, und man wird ihm den Namen Immanuel geben.« (Immanuel bedeutet: »Gott ist mit uns«.) Als Josef aufwachte, folgte er der Weisung, die ihm der Engel des Herrn gegeben hatte, und nahm Maria als seine Frau zu sich. (Matthäus 1,18-24)

Als die Sterndeuter abgereist waren, erschien Josef im Traum ein Engel des Herrn und sagte: »Steh auf, nimm das Kind und seine Mutter und flieh nach Ägypten! Bleib dort, bis ich dir neue Anweisungen gebe. Denn Herodes wird das Kind suchen lassen, weil er es umbringen will.« Da stand Josef mitten in der Nacht auf und machte sich mit dem Kind und dessen Mutter auf den Weg nach Ägypten. Dort blieb er bis zum Tod des Herodes. So erfüllte sich, was der Herr durch den Propheten vorausgesagt hatte: »Aus Ägypten habe ich meinen Sohn gerufen.« (Matthäus 2,13-15)

Engel können in Träumen zu uns sprechen. In den vorangegangenen Versen sprach der Engel mit viel Nachdruck, denn seine Warnung war sehr dringlich. Er sprach zu Josef: *„Dieses Baby soll bald von Herodes getötet werden. Du musst aufstehen und fliehen. Du musst jetzt gehen, schnell raus hier! Flieht nach Ägypten."* Der Engel wies Josef im Traum sehr deutlich an.

1975 empfing ich im Traum durch einen Engel Erkenntnisse über Heilung und Wunder. Heute glaube ich, dass es ein Engel war, der mir aufgrund meiner apostolischen Berufung speziell zugeordnet war. Als ich vor mehreren Jahren den apostolischen Ruf für mein Leben annahm, wurden mir verschiedene Engel zugeteilt, und oftmals erzählen sie mir in Heilungsgottesdiensten von Menschen mit einer bestimmten Krankheit oder einem bestimmten Leiden, damit ich ihnen diene. Nicht selten höre ich von Leuten aus dem Gottesdienst später, dass sie den Engel neben mir haben stehen sehen.

In dem Traum, den ich 1975 hatte, sah ich, wie eine Dame mit beiden Armen einen Beutel voller Lebensmittel trug. Während sie lief, klagte sie: „Mein Rücken bringt mich um, mein Rücken bringt mich um."

Im Traum hörte ich den Engel zu mir sagen: „Setze Heilung für sie frei." Ich sah, wie ich sie bat, sich auf einen Stuhl zu setzen, und bemerkte, dass ein Bein kürzer als das andere war.

Ich wusste, dass ihr Rücken nicht in der richtigen Stellung war, weshalb ein Bein kürzer erschien als das andere. Ich sah mich selbst für sie beten und sowohl ihr Rücken als auch die Beine kamen wieder in die richtige Ordnung.

Am nächsten Tag statteten Carol und ich ihrer Tante einen Besuch ab. Sie war noch nicht zu Hause, als wir ankamen, also nahmen wir im Wohnzimmer Platz, um auf sie zu warten. Als ihre Tante herein kam, trug sie zwei Tüten voller Lebensmittel. Sie sagte nicht „Hallo" oder „Wie geht's euch?" sondern: „Mein Rücken bringt mich um."

Ich sagte: „Ja, das ist, weil ein Bein kürzer als das andere ist, aber Gott wird dich heilen."

Dann tat ich das, was ich im Traum gesehen hatte. Ich bat sie, sich auf einen Stuhl zu setzen und tatsächlich – ihre Beine waren ungleich lang! Ich betete und die Salbung des Herrn begann, ihren Rücken in Ordnung zu bringen. Es war das erste Mal, dass mir das passierte. Inzwischen habe ich es tausende Male erlebt. Manchmal kommen Menschen sogar aus anderen Staaten, nur damit ich für ihren Rücken bete. Sie stand also auf und sagte: „Er tut nicht mehr weh, er tut nicht mehr weh!" Dann fragte sie: „Mein Nachbar hat diese Woche eine Rückenoperation, würdest du für ihn beten?" Also lief sie zum Nachbarhaus und holte ihn. Er kam mit einer Zigarette im Mund herüber und ich wusste nicht, was ich sagen sollte, außer: „Setz dich auf diesen Stuhl!" Er tat es, Gott heilte seinen Rücken und er sagte nur: „Er tut nicht mehr weh! Er tut nicht mehr weh!" Er war geheilt und musste nicht mehr operiert werden. Durch die Botschaft des Engels im Traum haben sich in den letzten Jahren immer wieder Türen zum Übernatürlichen geöffnet. Ich weiß, dass es ein Zeichen und ein Wunder ist, welches ich freisetzen soll, und es lässt sich alles auf die Anweisung des Engels in meinem Traum zurückführen.

Engel geben Richtungsweisung

In dem Fall von Kornelius, einem Heiden, lenkten die Engel einen Sünder zu jemandem, der ihm von Jesus erzählen würde. Ebenso kann aber auch ein Gläubiger zu einem Sünder geschickt werden. In Apostelgeschichte 8,26 wurde Philippus durch einen Engel angewiesen, nach Gaza zu gehen. Er wurde zu dem Finanzminister der Kandake, der äthiopischen Königin, der in seinem Wagen fuhr und das Buch Jesaja las, geführt.

Erstaunlicherweise erkannte ein Engel die Gelegenheit, das Evangelium zu einer anderen Nation zu bringen. Außer dem Engel sah niemand, dass der Finanzminister in der Torah las. Ein „Wächter", wie der Prophet Daniel manche Engel nennt, sah, was geschah, und erzählte Philippus davon. Philippus machte sich also auf den Weg und als er den Mann sah, erklärte er ihm das Evangelium von Jesus. Der Mann wurde errettet und getauft. Die Bewegung wurde also auf eine andere Nation ausgeweitet, weil ein Engel einen Gläubigen zu einem Nichtgläubigen, der nach der Wahrheit suchte, führte!

Die heutige neutestamentliche Gemeinde muss sich wie nie zuvor in den Evangelisationsmodus begeben. Und Engel sind gegenwärtig, um uns dabei zu helfen. Sie sind hier, um uns mit den Menschen zu verbinden, die offen für das Evangelium sind. Die „Wächterengel" sehen, was wir nicht sehen können. Sie sehen Gelegenheiten! Wir müssen diese übernatürliche Partnerschaft annehmen und den Heiligen Geist bitten, sie im vollen Maß freizusetzen. Engel, Evangelisten und Evangelisation müssen durch die Gebete und Proklamationen der Gemeinde Gottes auf der Erde freigesetzt werden. Jetzt ist die Zeit!

Gebetserhörungen

Eine Art, wie Gott die Gebete seines Volkes erhört, ist, dass er dafür Engel gebraucht. In Daniel 9,21-23 und 10,12-13 wurde der Engel Gabriel mit einer Antwort auf Daniels Gebete losgeschickt. Gott beauftragt Engel, um im Leben der Erben Gebete zu erhören. Was für ein unglaubliches Geschenk! Ich persönlich glaube, dass dies der Grund ist, weshalb Gebet in unseren Gemeinden heutzutage so stark angefochten ist. Gebet aktiviert Engel mehr als alles andere. Engel begleiten unsere Gebetszeiten, weil sie dort Aufträge bekommen und dann anfangen können, diese umzusetzen.

In Daniel 9 und 10 lesen wir, dass Daniel 21 Tage lang fastete und betete. Er brauchte eine Antwort von Gott. Am ersten Tag sandte Gott die Antwort durch Gabriel. Doch wir lesen, dass der geistliche Fürst von Persien, ein dämonischer Fürst, der Gebetserhörung zuerst widerstand und sie in der himmlischen Sphäre bekämpfte. Wenn wir uns erinnern, dann gibt es drei Himmel – der Himmel unserer physikalischen Atmosphäre, der geistliche Himmel und der dritte Himmel (Gottes Himmel).

Gott schickte also einen Engel, doch irgendwo im zweiten Himmel begann der Fürst über Persien Gabriel zu bekämpfen, damit die Gebetserhörung ihr Ziel nicht erreichte. Der Kampf war so heftig, dass er 21 Tage lang anhielt. Voll ausdauernden Glaubens verharrte Daniel im Gebet. Am 21. Tag befahl Gott dem Engel Michael, der manchmal der Fürst von Israel genannt wird, den dämonischen Widerstand zu durchbrechen. Michael kam mit seinen Engeln und siegte über die Streitmächte des Fürstens von Persien, was ermöglichte, das Daniel die Gebetserhörung empfing.

Die Armee der Engel

Die Antwort war vom ersten Tag an gegeben, doch der geistliche Kampf und die Fürbitte dauerten 21 Tage an. Immer wieder kannst du in der Bibel lesen, dass diese Art von Gebet Engel freisetzt, damit die Gebetserhörung durchdringen kann. Sie positionieren sich um die Gebete der Heiligen, um sie in die Tat umzusetzen, und zwar vor allem Gebete über Nationen, Regionen und bestimmten Gebieten. Es gibt viele Dinge über einer Nation oder einem Gebiet, die nicht verändert werden, bis Engel „losgelöst" werden, um dabei zu helfen. Diese „Loslöse"-Autorität wurde den Gläubigen in Jesu Namen gegeben! In Matthäus 16,19 steht:

„Ich werde dir die Schlüssel des Himmelreichs geben; was du auf der Erde bindest, das wird im Himmel gebunden sein, und was du auf der Erde löst, das wird im Himmel gelöst sein."

In Apostelgeschichte 12,7-10 lesen wir, dass Petrus aufgrund seines Bekenntnisses zu Jesus im Gefängnis saß, doch die Heiligen ununterbrochen für seine Befreiung beteten. Die Gemeinde hielt im Haus der Mutter von Johannes Markus ein Gebetstreffen ab. Offensichtlich gingen Gebet und Fürbitte für Petrus' Befreiung bis in die Nacht hinein. Erstaunlicherweise wurde, als sie für seine Befreiung beteten, ein Engel zum Gefängnis geschickt. Der Engel befreite Petrus von den Ketten, öffnete die Tür des Gefängnisses, führte ihn nach draußen in die Stadt, öffnete für ihn die Tore der Stadt und brachte ihn an den Ort, an dem das Gebetstreffen stattfand. Ein Engel wurde also zur Antwort auf das Gebet der Gemeinde. Sie riefen zu Gott für die Befreiung von Petrus, und Engel wurden losgelöst, um dies zu tun.

In 1. Mose 18 setzte Abrahams Fürbitte Engel frei, die die Gebetserhörung brachten. Gott kam zu Abraham und sagte: *„Ich werde Sodom aufgrund seiner Perversion zerstören."* In dem

Wissen, dass sein Neffe Lot und dessen Familie dort lebte, gab Gott Abraham die Chance, für deren Leben einzutreten.

Abraham reagierte mit einem der stärksten Fürbittegebete der ganzen Bibel. Er sagte: *„Gott, du wirst doch nicht die Gerechten gemeinsam mit den Bösen zerstören, oder? Ich weiß, das würdest du nicht tun. Wenn nur fünfzig Gerechte in der Stadt sind, bitte rette sie!"*

Und Gott antwortete: *„Falls dort fünfzig Gerechte leben, werde ich sie nicht zerstören."*

Abraham ging noch weiter: *„Was ist mit fünfundvierzig?"*

Und Gott antwortete: *„Nein, wenn ich fünfundvierzig Gerechte finde, werde ich sie nicht zerstören."*

Abraham fuhr damit fort, bei Gott Fürsprache einzulegen, bis sie bei zehn Personen angelangt waren. Er sagte: *„Gott, wenn es nur zehn Gerechte in der Stadt gibt, wirst du sie trotzdem zerstören?"*

Und Gott antwortete: *„Nein, ich werde sie um des Lebens der zehn Leute willen verschonen."* 1. Mose 19,1 berichtet, dass unmittelbar nach dem Gebet Abrahams zwei Engel nach Sodom geschickt wurden. Diese Engel brachten Lot und dessen Familie in Sicherheit, bevor die Stadt zerstört wurde. Engel machten die Flucht der Familie Abrahams vor Gottes Gericht möglich, weil Abraham betete und die Engel auf die Fürbitte reagierten.

Offenbarung 8,3 beschreibt, wie ein Engel die Gebete des Volk Gottes sammelt und sie in goldene Schalen füllt. Der Engel mischt Weihrauch (ein Symbol für Lobpreis) unter diese Gebete und fügt glühend heiße Kohlen vom Altar des Himmels hinzu. Dies bringt einen süßlich duftenden Rauch hervor, der gefüllt ist von den Gebeten der Heiligen und aus der Hand des Engels vor Gottes Thron aufsteigt. Und was tut Gott? Er empfängt die Gebete der Heiligen und setzt deren Erhörung auf der Erde frei! Der springende Punkt, von dem der Apostel Johannes über die Geschehnisse im Himmel berichtet, ist eindeutig.

Engel dienen, unterstützen und helfen dabei, dass das, worüber wir beten, in die Tat umgesetzt wird. Gott gebraucht Engel, um unsere Gebete zu erhören.

Im Buch Hesekiel lesen wir von Menschen, die beten und die erstaunliche Bewahrung erfahren. Engel sind auch hier entscheidend beteiligt. In den ersten Kapiteln des Buchs Hesekiel spricht Gott darüber, wie die Menschen in alle möglichen Abscheulichkeiten verwickelt sind. Gott sagt, dass in der Nation grässliche Dinge geschehen und dass man sich über seine Weisungen hinwegsetzt, seine Anordnungen ignoriert und seine Gesetze verspottet.

„Weil ihr es schlimmer getrieben habt als die Heidenvölker um euch her; weil ihr nicht in meinen Satzungen gewandelt und meine Rechtsbestimmungen nicht gehalten habt, ja, weil ihr nicht einmal nach den Rechtsbestimmungen der Heidenvölker um euch her gehandelt habt […] Wahrlich, weil du mein Heiligtum verunreinigt hast mit allen deinen Scheusalen und mit allen deinen Greueln […] Die Gewalttätigkeit erhebt sich als Rute der Gottlosigkeit."
(Hesekiel 5,7;11; 7,11; SLT)

Gott sagt hier, dass eine Nation, die seinen Willen zurückweist, die Konsequenzen tragen wird. Eine „Rute der Gewalttätigkeit" wird zu einer bestimmten Zeit das Gericht ausführen. In Hesekiel 8,6 steht: *„Menschensohn, siehst du, was diese tun? Die großen Greuel, welche das Haus Israel hier begeht,* *so daß ich mich von meinem Heiligtum entfernen muß?"* (SLT). Leider geschieht dies auch heute viel zu häufig. Unbiblische Lehren, Perversion, Irrlehre und das Ignorieren der Gesetze Gottes durch diejenigen, die sich Gemeinde nennen, verstoßen Gott aus seinem Heiligtum. Der Heilige Geist ist in einigen Gemeinden nicht willkommen.

In Hesekiel 9 werden einige Treue, die beten und gegen die grässlichen Dinge aufschreien, beschrieben. Diese Männer, die in Fürbitte für die Stadt eintreten, erhalten durch die Engel einen besonderen Schutz vor dem Gericht Gottes. In Hesekiel 9,4 sagt Gott zu einem Engel, der Schreibzeug an seiner Seite trug, folgendes: *„Geh mitten durch die Stadt, mitten durch Jerusalem und mache ein Zeichen auf die Stirn der Leute, die seufzen und jammern über all die Greuel, die in ihrer Mitte verübt werden!"* (SLT).

Beachte, dass es heißt *„mache ein Zeichen auf die Stirn"* der Fürbitter. Kennzeichne diejenigen, die zu mir rufen; kennzeichne die, die beten; kennzeichne die, die gegen die Abscheulichkeiten aufstehen und nicht schweigen. Dann sagt er zu dem Engel: „Lass über den Rest der Menschen Gericht kommen. Warnung über Warnung über Warnung haben sie erhalten, und jetzt werden sie sehen, dass ich keine leeren Drohungen ausspreche."

Theologen erklären, dass das Zeichen auf der Stirn der hebräische Buchstabe *„tah"* ist, da dieser Buchstabe einem Kreuz ähnelt. Ein in Leinen gekleideter Kriegsengel macht ein Zeichen auf die Stirn der Fürbitter, um sie zu schützen. Gott sagt ausdrücklich: „Verschont meine Fürbitter vor Gericht; lasst es nicht über meine Gerechten kommen. Engel, beschütze sie!" Das Eingreifen der Engel wurde durch die Fürbitte der Menschen freigesetzt.

Wenn wir zu Gott rufen, werden die Engelsarmeen des Himmels freigesetzt, um sich um unsere Angelegenheiten zu kümmern. In unseren Treffen in der Gemeinde sind vielleicht nicht sehr viele Menschen, doch es sind viele Engel anwesend. Sie warten auf Aufträge. Sie sind da, um von uns beauftragt zu werden, um danach in Aktion zu treten. Sie sind gekommen, um Gebete vor Gott zu bringen und mit deren Erhörung zu dienen, und sie sind da, um zu schützen und zu befreien. Gebetszeiten setzen mehr Engelaktivität frei als irgendetwas anderes.

Engel und Gottes Gericht auf der Erde

Engel bringen Gericht über Nationen und Regionen, die von Ungerechtigkeit beherrscht werden. 1. Mose 19,1 beschreibt, wie zwei Engel zu Lot kamen, der in Sodom, einer Stadt, in der die dominierende Sünde Homosexualität herrschte, lebte. Die Männer der Stadt versuchten, die Tür aufzubrechen, um diese Engel, die als Männer auftraten, zu vergewaltigen. Doch die Engel schlugen sie mit Blindheit. Aufgrund der sündhaften Verfassung der Region und der tief verwurzelten Ungerechtigkeit wurde Sodom schließlich zerstört.

Engel können Festungen und Bindungen in unserem Leben zerstören. Für manche Dinge in unserem Leben, unseren Familien, Gemeinden und sogar in unserer Nation benötigen wir göttliche Hilfe.

Es gibt tiefe Wurzeln der Ungerechtigkeit in unserer Gesellschaft. Die gute Nachricht ist, dass, wenn wir den Sieg von Jesus verkünden und nicht davon ablassen, uns auch letztendlich der Sieg gehören wird.

Engel im Kampf

Kämpfen Engel für das Volk Gottes? Absolut! In 2. Könige 19,35 lesen wir, dass Engel 185 000 Soldaten, die das Volk Gottes angriffen, umbrachten. Engel beobachten, nehmen teil und bei Bedarf greifen sie auch in den Kampf ein. Wenn nötig können sie sich physisch an einem Konflikt beteiligen.

In 2. Chronik 20 steht, dass Engel Hinterhalte gegen die moabitische und amoritische Armeen legten, die gekommen waren, das Volk Gottes zu bekämpfen, und diese bereits umzingelten. Es schien wie eine ausweglose Situation. Die Männer wären getötet und die Frauen und Kinder als Sklaven genommen worden. Der König zur damaligen Zeit war Josafat. Als sie gemeinsam den Herrn in Gebet und Fasten suchten, prophezeite der Prophet Jehasiel folgendes: „Ihr *werdet diesen Kampf nicht kämpfen müssen – der Kampf gehört dem Herrn.*" Wie konnte es der Kampf des Herrn sein? Indem Gott die Engelsarmeen sandte, um den Feind in einen Hinterhalt zu locken. Es ist das Kapitel mit der berühmten Geschichte, in der König Josafat den Chor der Anbeter als erstes gegen die Armeen der Amoriter sandte. Es ist fast, als ob Gott sagte: „Ihr schickt den Chor; ich schicke die Engel." Die Engel begannen also den Hinterhalt zu legen, während das Volk Gottes pries, anbetete und vorwärts marschierte.

Offenbarung 12 zeigt uns, dass Engel auch in geistliche Kämpfe involviert sein können, nicht nur in physische Kämpfe:

Und es entstand ein Kampf im Himmel: Michael und seine Engel kämpften gegen den Drachen; und der Drache und seine Engel kämpften; aber sie siegten nicht, und ihre Stätte wurde nicht mehr im Himmel gefunden. Und so wurde der große

Drache niedergeworfen, die alte Schlange, genannt der Teufel und der Satan1, der den ganzen Erdkreis verführt; er wurde auf die Erde hinabgeworfen, und seine Engel wurden mit ihm hinabgeworfen. Und ich hörte eine laute Stimme im Himmel sagen: Nun ist gekommen das Heil und die Macht und das Reich unseres Gottes und die Herrschaft seines Christus! Denn hinabgestürzt wurde der Verkläger unserer Brüder, der sie vor unserem Gott verklagte Tag und Nacht. Und sie haben ihn überwunden um des Blutes des Lammes und um des Wortes ihres Zeugnisses willen und haben ihr Leben nicht geliebt bis in den Tod! (Offenbarung 12,7-11; SLT)

Michael und seine Engel kämpften gegen den Drachen und dessen Engel und besiegten sie. An unserer Seite stehen Engel, die machtvoller sind als Luzifer und dessen Engel. Luzifer und seine Engel kämpften, doch sie gewannen nicht. Engel kämpfen für Gottes Volk und seine Vorhaben. Sie sind siegreiche Krieger. Engel können, wenn nötig, für uns geistliche Kämpfe in der himmlischen Welt ausfechten. Ob es um eine Nation, eine Region, eine Stadt oder kulturelle Eigenarten geht – Engel können uns im Natürlichen oder im Übernatürlichen im Kampf zur Seite stehen.

Als Israel mit Syrien und den umliegenden Nationen während des Sechstagekriegs 1967 Krieg führte, waren Engel an diesem Konflikt beteiligt. Ich habe von vielen UFO-Sichtungen während dieser Tage gehört. Vielleicht waren es keine UFOs, sondern UFAs, also Engel. Der Feind sah Bataillone von Panzer und riesige Kämpfer gegen sich ziehen, die sonst niemand sehen konnte. Ich glaube, dass es der Engel Michael und seine Engel waren, die Israel beschützten, wie Gott es ihnen befohlen hatte. Ja, Engel kämpfen für Gottes Volk.

Engel gehen uns voraus

Engel gehen uns voraus, um Türen zu öffnen. In 2. Mose 23,20 sagt Gott zu Mose und seinen Leuten, als sie gerade Ägypten verlassen und in ihr verheißenes Land ziehen wollten: *„Siehe, ich sende einen Engel vor dir her, damit er dich behüte auf dem Weg und dich an den Ort bringe, den ich bereitet habe."* (SLT)

In 2. Mose 23,23 steht: *„Denn mein Engel wird vor dir hergehen und wird dich bringen zu den Amoritern, Hetitern, Perisitern, Kanaanitern, Hewitern und Jebusitern; und ich werde sie austilgen."* (ELB).

Der Hauptmann der Engelsarmeen, der Herr Zebaoth, lässt, wie hier beschrieben, Engel vor uns hergehen, um uns an einen für uns vorbereiteten Ort zu führen. Somit vereitelt er die Strategien unserer Feinde.

Für *„bereitet"* steht im Hebräischen das Wort *„kun"*, welches im Alten Testament 25 mal in Bezug auf eine Dynastie verwendet wird. Es bedeutet „in Ordnung bringen, vorbereiten oder ein fester, etablierter, befestigter, beständiger Ort der Existenz" (Strong, H3559). Eine Dynastie bezieht sich auf einen König und dessen Familie, die über eine Region, ein Gebiet oder eine Nation regieren. Gott schickt Engel, um uns an einen vorbereiteten, vorherbestimmten Ort zu führen, an dem wir regieren sollen. Warum? Damit er seine Dynastie dort etablieren kann.

Die Dynastie des Königreichs Gottes, die wir in Jesu Namen ausbreiten, wird von Engeln vorbereitet und kann sich so entfalten. Engel helfen dabei, dass die Dinge mit dem Königreich übereinstimmen, damit diese lokal, regional und weltweit etabliert werden können. Ohne die Hilfe der Engel können wir all das nicht tun, was für das Königreich Gottes in unserem Gebiet nötig ist. Wir sind hier, um in Jesu Namen zu herrschen und zu regieren. Wir sind hier, um das Rechtssystem unseres Gottes zu verbreiten. Ganz sicher haben wir die Autorität, dies in Jesu Namen durch Gebete und Proklamationen, die mit Gottes Wort übereinstimmen, zu tun. Wenn sich das Volk Gottes erhebt und kühn Gottes Wort in ihrer Region verkündet, werden Engel vor ihnen hergehen und sowohl die benötigten Möglichkeiten schaffen, als auch die Feinde vernichten. Engel sind gesandt, um die Gemeinde (*ekklesia*) dabei zu unterstütze, Gottes Königreich auf der ganzen Erde zu verbreiten.

Der vorbereitete Ort, von dem 2. Mose 23,23 spricht, war von Feinden besetzt. Unser vorbereiteter Ort ist ebenfalls besetzt. Überall um uns herum sind die Gebiete von Feinden besetzt. Jedes Mal, wenn wir etwas erreichen wollen, versuchen die Feinde des Königreiches Gottes dem zu widerstehen und sie wollen uns daran hindern, vorwärts zu kommen. Gottes Versprechen an uns ist jedoch, dass er seine Engel vor uns her schicken wird, um die Hindernisse zu beseitigen. Ich habe keinen Zweifel daran, dass wir in Ohio nur tun können, was wir tun, weil uns Engel dabei helfen, dämonische Kräfte zu vernichten. Wir sind hier, um Gottes Dynastie zu verkünden und die Herrschaft Jesu Christi zu repräsentieren!

Wir haben einen beständigen Ort der Existenz erhalten, an dem wir unseren König repräsentieren können, und es gehen Engel vor uns her, um für uns Möglichkeiten zu eröffnen, das Königreich Gottes zu etablieren. Für mich ist das schlicht und ergreifend neutestamentliches Christentum.

Zweite Chronik 32,21 sagt über Syrien: *„Und der HERR sandte einen Engel, der vertilgte alle tapferen Helden und die Fürsten und die Obersten im Lager [...]."* (SLT). Es wurde also ein Engel vorausgesandt, um die Krieger des Feindes zu beseitigen. Ich glaube, dass Engel vor uns her gesandt werden, um die Feinde zu verdrängen und unsere Regionen vorzubereiten.

In 1. Mose 24,7 beauftragt Abraham seinen Diener, in sein Heimatland zu gehen, um eine Braut für seinen Sohn Isaak zu finden. Er drückt es folgendermaßen aus: *„Der Herr wird seinen Engel vor dir her senden und er wird sich darum kümmern, dass du dort eine Braut findest."* Engel gehen vor uns her und sie stellen vom Heiligen Geist initiierte Verbindungen zwischen Menschen her. Du siehst, sie können dich sogar zu dem richtigen Ehepartner führen. Dieser Engel brachte Abrahams Diener in ein fremdes Land hunderte von Kilometern entfernt – ohne Navi oder Handy – zu einer Quelle, an der Rebekka Wasser schöpfte! Warum erwarten wir nicht einfach auch heutzutage solche übernatürlichen Verbindungen? Wir sind Erben und dies ist eines unserer Privilegien.

In 1. Mose 24,40 heißt es, dass Abrahams Diener Rebekkas Bruder Laban von dem folgenden prophetischen Wort Abrahams erzählte: *„Der HERR, vor dem ich wandle, wird seinen Engel mit dir senden und deinen Weg gelingen lassen [...]."* (SLT). Das Wort *„gelingen"* in diesem Vers kommt von dem hebräischen Wort *„tsaleak"* und bedeutet „gewinnbringend, erfolgreich oder ausbrechen" (Strong, H6743). Gott sendet Engel vor uns her, um uns aus Gefangenschaft oder Unterdrückung zu befreien und uns Erfolg zu schenken. Es ist an der Zeit, dass die neutestamentliche Gemeinde, die Erben Christi, von einem mangelorientierten Denken zu übernatürlichem Wohlstand wechselt. Engel wollen uns dabei helfen, Armut zu zerstören und unsere Arbeit mit Erfolg zu krönen.

1984 brauchte die Oasis-Gemeinde, die ich noch heute als Pastor leite, einen neuen Gottesdienstraum. Das Gebäude, in dem wir waren und in welchem heute unsere Schulungsräume sind, wurde zu klein. Zu der Zeit verdoppelte sich unsere Besucherzahl etwa alle sechs Monate. Wir begannen, Spenden für die Anzahlung des neuen Gebäudes zu sammeln, die etwa eine Viertelmillion Dollar betrug, und waren im Gespräch mit einer Bank, die uns wohlgesonnen schien.

In dieser Zeit geschah eines Sonntagmorgens etwas Faszinierendes. Wir befanden uns gerade in einer 21-tägigen Fastenzeit für das neue Gebäude. Der Lobpreis und die Anbetung an diesem Tag wurden immer intensiver und die Gegenwart Gottes erfüllte den Raum. Der alte Gottesdienstraum hatte hinten drei Doppeltüren – rechts und links am Rand und in der Mitte. Als ich auf der Bühne stand, erschienen plötzlich drei Engel, in jeder Tür einer. Es waren drei riesige, strahlende Lichtgestalten. Ehrlich gesagt, war ich sehr überrascht, so etwas hatte ich noch nie gesehen. Als ich sie voll Erstaunen ansah, stieg aus meinem Geist ein kühnes Glaubenswort auf und ich verkündete: „Gott hat seine Engel gesandt und wir haben den Sieg errungen. Wir werden dieses Gebäude bauen!" Wir proklamierten, wir verkündeten und wir beteten mit ganzem Herzen an. Es war unglaublich schön!

Der nächste Tag war jedoch alles andere als schön. An diesem Montag mussten 71 Banken und Kreditinstitute aufgrund der schlimmsten Bankenkrise, die unser Bundesstaat je erlebt hatte, schließen. Die Bank, mit der wir zusammenarbeiteten, war ebenfalls betroffen. Gerade eben hatte ich einen großartigen Sieg verkündet. Ich hatte verkündet, dass uns Engel zur Seite stünden, und nun war die Bank am Ende. Obwohl wir die Anzahlung zusammenbekommen hatten, schien es, als würden wir keinen Kredit für ein neues Gebäude erhalten. Ich war verwirrt in Anbetracht dieser ausweglosen Situation. Zu sagen, dass ich mich fragte, was da los war, ist eine Untertreibung.

Ich fing an, zu beten: „Herr, ich weiß, dass ich Deine Engel in den Hintertüren gesehen habe. Ich weiß, dass du sie geschickt hast, um uns zu helfen. Du hast gesagt, dass du uns den Sieg gegeben hast. Was passiert da gerade?"

An diesem Donnerstag erhielt ich einen Anruf vom Vorsitzenden der Bank, mit der wir zusammengearbeitet hatten, um den Kredit zu bekommen. Der Vorsitzende ist ein überzeugter Christ. Er sagte: „Pastor, komm und hol dir deinen zwei-Millionen-Kredit!"

Ich sagte: „Was? Wie? Ihr seid doch bankrott!"

Er sagte: „Ich erkläre es dir, wenn du hier bist. Komm einfach und unterschreibe den Wisch, damit ich es eintragen kann." Natürlich stieg ich sofort ins Auto und fuhr hin, während ich mir dachte: *Entweder bin ich jetzt verrückt geworden und höre schon Stimmen oder Gott hat etwas Großes vor!*

Als ich bei der Bank ankam, erklärte mir der Vorsitzende, dass sie durch die Krise in der Tat gezwungen waren, sich mit einer größeren Bank zusammenzuschließen. Doch er sagte, dass er aufgrund der Rentabilität seiner Institution den Gouverneur gebeten habe, ihm 24 Stunden zu gewähren, in denen er alle offenen Geschäfte abschließen könne. Aus irgendeinem Grund hatte der Gouverneur ihm diese Bitte gewährt, und seine Bank war die einzige, die diese Verlängerung erhielt. Er sagte: „Unser Geschäft mit dir ist noch offen. Unterschreibe die Dokumente und baue dieses Gemeindegebäude."

Ich weiß nicht, wie das alles geschehen konnte. Doch ich glaube, dass dort im Büro des Gouverneurs drei große Engel gewesen waren, die zu ihm gesagt hatten: „Du kannst heute 70 Banken schließen, doch du musst dieser einen Bank noch 24 Stunden Zeit geben." Ich habe keinen Zweifel daran, dass die uns zur Hilfe gesandten Engel das Geschehen zu unseren Gunsten lenkten. Gott gab uns wie versprochen den übernatürlichen Sieg. Von diesem Gottesdienstraum aus wurde mittlerweile viele Male das Evangelium rund um die Welt gepredigt. Unser Gott ist überwältigend!

Engel und prophetische Worte

In Richter 13 kam ein Engel zu Manoach und dessen Frau. Sie war unfruchtbar, doch der Engel sagte, dass sie einen Sohn haben würden. Er erklärte der Frau sogar, was sie essen und trinken sollte. Das prophetische Wort erfüllte sich und sie brachte einen Sohn zur Welt, den sie Samson nannte.

In der so oft gelesenen Weihnachtsgeschichte empfing Maria ein prophetisches Wort. Der Engel Gabriel sagte: *„Du wirst den prophezeiten Messias gebären."* Gabriel wiederholte sogar die Prophetie aus Jesaja 7,14: *„Siehe, die Jungfrau wird schwanger werden und einen Sohn gebären [...]"* (SLT). Der Engel kannte das prophetische Wort und er führte dessen Erfüllung herbei.

In 1. Timotheus 1,18 steht, dass prophetische Worte als Strategien im geistlichen Kampf genutzt werden sollten.

An vielen Orten in Ohio habe ich davon bereits Gebrauch gemacht. Wenn ich in einer unserer 88 Bezirke Gebetsversammlungen abhalte, beginne ich mit prophetischen Worten über unsere Region. Dies entfacht Glaube für einen Durchbruch. Außerdem zeigt uns Richter 13,3, dass Engel dabei helfen, diese prophetischen Worte zu erfüllen. Was für eine wichtige Hilfe! Ich habe keinen Zweifel daran, dass Engel das für uns in Ohio getan haben. Es waren Engel, die uns geholfen haben, Isebel und religiöse Geister, die in der Vergangenheit Unfruchtbarkeit verursachten, zu überwinden. Es waren Engel, die mit uns zusammenarbeiteten, um Ohio von einer geistlich trockenen Wüste in eine für Erweckung vorbereitete Gegend zu verwandeln. Eine starke Erweckung beginnt sich in unserer Region zu rühren, weil in jedem Bezirk und in insgesamt über 600 Gemeinden Gottes Leute seine Versprechen geglaubt und proklamiert haben. Und Engel haben diesen prophetischen Worten aufmerksam zugehört und zusammen mit uns für deren Erfüllung gekämpft.

Viele von uns haben von Gott prophetische Worte bekommen. Wenn du ein prophetisches Wort erhalten hast, befehle seine Erfüllung im Namen des Herrn. Die Engel sind hier, um zur Erfüllung dieser prophetischen Worte beizutragen. Viele der prophetischen Verheißungen, die du erhalten hast, werden nicht ohne die Hilfe von Engeln Wirklichkeit werden. Wir müssen sie verkünden, beten und freisetzen.

Engel erleuchten und offenbaren

In Daniel 8,16 lesen wir davon, dass Daniel eine Stimme hörte, die sagte: *„Gabriel, lass diesen die Erscheinung verstehen!"* (ELB). In anderen Worten: „Gabriel, erklär's ihm!" Als sich Gabriel näherte, fiel Daniel auf sein Gesicht und der Engel offenbarte Daniel die Zukunft, wobei er erklärte, dass sich all dies auf die Endzeit beziehen würde.

Maria, Josef und Sacharja wurden ebenfalls von Engeln darüber aufgeklärt, was in der Zukunft geschehen würde. Es wird klar, dass Engel manchmal kommen, um uns zukünftige Zeiten und Geschehnisse zu offenbaren. In Sacharja 1,9 hatte Sacharja einen Traum über verschiedenfarbige Pferde. Er fragte den Engel, der mit ihm sprach: *„Was bedeutet das?" Der Engel sagte: „Ich werde dir zeigen, was es bedeutet."*

Das ist natürlich eine himmlische Offenbarung. Engel geben den Erben Christi Offenbarungen und Erleuchtungen. Sie können uns Dinge zeigen, die geschehen werden.

Engel und Botschaften

Im Alten und im Neuen Testament geben Engel Botschaften weiter. Das hebräische Wort für Engel ist *„malak"* und das griechische Wort ist *„aggelos"*. Sie haben beide dieselbe Bedeutung, nämlich Bote. Es sollte also nicht verwundern, dass sie Botschaften überbringen.

Überall in der Bibel gibt es die Verweise *„Der Engel des Herrn sprach..."*, die an eine Person oder Personengruppe gerichtet sind (1. Mose 16,9; 17,1; 31,11; Richter 2,4; 5,23; 6,20; 13,13; 1. Könige 13,8; 1. Chronik 21; Sacharja 4,1; Apostelgeschichte 8,26; 10,3+7). Es ist nichts Komisches daran; es gehört zum ganz normalen Christenleben dazu. Ihr bloßer Name beschreibt Engel per Definition als Boten, die mit uns kommunizieren.

Engel können uns stärken

In 1. Könige 19 lesen wir von Elias Flucht vor Königin Isebel. Er floh nach Beersheba und versteckte sich unter einem Ginsterbusch. In Wahrheit war er so erschöpft, dass er unter dem Busch das Bewusstsein verlor. Ein Engel weckte ihn einige Zeit später, zeigte ihm ein gebackenes Brot und einen Wasserkrug und ermutigte ihn, zu essen und zu trinken. Elia erhob sich, aß etwas und schlief wieder ein. Der Engel backte noch mehr Brot, holte noch mehr Wasser und weckte ihn erneut. Wieder aß Elia. Diese Stärkung durch den Engel war so gehaltvoll, dass Elia weiterzog und die darauffolgenden vierzig Tage und Nächte nichts mehr aß. Er lief den ganzen Weg zum Berg Horeb, dem Berg des Herrn. Er gelangte von völliger Erschöpfung zu göttlicher Kraft. Der Engel stärkte ihn, damit er seinen Auftrag ausführen konnte.

In Matthäus 4,11 kamen die Engel zu Jesus und dienten ihm, nachdem er vom Teufel versucht worden war. Sie gaben ihm Kraft, damit er seinem Auftrag weiter nachgehen konnte. Das Gleiche passierte im Garten Gethsemane, was „der Ort der Vernichtung" bedeutet.

In dieser Zeit der persönlichen Niederlage, als Jesus große Bluttropfen schwitzte, kamen Engel und dienten ihm. Er war erfrischt und bevollmächtigt, seine Mission zu erfüllen. Wie Elia und Jesus Christus benötigen auch wir göttliche Kraft, um die Aufgaben, die vor uns liegen, zu bewältigen.

Im Jahr 2002 empfing auch ich Kraft, um einem Auftrag von Gott weiter nachzugehen. Ich war etwa sechs Monate lang durch eine Zeit des intensiven geistlichen Kampfs gegangen und unglaublich erschöpft. Während dieser Zeit hatte ich draußen am See viele Nächte im Gebet verbracht. Mir war bewusst, dass ich gegen Isebel – also religiöse, lügende und kritische Geister – ankämpfte.

Am Morgen nach einer dieser Gebetszeiten, die die ganze Nacht lang dauerten, hatte ich einige Termine. Ich kam nach Sonnenaufgang nach Hause, sprang unter die Dusche und machte mich fertig. Ich war so müde, dass ich mich kaum bewegen konnte. Ich erinnere mich, wie ich im Obergeschoss aus einem Fenster blickte und sagte: „Gott, du musst mich für heute stärken. Ich weiß nicht, ob ich das sonst noch schaffe." Ich war so müde, dass ich nicht einmal mehr beten konnte. Während ich aus dem Fenster schaute, hob ich meine Arme in Anbetung und aus irgendeinem Grund beschloss ich, dass ich meine Arme nicht herunternehmen würde, bis ich nicht mehr konnte. Rückblickend verstehe ich immer noch nicht, warum ich das tat, doch ich tat es und so gab ich mir alle Mühe, sie Gott entgegenzuhalten. Gerade, als ich meine Arme nicht länger halten konnte und sie nach unten sanken, spürte ich, wie zwei Hände meine Handgelenke packten und sie hochhielten. Aus irgendeinem Grund wusste ich, dass es die Engel waren, die meinem Leben zugeteilt worden waren, als ich damals in Indianapolis den apostolischen Ruf empfangen hatte. Sobald sie meine Arme ergriffen, schoss wie ein großer Adrenalinschub Kraft durch meinen gesamten Körper. Meine Gedanken wurden wieder klar und ich fühlte mich, als hätte ich zwölf Stunden geschlafen. Augenblicklich wurde Kraft in mich hineingegossen und ich hörte folgende Worte: „*Verteidige dich nicht. Gott wird dich verteidigen und rechtfertigen. Wenn du dich selbst verteidigst, wirst du verlieren.*"

Ich wusste, dass ich durch mein eigenes Gethsemane gehen musste, den Ort der Vernichtung. Gethsemane war der

Ort, an dem Oliven in riesige Holzfässer geschüttet wurden, woraufhin man darauf herumtrampelte bis alles Öl herausgeflossen war. Eins der Dinge, die sie dann aus diesem Olivenöl produzierten, war Salböl.

Ich verstand, dass vor mir eine Zeit lag, in der ich „zerdrückt" werden würde, wie niemals zuvor. Ich wusste, dass ich alleine noch viele weitere Male die Nächte im geistlichen Kampf verbringen würde. Ich würde geistlich, emotional, körperlich und mental getestet (zerdrückt) werden. Und so war es. Die darauffolgenden drei Jahre predigte ich, ohne die Salbung zu „spüren". Ich tat es im Glauben. Ich tat es, weil ich wusste, dass es richtig war. Ich musste darauf vertrauen, dass ich irgendwie die Kraft erhalten würde, weiterzumachen. Ich wusste auch, dass mir der Heilige Geist einen Auftrag anvertraute, und ich musste ihm durch Gethsemane hindurch vertrauen. Ich musste ihm vertrauen, wenn Freunde und Familie sich gegen mich stellten, wenn ich fälschlicherweise Anschuldigungen bekam, angelogen und beschimpft wurde oder wenn ich isoliert und alleine war.

Es war ein Test, den ich entschlossen mit Gottes Gnade bestehen wollte. Das Wissen, dass dies notwendig war, um das Öl für einen neuen Auftrag zu erhalten, gab mir Ruhe und Kraft. Ich musste Gottes Wort vertrauen, dass er mich verteidigen und rechtfertigen würde. Er würde mich für meinen Auftrag stärken und das tat er auch. Ich trampelte also in dem Fass für Salböl herum, um einen neuen Auftrag zu erhalten.

Ich musste Dinge überwinden, die andere in meiner Region nicht überwinden konnten. So viele Menschen waren vor Isebel und religiösen Geistern davongelaufen. Würdest du weglaufen oder Gott erlauben, das Öl herauszupressen?

Für manche Aufträge Gottes bekommt man die Salbung nicht so leicht. Sie kommt nicht ohne intensives Prüfen. Ja, ich musste Gott vertrauen, doch das war nicht der springende Punkt. Es ging darum, ob er mir vertrauen konnte oder nicht.

Ich musste lernen, dass ich ohne den Heiligen Geist nichts tun kann. Bei der apostolischen Berufung ging es nicht um mich, sondern um Christus und sein Königreich. Ich musste lernen, dass ich als dienender Sohn dazu da bin, ihm Ehre zu bringen. Wahre Freude, Frieden und Erfüllung kommt, wenn wir ihm alle Ehre geben. Stolz und Egoismus müssen beiseite gelegt werden, wenn wir wirklich als ein Apostel des Herrn Jesus Christus leben wollen. Anders funktioniert es nicht. Die Salbung ergießt sich auf diejenigen, die damit übereinstimmen, dass er alle Ehre bekommt.

Es ist zu meinem Auftrag geworden, eine der Personen zu sein, die dafür kämpfen, eine Region für eine neue Kampagne von Jesus zu öffnen und dämonische Aktivitäten aufzuhalten. Es ist ein Auftrag der Erweckung und Reformation. Ich glaube, bete und arbeite für eine neue Ausgießung des Heiligen Geistes. Ich arbeite, bete und suche nach Strategien, um die Jahre, die die Heuschrecken und Würmer gefressen haben, wiederherzustellen.

Gott bat mich in einer Region, in der Menschen immer wieder vor Isebel kapituliert haben, meinen Stand einzunehmen. Ich wusste, dass Gott mir, wenn ich nicht weglaufen würde, die Kraft für diesen Auftrag geben würde. Es war nicht leicht, doch Leichtigkeit hat mit der ganzen Sache nichts zu tun. Von Soldaten wird verlangt, dass sie treu bleiben. Es geht nicht um Talente oder Fähigkeiten. Es ist eine Frage der Entscheidung. Ich kann gehorchen – jeder kann gehorchen – und wenn ich versage, erhalte ich Gnade und versuche es weiter. In schwierigen Zeiten habe ich gelernt, dass die Salbung auf einem Überwinder die reinste Form der Salbung ist, sofern Gott weiterhin die Ehre bekommt.

Die junge Gemeinde in der Apostelgeschichte erlebte sehr viele Engelsaktivitäten. Die neutestamentliche Gemeinde sollte das auch heute noch erleben. Engel sollten mit uns kommunizieren und uns Botschaften bringen. Es ist Gottes Plan für den Erfolg seiner Gemeinde in den jeweiligen Regionen. Es gibt heutzutage viele Menschen im Leib Christi, die problemlos davon berichten können, was der Teufel zu ihnen gesagt hat, doch wenn du erzählst, was dir Engel gesagt haben, denken alle, du wärst etwas seltsam. Das muss aufhören. Wir müssen die Hilfe der Engel empfangen. Um es einmal deutlich zu sagen: Es ist eher seltsam, Dämonen zuzuhören. Engeln zuzuhören, gehört dagegen zum normalen Christenleben.

KAPITEL ZEHN

ENGEL DURCH WORTE MOBILISIEREN

Preise den Herrn, meine Seele, ja, alles in mir 'lobe` seinen heiligen Namen! Preise den Herrn, meine Seele, und vergiss nicht, was er dir Gutes getan hat! Er vergibt dir all deine Schuld und heilt alle deine Krankheiten. Er rettet dich mitten aus Todesgefahr, krönt dich mit Güte und Erbarmen. Er gibt dir in deinem Leben viel Gutes – überreich bist du beschenkt! Wie sich bei einem Adler das Gefieder erneuert, so bekommst du immer wieder jugendliche Kraft. (Psalm 103,1-5)

Preist den Herrn, ihr seine starken und gewaltigen Engel, die ihr sein Wort ausführt und seiner Stimme gehorcht, sobald er spricht. Preist den Herrn, ihr alle, die ihr zu seinem himmlischen Heer gehört [...]. (Psalm 103,20-21)

Die Beziehung, die wir im Himmel zu den Engeln haben werden, unterscheidet sich stark von dem Beistand der Engel, den wir jetzt brauchen. Wenn wir in den Himmel kommen, werden uns die Engel zum Beispiel nicht beschützen oder retten müssen. Erster Korinther 6,3 sagt, dass wir sogar Engel richten werden. *„Richten"* kommt von dem griechischen Wort „*krino*" und bedeutet „entscheiden oder eine Meinung dazu abgeben, was richtig oder falsch ist" (Strong, G2919). Im Himmel werden wir den Engeln erklären, was richtig und was falsch ist.

Dass unser Urteil den Engeln Einsicht geben wird, zeigt unsere Stellung als Erben Christi. Doch solange wir noch nicht im Himmel sind, brauchen wir Engel, die uns an Stärke überlegen sind, die Gottes Wort ausführen, Gottes Versprechen wahr werden lassen und uns dabei helfen, unsere Position mit Christus auf dieser Erde einzunehmen.

Römer 5,17 erklärt, dass wir im Leben regieren sollen. Wir können allerdings nicht so regieren wie wir sollten, es sei denn, Engel unterstützen uns dabei. In Psalm 103,21 steht, dass Engel das tun, woran Gott Freude hat. Das Wort für *Freude* ist im Hebräischen „*ratson*". Es bedeutet „Wohlgefallen, Verlangen, Vorliebe, Gnade und Gunst" (Strong, H7522). „*Ratson*" bedeutet „Reaktion eines Höhergestellten auf einen Untergeordneten." Jesus ist der uns Höhergestellte. Er hat weitaus mehr Autorität als wir und regiert von daher viel umfassender. Doch in seinem Namen haben Gläubige ebenfalls Regierungsgewalt. Und Engel werden ausgesandt, um die Erben Christi zu unterstützen.

Engel verschaffen uns Gunst

In Sprüche 14,35 steht: „*Des Königs Wohlgefallen wird dem klugen Knecht zuteil; aber den schandbaren trifft sein Zorn.*" (ELB). Das Wohlgefallen des Königs – oder die Gunst, „*ratson*" – liegt auf uns und es ist Gnade. Engel bringen uns auf unterschiedliche Weise dieses Wohlgefallen des Herrn entgegen. Sie dienen uns damit auf ganz konkrete Weise, nicht nur in unserer Einbildung. Es ist ein solides Versprechen für unser Leben. Es ist Segen, über den König David in Psalm 103,2 singt und von dem er sagt, dass wir ihn niemals vergessen dürfen. Vergiss nicht, dass Engel den Auftrag haben, dich ganz konkret Gottes Wohlgefallen spüren zu lassen.

Das hebräische Verständnis für das Wort „*ratson*" ist „konkret". Es wirkt sich reell in unserem Leben aus. Der Ausdruck „*konkret*" bedeutet, dass zwei Elemente sich verbinden, und ist definiert als „Bindekraft"[18]. König David sagt, dass Engel Gottes *reales* Wohlgefallen für uns materialisieren, was sich in reellen Dingen auswirkt. Das Wohlgefallen Christi bleibt an dir haften. Es ist nicht zerbrechlich und es geschieht auch nicht zufällig. Engel übermitteln den Segen Gottes auf ganz konkrete Weise.

König David sagt, dass Gottes Gunst klebrig ist. Es ist ein klebriger Segen. Wenn ich ein Honigglas hätte und etwas davon ausgießen würde, würde man schnell feststellen, dass er klebrig ist. Gottes Gunst ist klebrig! Hast du schon einmal eine Person kennengelernt, an der Gottes Gunst nur so kleben blieb? Es sieht aus, als ob alles, was diese Person tut, gesegnet ist. Gott möchte, dass alle seine Erben so leben. Er möchte, dass seine Wohltaten an ihnen kleben bleiben und sein Wohlgefallen in ihrem Leben konkret wird. „Wohltat" – oder auch „Vorzug" – ist im Hebräischen das Wort „*gemul*". Es bedeutet „belohnen oder gut behandeln" (Strong, H1576). Ein Arbeitgeber, welcher seinen Mitarbeitern vielerlei Zusatzleitungen bietet, tut dies, um sie zu motivieren. Mit großer Sicherheit bekommen wir von Gott ebenfalls viele „Zusatzleistungen". Wir sind seine Erben, und seine

---

18 Webster's Ninth New Collegiate Dictionary (Springfield, MA: Merri- am-Webster's Inc. Publishers, 1984), s.v. „concrete."

Engel werden gesandt, um uns mit handfesten materiellen und ganz konkreten Segnungen zu belohnen.

In Psalm 103,20 lesen wir, dass Engel den Willen des Herrn tun und auf seine Stimme hören. Wenn seine Erben Gottes Wort verkünden, hören Engel aufmerksam zu. Und sie tun alles dazu, dass sein Wort umgesetzt wird. Gott hat die Engel geschaffen, dass sie sein Wort ausführen. Wenn wir Gottes Wort hier auf der Erde nicht aussprechen, haben die Engel keinen Auftrag, es sei denn, Gott spricht souverän in einer Situation oder es handelt sich um eine Prophezeiung, die in Erfüllung gehen soll. In Matthäus 16,19 sagt Jesus: *„Ich werde dir die Schlüssel des Himmelreichs geben; was du auf der Erde bindest, das wird im Himmel gebunden sein, und was du auf der Erde löst, das wird im Himmel gelöst sein."* Die Autorität, zu binden und zu lösen, wurde uns Gläubigen in Jesu Namen gegeben. Engel werden im Himmel gelöst und wir sollen sie hier auf der Erde lösen.

Ich glaube, dass heutzutage viele Christen einige der wunderbaren Dinge verpassen, weil sie Gottes Wort nicht aussprechen. Oftmals sprechen sie *alles andere als* Gottes Wort aus. Doch die Engel warten darauf, dass du Dinge aussprichst, die sie lösen. Der Schlüssel ist, das Wort Gottes auszusprechen. Der Grund, weshalb ein Großteil des Leibes Christi heutzutage mehr Aktivität von Dämonen als die von Engeln erlebt, ist, dass sie mehr Dämonen aktivieren als Engel.

Ich finde es erstaunlich, wie sehr der Leib Christi heutzutage dämonische Strategien und Aktivitäten akzeptiert und sich an deren Bedingungen anpasst. Es ist fast so, als ob man im Leib Christi erwartet, dass Dämonen gegen einen vorgehen. Man erwartet, dass das Königreich der Hölle hinter jeder Ecke lauert. Ja, wir wissen, dass Dämonen stehlen, töten und zerstören. Doch warum erneuern wir unsere Gedanken nicht und aktivieren die Armee des Himmels, die uns helfen wird zu überwinden? Warum erwarten wir nicht ebenso selbstverständlich, dass uns der Heilige Geist und seine Engel zu Hilfe kommen? Warum erwarten wir nicht, dass Engelsarmeen bessere Strategien haben als Dämonen? Warum erwarten wir nicht, dass Jesus und seine Engel mächtiger und weiser sind als gefallene Engel, die dumm genug waren, Luzifer zu folgen? Unsere Engel waren der Meinung, dass Gott mächtiger ist als Luzifer. Warum befehlen und erwarten wir also nicht, dass uns das Königreich des Allmächtigen Gottes umgibt? Warum sollte die Gemeinde nicht mehr Aktivitäten von Engeln anstatt von Dämonen erwarten?

Es ist Zeit, dass wir unsere Gedanken wieder auf die Wahrheit ausrichten und uns in eine neue Position bringen. Es ist Zeit, morgens aufzustehen und nach Engeln statt nach Dämonen Ausschau zu halten. Ja, das Königreich der Dämonen und der Hölle ist real, doch das sind auch die Engel und Gottes Königreich. Unsere Engel sind stärker und schlauer als die Dämonen der Hölle und sie sind in der Überzahl. Doch noch viel wichtiger ist, dass unser Gott, unser König und Herr, bei weitem viel mächtiger ist, als Luzifer sich einbildet, es zu sein. Es ist Zeit, dass wir dementsprechend handeln und aufhören, in Übereinstimmung mit unserer gefallenen Natur zu denken. Wir sind keine Gefallenen mehr. Wir sind wiedergeborene Erben. Es ist Zeit, dass wir das glauben und aufhören, wie ungerechte Sünder zu denken. Die Kultur der Niederlage, die vom Leib Christi jahrzehntelang propagiert wurde, ist eine Illusion. Sie macht biblisch überhaupt keinen Sinn. Wir sind keine gefallenen Schwächlinge, die von Dämonen dominiert werden. Wir wurden mit Christus an himmlische Orte versetzt. Wir sind Erben um mit Autorität zu herrschen und zu regieren.

Löse deine Engel! Erwarte, dass Armeen von Engeln an deiner Seite kämpfen! Erwarte den Sieg!

Traurigerweise erwartet ein großer Teil des Leibes Christi heutzutage, dass er verliert. Man erwartet, dass wir diese Nation nicht verändern können. Man erwartet, dass die Verhältnisse immer schlimmer werden und die Hölle gewinnt oder dass dämonische Strategien uns Schaden zufügen können. Ich bin anderer Meinung. Ich erwarte, dass der, der größer ist, uns Strategien geben wird. Ich erwarte, dass wir gewinnen. Ich erwarte, dass wir Pläne erhalten werden, die alle Mächte des Gegenspielers überwinden. Ich erwarte, dass Engel gelöst werden. Es ist so wichtig, dass wir das aussprechen, was Gott sagt. Wenn unsere Worte mit Gottes Wort übereinstimmen und wenn unser Reden mit den heiligen Versprechen Gottes im Einklang steht, werden Engel gelöst, um in unserem Leben zu wirken, und sie werden mobilisiert, um den Wohlgefallen Gottes für uns Wirklichkeit werden zu lassen.

Engel mobilisieren

Wie mobilisiert man Armeen von Engeln? Mit Worten des Glaubens, die das befehlen, was Gott sagt. *Worte des Glaubens aktivieren Engel; Unglaube hält Engel zurück.* Engel beobachten uns und sie hören zu. Daniel sagte, dass sie „Wächter" sind. Sie hören, was wir sagen. Engel wollen den hohepriesterlichen Dienst von Jesus und seinem Heiligen Geist in unserem Leben unterstützen, doch manchmal müssen sie ihre Flügel einklappen und tatenlos zusehen, weil Unglaube ihren Auftrag widerrufen hat. Ich frage mich, wie oft wir gebetet und Gottes Wort bekannt haben und Engel aktiviert wurden, damit es sich in unserem Leben entsprechend manifestiert, und wir dann, aus irgendeinem Grund, schwach geworden sind. Wir fangen an zu zweifeln und beginnen, dem Wort Gottes durch unsere eigenen Worte und Überlegungen zu widersprechen. Und aufgrund unseres Redens müssen die Engel ihren Auftrag unvollendet niederlegen. Ich frage mich, ob es Christen gibt, die ihren Engeln Schleudertraumata verpassen, weil sie ihre Meinung so oft ändern. Sie „lösen" ihre Engel, indem sie Gottes Versprechen verkünden, und ein paar Minuten später sagen sie: „Oh, es wird bestimmt nichts passieren. Das klappt einfach nicht. Ich zweifle daran, dass sich überhaupt irgendetwas verändert." Ihre Ängste produzieren Worte, die die Hilfe der Engel unterbinden.

Ich habe mich schon oft gefragt, ob wir auch ein Thema sind, wenn Engel miteinander reden. Vielleicht sagen sie: „Mein Typ scheint sich einfach nicht entscheiden zu können. Er ist so positiv, wenn er am Sonntag die Gemeinde verlässt, doch meistens beendet er meinen Auftrag bis Montagmorgen wieder. Manchmal widerruft er ihn sogar, noch bevor er zu Hause ankommt. Er möchte die Vorzüge des Königreichs Gottes erleben, doch alles worüber er redet, ist das dunkle Reich und da kann ich ihm nicht helfen." Wir verpassen das Königreich Gottes, wenn wir sein Wort nicht aussprechen. Ganz sicher versäumen wir es, Engeln die Möglichkeit zu geben, zu helfen, die Erfüllung des Wortes Gottes herbeizuführen. Obwohl wir nicht die Autorität erhalten haben, Engeln zu befehlen, (es muss durch die Bibel und biblische Prinzipien abgedeckt sein), sind sie dennoch da und hören zu. Worte, die wir in Übereinstimmung mit Gottes Wort aussprechen und die wir auch nicht nachher wieder zurücknehmen, aktivieren Engel. Versprechen können sich in reellen Dingen ausdrücken, wenn wir im Glauben dafür stehen.

Nutzlose Worte, nutzlose Engel

Der Heilige Geist betonte vor einigen Jahren für mich folgende einfache Aussage: *Nutzlose Worte, nutzlose Versprechen. Nutzlose Worte, nutzlose Engel.* Jesus selbst sagte:

> *Wie solltet ihr auch Gutes reden können, wo ihr doch böse seid? Denn wie der Mensch in seinem Herzen denkt, so redet er. Ein guter Mensch bringt Gutes hervor, weil sein Herz mit Gutem erfüllt ist. Ein böser Mensch dagegen bringt Böses hervor, weil sein Herz mit Bösem erfüllt ist. Ich sage euch: Am Tag des Gerichts werden die Menschen Rechenschaft ablegen müssen über jedes unnütze Wort, das sie geredet haben. Denn aufgrund deiner Worte wirst du freigesprochen werden, und aufgrund deiner Worte wirst du verurteilt werden.*
> (Matthäus 12,34–37)

Dies ist eine deutliche, aber auch ernüchternde Aussage. „*Nutzlos*" kommt von dem griechischen Wort „*argos*" und bedeutet „inaktiv, unbeschäftigt, nutzlos, unfruchtbar, nicht funktionierend, ertraglos" (Strong, G692). Jesus sagte, dass wir einmal für alle unsere nutzlosen negativen Worte Rede und Antwort stehen müssen. Nutzlose Worte verursachen, dass Versprechen und Engel in unserem Leben nicht wirken können. Negative Worte sind ertraglos und unproduktiv und sie verhindern, dass das Königreich Realität wird.

Negative Gedanken des Herzens werden irgendwann aus deinem Mund hervorkommen und verursachen, dass Versprechen unfruchtbar werden. Wir müssen lernen, mit unseren Worten die Arbeit der Engel zu ermöglichen. Wir müssen sie lösen, indem wir Gottes Wort verkünden und nicht nachgeben. Kühne Proklamationen rufen Engel, die sich für uns einsetzen. Worte des Glaubens aktivieren sie, sodass sie Gottes Versprechen konkret werden lassen.

Jesus sagte in Matthäus 12,37: *„Aus deinen Worten wirst du gerechtfertigt werden, und aus deinen Worten wirst du verdammt werden."* (LUT). „Gerechtfertigt" kommt von dem griechischen Wort „*dikaioo*" und bedeutet „jemanden als gerecht darstellen, weil er oder sie Jesus als Herrn angenommen hat" (Strong, G1344). Wir haben Rechte und Privilegien, die uns als wiedergeborene Erben Christi zustehen. „*Dikaioo*" bedeutet außerdem „verursachen, dass jemand seine Berufung findet, frei machen oder befreien". Deine Worte bestimmen die Qualität deines Lebens. Sie „be-leben" oder „ent-leben" dich. Sie setzen Versprechen frei. Die Wurzel des Worts „*dikaioo*" ist „*dike*", was „selbstverständliche Rechte; Rechte, die wir als Erben besitzen" bezeichnet. „*Dike*" ist auch das griechische Wort für „Gerechtigkeit" (Strong, G1349). Wenn wir die uns zustehenden Rechte als Bürger des Königreichs Gottes und unsere selbstverständlichen Rechte als Gottes Erben in Anspruch nehmen wollen, dann müssen wir Worte des Lebens und des Glaubens aussprechen. Die Engel, die uns zugeteilt sind, werden dabei helfen, dass diese Rechte Realität werden. Sie werden sich dafür einsetzen, dass sie freigesetzt werden.

Wenn wir aber negative Worte des Unglaubens aussprechen – Worte, die mit dem Wort Gottes nicht übereinstimmen, und Worte, die unsere Rechte in Frage stellen – dann geschieht das, was Jesus sagte: „[...]*aus deinen Worten wirst du verdammt werden."* „*Verdammt*" kommt von dem griechischen

Wort „*katadikazo*" und bedeutet „verurteilen, Richterspruch oder ein Urteil aussprechen" (Strong, G2613). Deine Worte verurteilen dich dazu, dass du erlebst, was du aussprichst. Was du sagst, kann dein Leben binden oder lösen. Durch deine Worte kannst du bewirken, dass in deinem Leben nur wenige Versprechen Gottes Realität werden und dass Engel dir nicht dienen können. Du selbst kannst der Grund sein, dass du ein Leben voller Mangel, Armut, Depression, Krankheit, Leiden, Hoffnungslosigkeit, Angst und Niederlage führst? Diese Dinge sind im Himmel bereits gebunden!

Über das, was im Himmel gebunden ist, sagt Jesus, dass wir es auch hier auf der Erde verhindern können. Gebrauche deine Autorität und Worte des Glaubens. Die Engel warten nur darauf, dass du deine Stimme erhebst. Sie hören dir zu. Verhindere durch negative Worte nicht, dass die Engel dir nicht dienen können. Spreche Worte des Glaubens zu dem Berg und Engel werden beginnen, die Versprechen Gottes in deinem Leben ganz konkret sichtbar werden zu lassen.

Jesus sagte in Markus 11,23 bezüglich des Glaubens an Gott: „*Denn wahrlich, ich sage euch: Wenn jemand zu diesem Berg spricht: Hebe dich und wirf dich ins Meer!, und in seinem Herzen nicht zweifelt, sondern glaubt, dass das, was er sagt, geschieht, so wird ihm zuteilwerden, was immer er sagt.*" (SLT). Dieser Spruch wurde nicht von Normal Vincent Peale oder Dr. Kenneth Hagin erfunden. Jesus selbst hat es gesagt. „*So wird ihm zuteilwerden, was immer er sagt.*" Was für ein kraftvoller Schlüssel für ein Leben als Überwinder! Du bist dazu verurteilt, das zu erleben, was du im Glauben sagst oder im Unglauben aussprichst.

Wenn du alle griechischen Zeitformen von Matthäus 16,19 zusammenfügst, liest es sich: „Wann immer dir etwas begegnet, von dem ich festgelegt habe, dass meine Gemeinde darüber siegen wird, wirst du vor der Entscheidung stehen, ob du es binden oder lösen wirst. Was letztendlich geschieht, ist Ergebnis deiner Reaktion. Wenn du dich bewusst daran beteiligst, die Angelegenheiten auf der Erde zu binden oder zu lösen, wirst du irgendwann herausfinden, dass es im Himmel bereits gebunden oder gelöst ist." Jesus sagte, dass es von deiner Reaktion abhängt. Du kannst Dinge binden und sie somit aus deinem Leben fernhalten, oder du kannst Dinge lösen, sodass sie dein Leben positiv beeinflussen werden, oder du kannst untätig sein und nichts tun. Als Christ kann man seinen Motor zwar laufen lassen, aber keinen Gang einschalten. Viele Christen sind einfach untätig; sie gehen nirgendwo hin und tun auch nichts. Wir können Zweifel äußern oder Gottes Wort proklamieren. Die Frage ist: „Wählst du Fluch oder Segen? Leben oder Tod? Sieg oder Niederlage? Es gibt mächtige Engel, die dir als Erbe Gottes dienen wollen.

Verhindere nicht, das deine Engel durch deine Worte nicht eingreifen können! Die Engel warten und kreisen um dich, immer horchend und wartend, dass du Gottes Wort ausprichst.

Als ich vor vielen Jahren eines dieser Prinzipien lehrte, gab es in der Jugendgruppe einige junge Männer, die sich entschlossen, ein Gebetstreffen abzuhalten. Sie waren begeistert von Engeln und was ich darüber gelehrt hatte. Einer der jungen Männer gab später Zeugnis von dem, was in dieser Nacht geschah. Gegen Mitternacht – sie hatten schon eine ganze Weile Lobpreis gemacht und angebetet – blickte er nach oben und sah hinten im Raum einen Engel stehen. Er wusste nicht, was er tun sollte, und der Engel sah ihn einfach an. Er sagte, dass der Engel ihm signalisierte: „Gib mir etwas zu tun!" Der junge Mann fing an, Dinge zu proklamieren und plötzlich verschwand der Engel! Engel möchten deine Worte, die mit Gottes Wort übereinstimmen, in die Tat umsetzen. Millionen von Engeln dienen der Gemeinde Gottes und wir müssen ihnen etwas zu tun geben.

Gibt es Versprechen, Prinzipien oder Segnungen, um die du gebetet hast und die sich in deinem Leben noch nicht manifestiert haben? Wenn dem so ist, dann beherzige die Worte Jesu. Du bekommst, was du proklamierst, sprich Worte des Segens über deinem Leben aus und mobilisiere dadurch die Engel!

KAPITEL ELF

ENGEL VERBINDEN UNS MIT MATERIELLEM SEGEN

Wenn wir glauben, dass der Teufel und das Reich der Finsternis den Segen Gottes davon abhalten kann, in unser Leben zu kommen, warum sollten wir dann nicht auch glauben, dass die Engel Gottes uns helfen können, ihn freizusetzen? Wie können Menschen, die behaupten, Christen zu sein, glauben, dass der Teufel in der Lage ist, Dinge zu tun, die Gottes Engel nicht tun können? Wenn die Heerscharen des Himmels mit einem großzügigen Gott verbunden sind, warum sollten wir nicht auch glauben, dass sie die Fähigkeit haben, Segen über uns freizusetzen? Die Bibel macht es deutlich: Engel sind begierig, uns zu helfen, Ressourcen, Finanzen und andere Segnungen zu erhalten, damit wir Gottes Königreich hier auf der Erde etablieren können. Dies wird in Apostelgeschichte 10 deutlich:

In Cäsarea lebte ein 'römischer' Offizier namens Kornelius, ein Hauptmann, der zum sogenannten Italischen Regiment gehörte. Kornelius war ein frommer Mann, der mit allen, die in seinem Haus lebten, an den Gott Israels glaubte; er gab

großzügige Spenden für die Bedürftigen in der 'jüdischen' Bevölkerung und betete treu und regelmäßig. Eines Tages – gegen drei Uhr nachmittags – hatte Kornelius eine Vision: Klar und deutlich sah er, wie ein Engel Gottes zu ihm ins Zimmer trat. »Kornelius!«, hörte er ihn sagen. Erschrocken starrte Kornelius den Engel an. »Was ist, Herr?«, fragte er. Der Engel erwiderte: »Gott hat deine Gebete gehört und hat gesehen, wie viel Gutes du den Armen tust. Darum schicke jetzt einige Männer nach Joppe zu einem gewissen Simon mit dem Beinamen Petrus und bitte ihn, zu dir zu kommen. Er ist bei einem Gerber zu Gast, der ebenfalls Simon heißt und dessen Haus direkt am Meer liegt.« Als der Engel wieder gegangen war, rief Kornelius zwei seiner Diener sowie einen gläubigen Soldaten aus seinem persönlichen Gefolge zu sich. Er berichtete ihnen alles, was er soeben erlebt hatte, und schickte sie dann nach Joppe.
(Apostelgeschichte 10, 1-8)

Engel verbinden Gottes Leute mit Orten, Menschen, Ereignissen, Geschäften und materiellem Besitz. Es ist ein faszinierendes Prinzip, das sich überall im Alten und Neuen Testament wiederfindet, jedoch selten gelehrt wird. Es ist ein Segen im Reich Gottes und wir sind aufgerufen, das nie zu vergessen. Und wie auch immer müssen wir dieses Thema aus einer biblischen Perspektive betrachten und nicht aus der Sicht des Fernsehevangelisten. Geld ist nicht die Wurzel allen Übels. In erster Timotheus 6,10 steht: „*Denn die Liebe zum Geld ist eine Wurzel, aus der alles nur erdenkliche Böse hervorwächst.*" Geld auf unrechte Weise zu begehren, führt zu Bösem. Gott will, dass du Geld hast. Es gibt keine Stelle in der Bibel, die sagt, dass wir einen Eid zur Armut ablegen sollen –

nein, das Gegenteil ist der Fall. Wir sollen übernatürliche und überfließende Segnungen erwarten. Wir benötigen Geld, um im Leben und in der Gesellschaft zurechtzukommen. Gott will, dass wir erfolgreich und finanziell abgesichert sind, doch er möchte auch, dass du diese Finanzen weise verwaltest.

In Apostelgeschichte 10 erscheint ein Engel Kornelius, einem Heiden und Offizier des römischen Regiments. Als ihm der Engel erschien, stellte er sein Gebetsleben und seinen Umgang mit Geld heraus. Von all den Dingen, die ein Engel ansprechen könnte, würde man nicht vermuten, dass die Finanzen eine besonders hohe Priorität haben könnten.

Doch der Engel sagte zu Cornelius in Apostelgeschichte 10,4: *„Deine Gebete und deine Almosen sind hinaufgestiegen zum Gedächtnis vor Gott."* (ELB)

Hören und behalten

Das griechische Wort für „Gedächtnis", *„mnemosunon"*, bedeutet „eine Erinnerung; eine Aufzeichnung; etwas wiederholen, erwähnen, ins Gedächtnis rufen" (Strong, G3422). Ein Denkmal lenkt deine Aufmerksamkeit auf etwas, an das erinnert werden soll. Es erzählt uns durch das Medium eines gemeißelten Steins von einem lebensverändernden Ereignis. Der Zweck eines Denkmals ist es zum Beispiel, uns eine Person in Erinnerung zu rufen, die wir vielleicht bereits vergessen haben.

Bezogen auf das Gedenken Kornelius' sagt der Engel des Herrn also: „Kornelius, die Aufzeichnung deiner Almosen ist vor Gott gekommen und hat seine Aufmerksamkeit erregt. Es wurde im Thronsaal darüber gesprochen, Kornelius. Gott führt sich die vergangenen Gaben, die du gegeben hast, immer wieder vor Augen. Deine Opfergaben sind nicht vergessen worden." Dann sagte der Engel zu ihm: „Ich möchte, dass du Männer nach Joppe sendest und den Apostel Petrus bittest, zu dir nach Hause zu kommen." Du erinnerst dich vielleicht aus den vorherigen Kapiteln, dass der Heilige Geist Petrus bereits versprochen hatte, dass drei Männer nach ihm suchen würden. Petrus wurde angewiesen, diesen drei Männern ohne Fragen oder Zweifel zu folgen.

Petrus ging also mit ihnen zu Kornelius' Haus, wo er das Evangelium der Errettung durch den Glauben an Jesus Christus predigte. In Apostelgeschichte 10,44 sagt Lukas: *„Während Petrus noch über diese Dinge sprach, kam der Heilige Geist auf alle herab, die seine Botschaft hörten."* Jeder im Haus von Kornelius wurde errettet und mit dem Heiligen Geist gefüllt. *Was für ein Segen!* Es ist ein ewiger Segen mit weit größerem Wert als jede andere Segnung. Aufgrund von Kornelius' Gebeten und Geldgaben war es den Engeln möglich, in seinem Leben und dem Leben seiner Familie zu wirken. Seine Opfergaben erhielten die Aufmerksamkeit Gottes und seiner Engel, die gesandt sind, um den Erben der Errettung zu dienen. Als Christen müssen wir verstehen, dass ein Dienst der Engel darin besteht, uns sowohl mit den Segnungen Christi zu verbinden als auch dabei zu helfen, dass wir erfolgreich sind.

Laut des Propheten Daniels lassen sich diese Engel als „Wächter" identifizieren (Daniel 4,13; 17; 23). In seinem Bibelkommentar definiert Finis Jennings Dake *Engel* als „diejenigen, die die Angelegenheiten der Menschen überblicken, um sie zu befähigen, den Willen Gottes auf der Erde geschehen zu lassen." Mit anderen Worten warten Engel auf

Gelegenheiten, Gottes Pläne um seiner Kinder willen durchzuführen. Doch was ist sein Wille? Sein Wort ist sein Wille.

Der Apostel Paulus bekräftigt dieses Thema in 1. Timotheus 5,21, wo er Timotheus Anweisungen zur Durchführung von Gottesdiensten in der Gemeinde gibt. *„Ich ermahne dich eindringlich vor Gott, vor Jesus Christus und vor den auserwählten Engeln: Befolge diese Anweisungen unvoreingenommen und ohne jemand zu begünstigen!"* Diese Passage zeigt, dass Engel als Wächter unserer Gottesdienste fungieren, die nur darauf warten, an unserem Handeln, unseren Gebeten und unseren Proklamationen des Glaubens teilzuhaben. Im Grunde beobachten sie uns, ob wir Gottes Plan verfolgen oder nicht. Wenn dies geschieht, dann arbeiten sie daran, ihn Realität werden zu lassen. Vergiss nicht, dass uns Engel dann unterstützen, wenn sie das Wort Gottes von uns hören, das wir glauben und aussprechen (Psalm 103,20).

Wächter des Bundes

Der dreieinige Gott und die heiligen Engel sehen auch dann nicht weg, wenn der Zehnte und Spenden gegeben werden. Gott und seine Engel sehen weiterhin zu, um herauszufinden, ob der Bund von seinen Erben geehrt wird. Wenn dies geschieht, dann werden Engel gerufen, um Segen auf das Zuhause und die Berufung dieser Erben zu bringen. Sie werden freigesetzt, damit die Gunst nur so an uns kleben bleibt. Wenn aber der Bund Gottes nicht geehrt wird, dann werden die Engel einfach nicht mobilisiert. Es ist, als ob ihre Hände gebunden sind. Wir müssen dem Wort Gottes gehorchen, wenn wir erleben wollen, dass Engel uns mit dem in der Bibel verheißenen Wohlergehen verbinden. Sie sind

Wächter des Bundes, die uns beobachten, um Gottes Wohlgefallen in unser Leben zu bringen.

Gott liebt es, wenn du aufblühst. Wir sehen dies in Psalm 35,27, wo König David sagt: *„Groß erweist sich der HERR, der Gefallen hat am Wohlergehen seines Dieners."* (ZB). Die Schlussfolgerung ist, dass Gott möchte, dass es dir gut geht und dass er seine Engel beauftragen kann, bei der Entwicklung dieses Wohlergehens mitzuhelfen. Für diesen Dienst der Engel sind nur die Erben Christi qualifiziert.

Jesus sagte in Matthäus 6,4, dass Gott deine Großzügigkeit für alle sichtbar erstatten wird. *„Gib deine Opfergaben nicht so, damit es auch alle Leute sehen. Auf diesem Weg wird dich der Vater, der sieht was im Verborgenen geschieht, öffentlich belohnen."* *Belohnen* kommt von dem griechischen Wort „apodidomi" und bedeutet „mehr zurückgeben, verkaufen, zurückzahlen, wiederherstellen" (Strong, G591). Der Gott, der alles sieht, gibt immer mehr zurück als gegeben wurde. Er wird über den Erben, die sein Wort ehren, Wiederherstellung freisetzen. Wenn nötig kann er bewirken, dass Güter, Grundstücke oder Tiere sich gut verkaufen. Er kann Käufer mit den Gütern oder Dienstleistungen, die von seinen Kindern angeboten werden, in Verbindung bringen. Er kann bewirken, dass deine Verkaufszahlen steigen. Und oftmals gebraucht er seine Engel, die diese Dinge in die Tat umsetzen. Sie können dich mit Menschen, Orten oder Dingen verbinden, die dir viel mehr Ertrag bringen, als du selbst investiert hast.

In Markus 12 lesen wir, wie Jesus beobachtete, wie die Menschen ihr Opfer gaben:

Engel verbinden uns mit materiellem Segen

Jesus setzte sich in die Nähe des Opferkastens und sah zu, wie die Leute Geld hineinwarfen. Viele Reiche gaben große Summen. Doch dann kam eine arme Witwe und warf zwei kleine Kupfermünzen hinein (das entspricht etwa einem Groschen). Da rief Jesus seine Jünger zu sich und sagte: »Ich versichere euch: Diese arme Witwe hat mehr in den Opferkasten gelegt als alle anderen. Sie alle haben von ihrem Überfluss gegeben; diese Frau aber, so arm sie ist, hat alles gegeben, was sie besaß – alles, was sie zum Leben nötig hatte.
(Markus 21,41-44)

Warum hatte Jesus die Kollekte beobachtet? Um zu sehen, ob er die Segnungen des neuen Bundes, die Gott seiner Tochter geben wollte, vor aller Augen freisetzen konnte. Dass er diese Frau beobachtete, lehrt uns laut Jesu eigenen Worten, dass er uns „beobachtet", um uns zu beschenken. Es ist sein Wille, dass es seinen Kindern gut geht und sie gesund sind, so wie es auch ihren Seelen gut geht (s. 3. Johannes 2). Um dieses wunderbare Versprechen des dreieinigen Gottes durchzuführen, beauftragt er Engel, für den Wohlstand seiner Kinder zu sorgen. Sie suchen nach Wegen, den Bund zu ehren, und sie beobachten die Erben, um den Segen freisetzen zu können.

Obwohl sich vielleicht der ein oder andere wünscht, dass das Königreich des Himmels seine Augen während der Kollekte verschließt, lehrt uns die Bibel genau das Gegenteil. Sie sehen uns zu, nicht, um uns Verdammnis oder ein hartes Urteil aufzuerlegen, sondern um einen Grund zu finden, uns zu segnen. Engel sind nicht darauf aus, diejenigen zu fangen, die in Ungehorsam leben. Das ist nicht ihre Aufgabe. Sie möchten den Bund ehren und die Menschen ausfindig machen, auf die sie die Segnungen des Bundes ausgießen können. Dies lässt Apostelgeschichte 20,35 in einem neuen Licht erscheinen: *„Auf dem Geben liegt ein größerer Segen als auf dem Nehmen."* Wie ist das möglich? Weil der Wert der Belohnung größer ist als der Wert der Gabe.

Christus sehnt sich danach, dich mit Segen zu verbinden. Er sagte in Lukas 6,38:

„Gebt, und es wird euch gegeben werden. Ein volles Maß wird man euch in den Schoß schütten, ein reichliches Maß, bis an den Rand gefüllt und überfließend. Denn das Maß, das ihr verwendet, wird auch bei euch verwendet werden."

Wenn du einen Fingerhut verwendest, um deine Gabe abzumessen, dann wird auch ein Fingerhut verwendet werden, um deinen Lohn zu abzumessen. Wenn du eine Schaufel verwendest, wird für deine Belohnung auch eine Schaufel verwendet. Er gibt uns ein wunderbares Versprechen, indem er sagt: *„Gib und es wird dir gegeben werden; gib und du wirst empfangen."* Sein Versprechen könnte nicht deutlicher sein. Du kannst Gott im Geben nicht überbieten. Es ist ein Gesetz in seinem Königreich und die Engel werden dabei helfen, es zu erfüllen.

Das Prinzip von Geben und Empfangen

Nach 35 Jahren im Vollzeitdienst ist meine Erfahrung, dass der Hauptgrund, weshalb Menschen dem Herrn nicht den Zehnten oder freiwillige Gaben geben, ist, dass sie Jesu Versprechen nicht vertrauen. Woher stammt meine Vermutung?

Es ist die einzige logische Schlussfolgerung. Wenn du mehr zurückbekommst, als du gegeben hast, und Gott dir das sogar garantiert, warum solltest du dann noch etwas zurückhalten? Der Apostel Paulus schreibt in 2. Korinther 9,6:

Engel verbinden uns mit materiellem Segen

„Wer wenig sät, wird auch wenig ernten. Und wer reichlich sät, wird reichlich ernten." Fülle kommt durch das Säen. Wir sehen dies ebenfalls in Sprüche, wo es heißt: *„Ehre den HERRN mit deinem Besitz und mit den Erstlingen all deines Einkommens, so werden sich deine Scheunen mit Überfluss füllen und deine Keltern von Most überlaufen."* (Sprüche 3,9-10; SLT). Dies wird auch in Sprüche 11,24-25 noch einmal wiederholt: *„Einer teilt aus und wird doch reicher; ein anderer spart mehr, als recht ist, und wird nur ärmer. Eine segnende Seele wird reichlich gesättigt, und wer anderen zu trinken gibt, wird selbst erquickt."* (SLT). Die „Hoffnung für alle"-Bibel drückt es folgendermaßen aus: *„Manche sind freigebig und werden dabei immer reicher, andere sind geizig und werden arm dabei. Wer anderen Gutes tut, dem geht es selber gut; wer anderen hilft, dem wird geholfen."* Die Bibel lehrt uns ganz klar, dass wir auch ernten werden, wenn wir säen. Es gibt hier keine Unklarheit oder Doppeldeutigkeit. Denn wenn wir geben, haben wir die Garantie, dass wir auch etwas erhalten werden. Wenn wir das, was wir in unseren Händen haben, freisetzen, setzt Gott frei, was er in seinen Händen hält, .

„Und der Engel des HERRN kam von Gilgal herauf nach Bochim und sprach: Ich habe euch aus Ägypten heraufgeführt und euch in das Land gebracht, das ich euren Vätern zugeschworen habe; und ich sagte: Ich will meinen Bund mit euch nicht aufheben ewiglich!" (Richter 2,1; SLT).

Es ist ein kühnes Versprechen, das Gottes Volk hier gegeben wird. Der Herr der Engelsarmeen und die Engel werden niemals mit dir den Bund brechen. Dieser Bund wird immer geehrt werden. Die Rechte, die mit diesem Bund einhergehen und die Christus durch das Kreuz für uns erworben hat, werden von den Engeln stets respektiert. Sie warten darauf, dir die verheißenen Segnungen nahebringen zu können.

In Richter 6 ruft der Engel des Herrn Gideon, einen mächtigen Helden, dazu auf, seine Komfortzone zu verlassen und in den Kampf zu ziehen. Die Midianiter kamen damals jedes Jahr und stahlen die Ernte der Israeliten, wodurch die gesamte Nation verarmte.

Der Engel des Herrn erschien Gideon und sagte: *„Du bist ein tapferer Held. Ich will, dass du das Rauben der Ernte Israels beendest."* Aus Gehorsam bereitete Gideon ein Opfer vor und bat den Engel, da zu bleiben, während er dem Herrn sein Opfer bringen würde, und der Engel tat es. Einige Stunden später kam Gideon mit dem zubereiteten Fleisch eines jungen Ziegenbocks und etwas Brot zurück. Als er sein Opfer vor den Herrn brachte, erschien der Engel und sprach: „Gieß die Brühe darüber!" Gideon tat, wie er angewiesen wurde. Als er damit fertig war, berührte der Engel des Herrn das Opfer mit seinem Stab und es schoss Feuer heraus und verbrannte es. Dann verschwand der Engel.

Beachte, dass Gideon ein Opfer brachte. Ich weiß nicht, was zur damaligen Zeit eine Ziege kostete, doch sie hat sicherlich etwas gekostet. Diese Ziege besaß einen Wert. Ich weiß nicht, was Brot zu der Zeit gekostet hat, doch es hat ihn sicherlich auch etwas gekostet – besonders während einer Hungersnot. Doch ich weiß, dass ein großer Durchbruch geschah, als er ein Opfer brachte. Die sieben Jahre voller Verluste wurden zurückerstattet und ein großartiger Sieg wurde errungen. Ernte bedeutet per Definition: „Erfolg, Wohlergehen oder Überfluss". Zuerst wurde ein Opfer gebracht, dann wurde Erfolg, Wohlergehen und die Ernte freigesetzt.

Engel tragen Durchbrüche für Segen

In Richter 13 erschien den Eltern von Simson ein Engel. Er sagte zu Simons Mutter: *„Obwohl du nicht in der Lage warst, Kinder zu haben, wirst du einen Sohn bekommen."* Als der Engel später auch Simsons Vater Manoach erschien, sagte er zu ihm dasselbe. Manoach antwortete: *„Bleibe hier, damit ich ein Opfer holen kann."*

Der Engel antwortete: „Ich bleibe und du kannst dein Opfer vorbereiten, doch ich werde davon nichts essen."

Manoach fragte: „Wie heißt du?"

Der Engel antwortete: *„Es ist zu tief, zu wunderbar für dich – du würdest ihn nicht verstehen."* Manche Übersetzungen schreiben, dass er *Wundervoll* oder *Wunder* hieß. Vielleicht war er ein Engel, der geschaffen war, um Wunder zu tun.

Die Bibel sagt, dass, als Manoach das Opfer auf den Altar legte, Flammen gen Himmel schossen und der Engel in den Flammen emporstieg.

Beachte, dass ein Opfer heiliges Feuer und den Beistand von Engeln herbeiführte. Der Engel des Herrn beobachtete Simsons Mutter und Vater. Er beobachtete ihr Opfer für den Herrn, woraufhin ein großer Durchbruch in ihrem Zuhause geschah. Unfruchtbarkeit wurde gebrochen und Simson kam zur Welt. Engel tragen eine Salbung für Durchbruch, der das Zuhause segnet.

In Maleachi 3 lesen wir, dass ein offener Himmel dort ist, wo wir unserem Gott den Zehnten und freiwillige Gaben geben. Was Engel betrifft, so hat dies eine extrem große Bedeutung, denn es deutet auf den Segen und das Wohlergehen durch Engel hin. Die Pfade des Himmels werden hierdurch freigemacht, damit die Engel beginnen können, auf- und abzusteigen und uns großen Segen zu bringen.

> *Darf ein Mensch Gott berauben, wie ihr mich beraubt? Aber ihr fragt: »Worin haben wir dich beraubt?« In den Zehnten und den Abgaben! Mit dem Fluch seid ihr verflucht worden, denn ihr habt mich beraubt, ihr, das ganze Volk! Bringt den Zehnten ganz in das Vorratshaus, damit Speise in meinem Haus sei, und prüft mich doch dadurch, spricht der HERR der Heerscharen, ob ich euch nicht die Fenster des Himmels öffnen und euch Segen in überreicher Fülle herabschütten werde!* (Maleachi 3,8-10; SLT)

Ein offener Himmel wird dann vorhanden sein, wenn du ihm den Zehnten und andere Gaben, die du ihm schuldest, gibst.

In 1. Mose 28 lesen wir, dass bei einem offenen Himmel immer auch Engel auf- und absteigen. Jakob sah eine Leiter in den Himmel ragen und Engel daran auf- und absteigen. Die Geschichte zeigt, dass ein Tor zum Himmel (manche nennen dies auch einen offenen Himmel) ein Ort ist, an dem Engel auf- und absteigen. Wir können also daraus schließen, wenn wir den Zehnten in Gottes Vorratshaus bringen, dann öffnen wir damit Tore des Himmels und ermöglichen den Engeln, in unserem Leben auf- und abzusteigen und uns als Erben mit den uns durch den Bund zustehenden Segnungen zu verbinden.

Gott sagte in 1. Mose 28,14 zu Jakob: „*Und dein Same soll werden wie der Staub der Erde, und nach Westen, Osten, Norden und Süden sollst du dich ausbreiten; und in dir und in deinem Samen sollen gesegnet werden alle Geschlechter der Erde!*" (SLT). Im Hebräischen steht für „ausbreiten" ein erstaunliches

Wort. Es ist das Wort "*parats*" und bedeutet „die Salbung für Durchbruch". Sie bezieht sich auf die Durchbruchssalbung des Königs Jesus. In Micha 2,13 steht: *„Der Durchbrecher wird vor ihnen hinaufziehen; sie werden durchbrechen und zum Tor ein- und ausziehen; ihr König wird vor ihnen hergehen und der HERR an ihrer Spitze."* (SLT). Das Wort *Durchbrecher* ist das gleiche Wort wie „sich ausbreiten", nämlich „*parats*", und es bedeutet „zerstreuen und zerbrechen, einen neuen Weg eröffnen oder neue Türen und Gebiete öffnen" (Strong, H6555). Die Salbung des Königs Jesus liegt auf den Engeln, die über den Personen auf- und absteigen, die das durch ihr Opfer ermöglicht haben. Engel helfen den Erben Gottes, indem sie Hindernisse aus dem Weg räumen, die uns von den Segnungen trennen, und sie eröffnen neue Möglichkeiten und öffnen Türen, die zu großartigen Segnungen führen.

Jehovah Jireh

Abraham, der Vater des Glaubens, lebte unter einem offenen Himmel. König Abimelech schrieb über die Gunst Gottes, die er auf Abrahams Leben beobachtet hatte, folgendes: *„Gott ist mit dir in allem, was du tust."* (1. Mose 21,22; SLT). Mit anderen Worten: „Alles, was du anfasst, scheint zu klappen." Warum war das so? Abraham gab von dem, was er hatte. 1. Mose 14,20 erklärt uns, dass Abraham Gott – 430 Jahre bevor es das Gesetz gab – zehn Prozent von allem gab, was er besaß. Der Zehnte war nie nur für diejenigen bestimmt, die unter dem Gesetz leben. Es ist ein Prinzip des Bundes, das existieren wird, solange es Saat und Ernte gibt. Noch immer pflanzen wir im Frühling Samen und ernten im Herbst. Das hat nie aufgehört. Es heißt, dass Abraham den zehnten Teil von allem, was er hatte, dem Hohepriester

Melchizedek gab, der in Hebräer 5,6 als ein Vorbild Christi genannt wird. Sowohl im Alten als auch im Neuen Testament gehört der Zehnte dem Herrn.

Abraham war einer der reichsten Menschen, die jemals gelebt haben. Nach heutigem Maßstab war er ein Milliardär und er gab zehn Prozent von allem an Gott ab.

Jahre, nachdem Abraham und Sarah im hohen Alter noch ihren Sohn Isaak bekommen hatten, prüfte Gott Abraham. In 1. Mose 22,2 spricht Gott zu ihm folgendes: *„Nimm doch deinen Sohn, deinen einzigen, den du lieb hast, Isaak, und geh hin in das Land Morija und bringe ihn dort zum Brandopfer dar auf einem der Berge, den ich dir nennen werde!"* (SLT). Abraham gehorchte. Als er gerade das Messer in Isaak stechen und ihn Gott opfern wollte, rief ein Engel aus dem offenen Himmel und sagte: „Halt! Tu das nicht. Ich weiß nun, dass du Gott fürchtest!" In diesem Moment sah Abraham einen Schafbock, der sich mit seinen Hörnern im Gestrüpp verfangen hatte. Gott hatte für das Opfer gesorgt, so wie es Abraham zu seinem Sohn Isaak am Fuß des Berges gesagt hatte. Isaak hatte ihn gefragt: „Wo ist denn das Opfertier?" Und Abraham hatte geantwortet: „Gott wird uns eines bringen; er wird sich darum kümmern. Mach dir keine Sorgen." Dies ist natürlich ein Bild für das Opfer, das Jesus für uns auf Golgatha darstellte. Ich habe keine Ahnung, wie der Engel es geschafft hatte, dass sich die Hörner des Schafbocks genau zur richtigen Zeit im Strauch verhedderten, doch er tat es! In 1. Mose 22,14 steht, dass Abraham den Ort Jehovah Jireh nannte, was „der Gott, der versorgt", bedeutet. *Jehovah Jireh, mein Versorger.* Ich bin so froh, dass ich einen Gott habe, der sich darum kümmert, dass es mir gut geht.

Engel verbinden uns mit materiellem Segen

Abraham lebte unter einem offenen Himmel, weil er Gott bereitwillig seinen Zehnten und andere Opfer brachte. Wenn du das Gleiche tust, werden auch dir die Engel den Steinbock im Gebüsch zeigen – Versorgung, von der du nicht einmal wusstest, dass sie existiert. Jehovah Jireh ist der Versorger und Engel dienen uns mit verschiedenen Aspekten dieser Versorgung. Der Herr wird sich um die Versorgung kümmern, wenn du den Weg dafür freimachst indem du ihm deinen Zehnten und andere Opfer gibst.

Eins der Versprechen, die Gott Abraham machte, war, dass er dessen Nachkommen nach 400 Jahren der Unterdrückung durch die Ägypter segnen würde. Gott gab Abrahams Erben ein verheißenes Land. Es war ein Land, in dem Milch und Honig floss, ein Land mit reichlich natürlichen Ressourcen und Reichtum. Sprüche 13,22 sagt: *"[...] das Vermögen des Sünders aber wird für den Gerechten aufbewahrt."* (SLT). Die Erben Abrahams haben dies sicherlich erlebt, und es gilt für die Erben Christi in noch größerem Maße.

Nach 400 Jahren Sklaverei in Ägypten führte Mose Israel 40 Jahre lang durch die Wüste zum verheißenen Land. In 2. Mose 23,20 lesen wir von Gottes Ankündigung: *"Siehe, ich sende einen Engel vor dir her, damit er dich behüte auf dem Weg und dich an den Ort bringe, den ich bereitet habe."* (SLT). Engel führen uns also zu den Orten der Verheißungen. In 2. Mose 23,23 steht: *"Wenn nun mein Engel vor dir hergeht und dich zu den Amoritern, Hetitern, Pheresitern, Kanaanitern, Hewitern und Jebusitern bringt und ich sie vertilge, [...]"* (SLT). Gott beschreibt diese Einwohner als sündhafte Götzendiener. In 2. Mose 33,2 steht erneut: *"- ich will aber einen Engel vor dir hersenden [...]"* (SLT). Es wird deutlich, dass es Engel waren, die Israel ins gelobte Land führten, und genauso führen sie auch uns an Orte der Ressourcen und des Durchbruchs.

Engel führten Israel an einen Ort, an dem der Reichtum der Sünder für sie aufbewahrt worden war. Das verheißene Land war gefüllt mit Nationen, die Häuser, Städte und Straßensysteme bauten. Sie rodeten das Land für Gärten, pflügten die Felder und jäteten Unkraut. Sie gruben Brunnen und pflanzten tausende von Obstbäumen. Sie pflanzten viele Hektar Weintrauben. Für wen? Für die Gerechten, die nach Gottes Plan alles bekommen sollten. Der Reichtum der Sünder wird für die Gerechten aufbewahrt. Engel wissen, wie sie uns mit diesem Reichtum verbinden können, wie sie den versprochenen Erben den Reichtum vermitteln können. Sie wissen, wie sie uns an den für uns vorbereiteten Ort des Erbes und der Versorgung Gottes führen können. Irgendjemand häuft jetzt gerade gewaltige Ressourcen für das Königreich Gottes an. Es ist Zeit für eine Übermittlung des Reichtums. Engel sind daran beteiligt, den Reichtum der bösen Menschen in die Hände der Erben zu legen. Engel sorgen jetzt gerade dafür, dass sich Schafböcke im Gestrüpp verheddern. Sie setzen Versorgung frei.

Was ist also unser Auftrag? Den Bund zu ehren. Öffne diese Pfade und sieh, was Gott tun wird. Wenn du in deinem Leben erleben willst, dass Engel auf- und absteigen, dich und deine Familie segnen, starke Durchbrüche herbeiführen und dich mit finanzieller Versorgung segnen sollen, dann ehre das Wort Gottes. Gib ihm deinen ganzen Zehnten.

KAPITEL ZWÖLF
WÜTENDE ENGEL

Engel auf deiner Reise

Der Auszug aus Ägypten zeigt ein Volk, das von der Sklaverei in ein verheißenes Land zieht. Es war eine Reise in die Freiheit, hinein in die Erfüllung eines Traums – einem Land, in dem Milch und Honig fließt. Das Versprechen wurde jedoch nicht ohne Bedingungen gegeben. Mose erhielt zehn Gebote, die das soziale Leben und verschiedene Verhaltensregeln betrafen. Das 2. Buch Mose zählt diese Gebote auf. Das verheißenen Land war verbunden mit der Einhaltung der Gebote, d.h. die Israeliten konnten nicht leben, wie sie wollten.

Gott beendet die Aufzählung der Bundesregeln mit folgender Aussage:

> *Siehe, ich sende einen Engel vor dir her, damit er dich behüte auf dem Weg und dich an den Ort bringe, den ich bereitet habe. Hüte dich vor ihm und gehorche seiner Stimme und sei nicht widerspenstig gegen ihn; denn er wird eure Übertretungen nicht ertragen; [...]* (2. Mose 23,20-21; SLT)

Lass mich kurz einwerfen, dass Engel keine Sünden vergeben können. Es gibt nur den Einen, der unsere Sünden vergeben kann, und zwar Jesus Christus durch sein vergossenes Blut. Das ist der einzige Weg.

> *[...] denn er wird eure Übertretungen nicht ertragen; denn mein Name ist in ihm. Wenn du aber seiner Stimme wirklich gehorchen und alles tun wirst, was ich sage, so will ich der Feind deiner Feinde sein und der Widersacher deiner Widersacher. Wenn nun mein Engel vor dir hergeht und dich zu den Amoritern, Hetitern, Pheresitern, Kanaanitern, Hewitern und Jebusitern bringt und ich sie vertilge, [...].*
> (2. Mose 23,21-23; SLT)

Lehne dich nicht gegen Engel auf!

Der Engel, von dem in 2. Mose 23 die Rede ist, hatte von Gott Autorität bekommen. Er sollte vor den Israeliten hergehen und sie an einen Ort führen, den Gott vorbereitet hatte. Zusätzlich sprach Gott eine Warnung aus, dass das Volk den Engel nicht provozieren sollte, sondern ihm Aufmerksamkeit und Achtung entgegenbringen sollte. „Hüte dich" kommt von dem hebräischen Wort „schamar", welches „zusehen, beobachten, aufmerksam sein, wachen oder beachten" (Strong, H8104) bedeutet. Die Warnung davor, sich Engeln nicht zu widersetzen, deutet darauf hin, dass es in der Tat möglich ist, sie zu provozieren.

Das Wort „*provozieren*" kommt von dem hebräischen Wort „*marar*" und bedeutet „betrüben oder ärgern" (Strong, H4843). Der Wortstamm hiervon ist „*mar*", welches die Bedeutung „Bitterkeit, Ärger oder Reibung" (Strong, H4751) trägt. „*Marar*" ist die hebräische Bezeichnung für „unzufrieden". Gott warnt also die Israeliten davor, dass die Engel wegen ihnen unzufrieden werden. Erneut der Hinweis: Ärgert sie nicht!

Gott gibt in der Bibel noch mehr Offenbarung über das Wort „*mar*". In 1. Mose 27,34 beispielsweise, wird „*mar*" gebraucht, um die herzzerreißenden Geschehnisse in einer Familie zu beschreiben. Die Brüder Jakob und Esau hatten dauerhaft Streit und Jakob stahl letztlich Esaus Geburtsrecht. Ihre Mutter wurde ebenfalls darin verwickelt. Schließlich wurde noch die gesamte Familie involviert. Streit, Entfremdung, Betrug und Diebstahl waren die Folge. Und diese Ereignisse verursachten Bitterkeit (*mar*).

Gott sagt, dass Engel verärgert sind, wenn unter Brüdern gestritten wird. Wenn es Betrug, Täuschung und Rechthaberei zwischen Geschwistern gibt, ziehen sich die Engel zurück und sind enttäuscht.

Dies erklärt möglicherweise, weshalb die Gemeinde heutzutage so wenig im Sieg lebt. Es gibt zu viel Streit und üble Nachrede in der Gemeinde und es gibt einen konstanten Krieg um Dinge, die uns nicht zustehen. Träger des Apostelamts sind dazu berufen, diese Dinge zu konfrontieren und Versöhnung zu bringen. Die Apostel sollen die Menschen herausfordern, so zu leben, dass die Engel nicht verärgert sind. Sie müssen andere konfrontieren und Sünde ansprechen, um Heilung zu bringen.

In 1. Samuel 1,10 wird das Wort „*mar*" gebraucht, um das gebrochene Herz Hannas zu beschreiben. Sie war unfruchtbar und weinte, weil sie sich ein Kind wünschte. Sie war gerade am Altar des Tempels und betete, als Eli sie hörte. In Bezug auf Engel verwendet Gott das Wort „*mar*", um zu zeigen, dass es uns traurig macht, wenn wir Engel provozieren. Es bringt uns an einen Punkt der Kinderlosigkeit und

Unfruchtbarkeit und kann zu einem zerbrochenen Herzen führen. Wir müssen darauf achten, wie wir leben, weil Engel uns beobachten. Unser Verhalten schafft eine Atmosphäre, in der Engel sich frei bewegen und unter uns dienen können. Wir sind dafür verantwortlich, das Umfeld zu schaffen, in der das Reich Gottes voranschreiten kann. Wir müssen einen Lebensstil kultivieren, damit göttliche Helfer Segen freisetzen können.

In 1. Samuel 15,32 und Hiob 20 wird „*mar*" gebraucht, um den Gedanken, oder das Gefühl des Sterbens auszudrücken. Engel zu provozieren, löst ein Gefühl der Schutzlosigkeit und Hoffnungslosigkeit aus. Wenn dein Lebensstil Engel verärgert, wirst du verwundbar. In den Gemeinden ist man häufig darüber verzweifelt, dass sich die Versprechen Gottes nicht erfüllen. Ein Grund hierfür könnte sein, dass aufgrund der sozialen Interaktionen der Heilige Geist betrübt und seine Engel verärgert sind. Gott ruft uns auf, umzukehren. Wir müssen auf so eine Art und Weise leben, dass sich die Versprechen des Königreichs manifestieren können.

In Ester 4,1 wird „*mar*" gebraucht, um zu beschreiben, dass Mordechai bitterlich über den Erlass des Königs weinte. Ein böser Mann namens Haman überredete König Artaxerxes, einen Befehl zu unterschreiben, der es erlaubte, Juden jederzeit zu töten. Dieser Befehl brachte „*mar*" – bittere Tränen. Mordecai ging zu dem Tor, bei dem dieses Gesetz erlassen wurde, und weinte bitterlich. Dies ist deshalb besonders aufschlussreich, weil Gott und seine Engel durch politische Anordnungen, Gesetze oder Erlasse verärgert werden. Das Wort für „*Anordnung*" ist „*dath*" und bedeutet „Gesetze", welches Satzungen, Erlasse, Anweisungen, gesprochene Worte, Verkündungen und Formulierungen beinhaltet (Strong, H1881).

Gib Acht auf deine Worte!

Wir müssen mit Gottes Wort in Übereinstimmung sein und aussprechen, was er sagt. Wir müssen glauben, dass sein Wort wahr ist und es proklamieren. In Hiob 6,25 steht, dass die richtigen Worte überzeugen. Das hebräische Wort für „überzeugend" ist „*marats*" und bedeutet „kraftvoll oder schaffend" (Strong, H4834). Das Wort Gottes zu proklamieren schafft Wege, damit wir gesegnet werden. Proklamationen des Glaubens, die sich auf Gottes Wort stützen, mobilisieren Engel, die uns helfen, ein erfolgreiches Leben zu führen. Natürlich bewirken negative Proklamationen aus Unglauben das Gegenteil. Sie mobilisieren Dämonen, die zerstören und behindern. Negative Einstellungen und Aussagen sind nicht einfach nur die harmlosen Grübeleien eines Pessimisten, sondern sie aktivieren Dämonen. Wir müssen die Auswirkungen unserer Worte realisieren und unseren Glauben auf der Grundlage von Gottes Wort bekennen. Wenn wir das tun, werden Armeen von Engeln mobilisiert, die dafür sorgen, dass sich Gottes Versprechen mit unseren Wegen kreuzen.

In Matthäus 12,37 erklärt Jesus, dass wir durch unsere Worte sowohl „gerechtfertigt" als auch „verdammt" werden. In Markus 11,23 sagt er außerdem, dass du bekommen wirst, was du aussprichst. Wenn wir sagen, was Gott sagt, dann werden laut Psalm 103,20 Engel zuhören und gehorchen. Engel horchen auf das Wort des Herrn, das wir proklamieren, doch wenn wir Worte sprechen, die seinem Wort entgegengesetzt sind – wenn wir Unglauben aussprechen, wenn wir negativ sind, wenn wir mit dem, was Gott sagt, nicht übereinstimmen – können wir die Engel verärgern. Wenn das hebräische Wort „*marats*" (überzeugen) auf negative Weise verwendet wird, kann es auch als *„verwirrend"* übersetzt werden. Negative Worte verwirren dein Leben. Sie verwirren deine Bestimmung. Richtige Worte schaffen Bestimmung und mobilisieren Engel.

In Sprüche 18,21 steht: *„Tod und Leben steht in der Gewalt der Zunge, und wer sie liebt, der wird ihre Frucht essen."* (SLT). Die *„Hoffnung für Alle"*-Übersetzung drückt es so aus: *„Worte haben Macht: Sie können über Leben und Tod entscheiden. Wer sich gerne reden hört, muss mit den Folgen leben."* Wir haben die Wahl: Wir können unsere Zweifel oder unseren Glauben aussprechen. Wir können das sagen, was Gott sagt, oder das, was die Welt sagt. Wir können unsere Ängste verstärken, indem wir sie proklamieren, oder unser Vertrauen in ihn ausdrücken. In jedem Fall werden wir die Konsequenzen tragen; die eine ist gut, die andere ist schlecht. Eine setzt Engel frei und die andere erlaubt Dämonen, zu wirken. Es gibt Menschen, die sich wundern, warum sie in der Gemeinde mehr dämonische Aktivitäten erleben als das Wirken von Engeln. Vielleicht ist es, weil sie durch ihre Worte Dämonen aktivieren. Möglicherweise ist das sogar in vielen Gemeinden der Fall. Sie erwarten, dass Dämonen gegen sie arbeiten, und erwarten Angriffe von Dämonen. Natürlich sollten wir wachsam sein und sie in Jesu Namen binden, *doch wir sollten viel mehr das Wirken von Engeln als das von Dämonen erwarten.* Es gibt mehr gute Engel als Dämonen. Es ist an der Zeit, sie mit Worten des Glaubens, die mit dem Wort Gottes übereinstimmen, zu aktivieren. *Setze Engel frei, anstatt sie zu verärgern!*

Die Israeliten, die aus Ägypten fortzogen, hörten nicht auf Gottes Warnung; anstatt Gottes Wort zu gehorchen, wurden sie ungehorsame, rebellische Götzenanbeter. Sie beauftragten Aaron, den Hohepriester, damit, Gold einzusammeln, welches sie einschmolzen und daraus ein goldenes Kalb formten, um es anzubeten. Negativität sprudelte nur so hervor, als sie das gelobte Land zu einem „Luftschloss" erklärten. Sie murrten, nörgelten und beschwerten sich. Gottes Wort beschreibt es so, dass sie schlechte Nachrichten verkündeten. Sie provozierten den Engel des Herrn, wovor Gott sie gewarnt hatte. Folglich erbten sie nicht das verheißene Land.

Als Mose zwölf Spione ins Land schickte, um zu erkunden, wie man es am besten einnehmen könnte, kehrten zwei von ihnen, nämlich Josua und Kaleb, zurück und hatten eine positive Botschaft. Zehn von ihnen sagten, dass die Israeliten nicht in der Lage sein würden, es einzunehmen. In 4. Mose 13,32 beschreibt es Gott so, dass diese zehn Männer schlimme Geschichten erzählten. Für diese Bosheit verurteilte Gott sie dazu, in der Wildnis umherzuwandern. Das Buch Hebräer beschreibt diese Zeit als die Tage der Rebellion.

Die Israeliten verharrten in dieser Haltung und litten an den Folgen ihres verkehrten Denkens. Sie ließen sich weiterhin von ihrem Unglauben leiten. In Hebräer 3,7-10 steht:

Aus diesem Grund mahnt uns der Heilige Geist:»Wenn ihr heute die Stimme Gottes hört, dann verschließt euch seinem Reden nicht! Macht es nicht wie das Volk in der Wüste an jenem Tag, als es gegen ihn rebellierte und ihn herausforderte.« »Damals«, ʹsagt Gott,ʹ »haben mich eure Vorfahren herausgefordert und einen Beweis meiner Macht von mir verlangt, obwohl sie meine großen Taten mit eigenen Augen gesehen hatten. Vierzig Jahre lang ʹhaben sie sich immer wieder gegen mich aufgelehntʹ. Deshalb war mir jene ganze Generation zuwider. ›Ständig lassen sie sich von ihren eigenen Wünschen irreleiten‹, sagte ich; ›aber zu begreifen, welche Wege ich sie führen will, dazu waren sie nicht imstande.‹

Ich möchte nicht so leben, dass Gott jemals zu mir sagen muss: „So ist er einfach. Er ist halt pessimistisch. Er denkt immer negativ und gibt seinem Unglauben Nahrung. So ist er halt; er hat halt diese Tendenz."

Das Wort „Rebellion" ist im Griechischen das Wort „*parapikrasmos*" und bedeutet „Irritation" (Strong, G3894). Falsche Worte irritieren den Zweck Gottes. Negative Worte irritieren deine Welt, deine Gesundheit, deine Familie, deine Berufung, deine Kinder und deine Nation.

Im Buch Hebräer wird das Wort „*parapikrasmos*" gebraucht, um das Gejammere, die Beschwerden und die Meckerei, das den Herrn verärgerte und gegen die Israeliten aufbrachte, zu beschreiben. Auch die Engel, die den Auftrag hatten, die Israeliten zu ihrer Verheißung zu leiten, waren irritiert. Es gefällt Gott nicht, wenn wir ungehorsam sind oder mit seinen Worten nicht übereinstimmen. Auch Engel werden durch boshafte Aussagen unzufrieden und sogar verärgert. Engel zu provozieren, verhindert, dass sie die Versprechen Gottes wahr werden lassen können. Um die Wahrheit zu sagen, löschen Worte des Unglaubens den Auftrag der Engel und hindern sie daran, die bevorstehenden Aufgaben zu beenden.

In der Wildnis umherwandern

Wie die Israeliten damals, können wir auch heute in der Wildnis umherziehen, wenn wir wollen. Ich entscheide mich dagegen! Eine andere Übersetzung von Hebräer 3 drückt es so aus:

> *Deshalb spricht der Heilige Geist: »Heute sollt ihr auf seine Stimme hören. Verschließt eure Herzen nicht gegen ihn, wie die Israeliten es taten, als sie sich auflehnten am Tag der Ver-*

suchung in der Wüste. Dort haben eure Vorfahren meine Geduld auf die Probe gestellt, obwohl sie vierzig Jahre Zeugen meiner Wunder gewesen waren! Deshalb war ich zornig auf sie und sagte: ›Ständig kehren ihre Herzen sich von mir ab. Sie weigern sich zu tun, was ich ihnen sage.‹ Deshalb schwor ich in meinem Zorn: ›Niemals werden sie meine Ruhe finden.‹« Achtet deshalb darauf, liebe Freunde, dass eure Herzen nicht böse und ungläubig sind und ihr euch damit vom lebendigen Gott abwendet. (Hebräer 3,7-12; NL)

Wir müssen uns täglich bewusst sein, dass wir durch Sünde irregeführt werden und dass wir unser Herz gegen Gott verhärten können. Wenn wir bis zum Ende treu sind und Gott weiterhin vertrauen, werden wir an allem, was Christus gehört, teilhaben. Doch wir dürfen die Warnung, die wir bekommen haben, niemals vergessen: *Heute sollt ihr zuhören und seiner Stimme gehorchen.*

Die Wichtigkeit unserer Worte

Wer rebellierte gegen Gott, obwohl sie seine Stimme gehört hatten? Waren es nicht dieselben Menschen, die Mose aus der Gefangenschaft in Ägypten geführt und die Gott vierzig Jahre lang zornig gemacht hatten? Waren es nicht seine Leute, die sündigten und die in der Wildnis umkamen? Zu wem sprach Gott, als er ankündigte, dass sie niemals seine Ruhe finden würden? Er sprach zu den Ungehorsamen. Es war ihnen aufgrund ihres Ungehorsams nicht erlaubt, Ruhe zu finden. Böse Aussagen, negative Proklamationen, Worte des Zweifels und Unglauben machten die Engel zornig. Lass es nicht zu, dass auch dein Leben durch sie „*mar*" wird! Sie können Versprechen bezüglich deiner Bestimmung wieder aufheben. Versprechen, die uns galten, können zurückgehalten werden, wenn wir in einer Wildnis von verwirrtem Unglauben umherwandern.

In 1. Mose 19 wurden zwei Engel geschickt, um Lot und seiner Familie bei der Flucht vor der Zerstörung von Sodom und Gomorra zu helfen. Diese Städte bekamen aufgrund ihrer Sündhaftigkeit ein hartes Urteil.

Neben vielen anderen Sünden griff besonders die Homosexualität um sich und die Städte wurden schließlich durch Feuer und Schwefel, das (wahrscheinlich durch einen Vulkanausbruch) vom Himmel regnete, zerstört. Abraham hatte für seinen Neffen Lot und dessen Familie, die dort lebten, Fürbitte geleistet, weshalb der Engel des Herrn sie sicher aus der Stadt hinausführte. Als sie flohen, verbot er ihnen, sich umzusehen. Doch in 1. Mose 19,26 lesen wir, dass Lots Frau sich *dennoch* umsah und dadurch den Engel des Herrn verärgerte. Er vergab ihr nicht und sofort wurde sie in eine Salzsäule verwandelt. Wir müssen unsere Augen nach vorne gerichtet halten. *Sich nicht an die Anweisungen von Engeln zu halten, kann gefährlich sein und „mar" in dein Leben bringen.*

Ein Engel schlug König Herodes

In Apostelgeschichte 12 finden wir die Geschichte von König Herodes und einem Engel.

Herodes lag damals in heftigem Streit mit den Bürgern von Tyrus und Sidon. Nun schickten sie eine gemeinsame Abordnung zu ihm, und nachdem es den Delegierten gelungen war, Blastus, den Palastverwalter und engen Vertrauten des Königs, als Fürsprecher zu gewinnen, baten sie Herodes um eine friedliche Beilegung des Konflikts. ('Sie sahen sich zu diesem Schritt gezwungen,` weil ihr Land auf die Lieferung

von Nahrungsmitteln aus dem Herrschaftsgebiet des Königs angewiesen war.) An dem Tag, der 'für die offizielle Beendigung des Streits' vorgesehen war, erschien Herodes in königlichem Prunk 'vor dem versammelten Volk', nahm auf der Tribüne Platz und hielt eine feierliche Rede an die Delegation aus Tyrus und Sidon. Begeistert jubelte das Volk ihm zu: »So spricht ein Gott und nicht ein Mensch!« Und Herodes ließ sich das gefallen, anstatt Gott die Ehre zu geben. Da vollstreckte ein Engel des Herrn das göttliche Urteil an ihm: Herodes brach noch auf der Tribüne zusammen, von einer schweren Krankheit befallen. Würmer zerfraßen seinen Leib, und er starb einen qualvollen Tod.
(Apostelgeschichte 12,20-23)

Als Herodes das Lob und die Ehre eines Gottes empfing, sah dies ein Engel und schlug ihn mit Würmern, bis er starb. Vielleicht hatte dies den Engel an Luzifer erinnert, als dieser im Himmel rebellierte und Ehre für sich nehmen wollte. Ohne Zweifel provozierte und verärgerte Herodes einen Wächterengel. Normalerweise sind die Engelsheere fürsorglich und unterstützend, doch hier sehen wir, dass Überheblichkeit und Rebellion sie manchmal anders reagieren lassen. Die Haltung des Königs Herodes verärgerte einen himmlischen Kriegers.

Zacharias provozierte Gabriel

Lukas 1 erzählt die Geschichte von Zacharias und Elisabeth. Zacharias war ein jüdischer Priester, der Gott im Tempel diente. Er und seine Frau Elisabeth waren alt und kinderlos. Sie sehnten sich danach, Kinder zu bekommen, und hatten jahrelang dafür gebetet. Eines Tages, als Zacharias im Heiligtum ein Rauchopfer brachte, erschien ihm ein Engel.

> *Zacharias erschrak und wurde von Furcht gepackt. Doch der Engel sagte zu ihm: »Du brauchst dich nicht zu fürchten, Zacharias! Dein Gebet ist erhört worden. Deine Frau Elisabeth wird dir einen Sohn schenken; dem sollst du den Namen Johannes geben. Du wirst voller Freude und Jubel sein, und auch viele andere werden sich über seine Geburt freuen.* (Lukas 1,12-14)

Man sollte meinen, dass Zacharias außer sich vor Freude sein und umher springen und tanzen würde. Endlich hatte Gott ihr Gebet erhört! Stattdessen begann Zacharias, den Engel zu verärgern, indem er in Frage stellte, was dieser gesagt hatte:

> *Der Engel erwiderte: »Ich bin Gabriel; ich stehe vor Gott und bin von ihm gesandt, um mit dir zu reden und dir diese gute Nachricht zu bringen. Doch nun höre: Du wirst stumm sein und nicht mehr reden können bis zu dem Tag, an dem diese Dinge eintreffen, denn du hast meinen Worten nicht geglaubt. Sie werden aber in Erfüllung gehen, wenn die Zeit dafür gekommen ist.«* (Lukas 1,19-20)

Zacharias wurde mit Stummheit geschlagen und blieb bis zur Geburt von Johannes unfähig, zu sprechen.

Gabriel verfolgte einen Auftrag, den der dreieinige Gott ihm gegeben hatte. Es war an der Zeit, dass der Messias geboren wurde, und Gabriel war der Engel mit dem Auftrag, die Menschwerdung Christi auf der Erde zu ermöglichen. Er war an allem, was um die Geburt herum passierte, beteiligt – von Maria bis zu den Hirten auf dem Feld. Er hatte jede Menge zu tun! Er hatte keine Zeit für den Unglauben von Zacharias. Zacharias' Unglauben verärgerte Gabriel, weshalb er die „Stummtaste" drückte. Es war nicht die Zeit für Spielchen - Jesus war auf dem Weg!

Es ist besser, den Mund zu halten, als Unglauben auszusprechen und Engel, die beauftragt sind, Gottes Versprechen in deinem Leben zu verwirklichen, zu verärgern. Es ist besser, nichts zu sagen, als sich zu beschweren und negativ zu reden. Gabriel wusste, dass der Plan nicht zustande kommen würde, wenn er Zacharias nicht aufhalten konnte, Zweifel und Unglauben auszusprechen. Johannes hätte dann durch jemand anderes auf die Welt kommen müssen. Deshalb war Zacharias neun Monate lang stumm. Gabriel kannte die Kraft der Worte. Er kannte die Kraft, die in den Worten der Menschen liegt. Also griff er ein, um zu verhindern, dass Zacharias' Worte des Zweifels dem Plan Gottes in die Quere kamen. *Wir brauchen eine Offenbarung darüber, wie wichtig unser Handeln und unsere Worte sind.*

Worte des Glaubens

Engel sind eine göttliche Streitmacht hinter den Erben der Errettung, doch sie sind keine passiven, naiven, gedankenlosen Wesen, die uns dienen. Wir können nicht leben, wie wir es uns gerade vorstellen, und dann erwarten, dass das Königreich Gottes hinter uns steht. Wir können kein undiszipliniertes, unverbindliches Leben führen und gleichzeitig die Hilfe von Engeln erwarten. Wir müssen verstehen, dass wir dazu bestimmt sind, das zu erleben, was wir aussprechen. Die Engel wissen das; die Dämonen wissen das; doch viele Menschen heutzutage verstehen es nicht.

Warum beeinflusst die Gemeinde die Welt nicht in dem Maße, wie sie es sollte? Warum erleben Christen nicht die Ernte der Seelen, die Joel prophezeite? Warum sehen wir so wenig Wunder? Warum sind da noch leere, unerfüllte Versprechen? Vielleicht wurden die Engel verärgert.

Unser Handeln und unsere Worte können die Streitmacht der Erben lahmlegen. Gott hätte uns nicht davor gewarnt, sie zu verärgern, wenn es nicht äußerst wichtig wäre. Alles, was er sagt, hat einen Grund. Machtlose leblose Worte machen Engel unzufrieden. Wir füllen unser Leben mit „*mar*", wenn wir negative Anordnungen oder Worte aussprechen.

Gottes Wort ist wahr. Wir sollten nicht aufhören, uns damit eins zu machen. Rebellion gegen Gottes Gesetze wird in Gestalt des politisch korrekten Denkens verharmlost. Homosexualität verbreitet sich aufgrund der Passivität einer schweigenden Gemeinde immer mehr.

Ehebruch, Pornografie, fleischliche Lust, Habgier, Brechen des Bunds, Ignoranz, Lügen, Verschwörungen und Lästereien verursachen eine Unfruchtbarkeit der Seele und bittere Tränen. Sie bereiten Engeln Unbehagen. Das Nörgeln, Beschweren und Murren der Heiligen macht Engel ärgerlich und traurig und legt die Streitmacht der Erben lahm.

Ständig hören wir Gläubige und sogar Pastoren sagen, dass wir in dieser schlimmen Zeit niemals die ganze Welt erreichen werden. Wunder gab es nur in der Zeit der Bibel. Die Gemeinde geht unter. Diese oder jene Bibelpassage ist nicht mehr wirklich relevant. Die Leute sind heutzutage einfach zu schwer für Christus zu erreichen. Da draußen gibt es so viele andere Götter. Das System dieser Welt ist einfach zu tief im Herzen der Menschen verankert, als dass wir sie je für Jesus erreichen könnten. Wir werden niemals in der Lage sein, diese Sünde oder Bindung zu überwinden. Die kommende Generation ist zu stark in Sünde verwickelt, als dass sie sich je verändern könnte. Ich habe keine Hoffnung, wenn ich daran denke. Warum sollte ich es überhaupt versuchen? Warum sollte ich diese Woche überhaupt ins Gemeindebüro kommen? Warum sollte ich überhaupt irgendetwas unternehmen? Ich fühle mich kraftlos und überfordert. Ich frage mich, ob die Engel manchmal sagen: „Wenn wir die Heiligen nur dazu bringen könnten, den Mund zu halten, dann könnten wir mit Gottes Plan fortfahren. Wenn wir sie nur daran hindern könnten, Unglauben auszusprechen, wenn wir sie nur hindern könnten, Dämonen zu rufen, dann könnten wir etwas erreichen."

Es ist an der Zeit für eine neue Generation von Heiligen, eine neue Haltung und einen veränderten Lebensstil. Es ist an der Zeit, dass wir damit aufhören, nur etwas vorzuspielen, oder das wir irgendwann in der Zukunft etwas *tun wollen*, sondern dass wir es schlichtweg einfach *tun*. Es ist an der Zeit aufzuhören, etwas vorzutäuschen. Es ist an der Zeit, uns wie Gläubige zu verhalten, die die Streitmacht der Erben und das Königreich Gottes freisetzt. Es ist an der Zeit, dass sich die Gemeinde erhebt und vollmächtige Worte des Glaubens spricht. Es ist an der Zeit, unsere Worte kühn und ungeniert mit Gottes Wort in Einklang zu bringen. Es ist an der Zeit, im Namen Jesu Gottes Willen auf der Erde zu proklamieren. Es ist an der Zeit, die Streitmacht der Erben in Gang zu setzen und eine neue Bewegung Gottes anzustoßen. Es ist an der Zeit, aufzuhören, die Gemeinde Gottes, unser Leben und unsere Familien mit „*mar*" zu vergiften. Und dass wir damit aufhören, Engel mit unseren negativen Worten zu verärgern.

Wir müssen das Netzwerk der Engel und das Königreich des Himmels durch das Proklamieren von Glaubensworten bevollmächtigen.

Jesus ist der König der Hoffnung und er ist allmächtig. Wir sollten also Folgendes proklamieren: Dass Gott gestern, heute und in Ewigkeit derselbe ist. Wunder sind auch für heute. Die Gemeinde wird stärker und wird auch mehr und mehr relevant. Sie gedeiht und ihr Einfluss wächst. Wir müssen proklamieren, dass Menschen hungrig nach Gott sind. Sie wollen ihn kennenlernen. Wir müssen aussprechen, dass der Schöpfer nie unzeitgemäß ist. Die digitale Revolution und all ihre Technologien sind für uns gemacht, damit wir die Botschaft von Jesus wie nie zuvor verbreiten können. Uns eröffnen sich dadurch nie dagewesene Möglichkeiten! Die Dunkelheit war noch nie so groß, aber deshalb wird unser Licht umso heller scheinen! Die kommende Generation ist hungrig nach Gott und sie kommen millionenfach zu Jesus, weil er das hat, was sie wirklich brauchen. Sie werden prophezeien und sie werden Zeichen und Wunder sehen. Sie werden in Gottes Kraft wandeln. Eine millionenfache Ernte wird in dieser Nation eingebracht werden! Der Erfolg ist unvermeidlich, denn keine Waffe, die gegen uns geschmiedet ist, kann etwas ausrichten, und wenn Gott für uns ist, wer kann dann noch gegen uns sein?

Unser großer Gott hat Folgendes versprochen: „Ich werde deinen Feinden ein Feind sein und deinem Gegner ein Gegner. Ich werde auf deiner Seite sein. Meine Engel werden vor dir hergehen und dich in meine Verheißungen hineinführen. Lebe so, dass du eine Atmosphäre schaffst, in der sie mein Königreich ausbreiten kann. *Verärgere meine Engel nicht und setze sie nicht außer Gefecht. Setze sie in Bewegung! Setze sie durch Worte des Glaubens frei!*"

ENGEL UND GEBETSPROKLAMATIONEN

Was immer du beschließt, es wird gelingen; auf allen deinen Wegen wird es hell. (Hiob 22,28; GN)

Beschließt du eine Sache, wird sie zustande kommen, und über deinen Wegen leuchtet Licht auf. (Hiob 22,28; ELB)

Das Wort „*Sache*" im obigen Vers ist das hebräische Wort „*omer*" und bedeutet „ein Wort oder ein Versprechen" (Strong, H562). Die Erben Gottes und die Miterben Christi haben die Autorität, Worte der Heiligen Schrift, Worte der Verheißung und Worte der Prophetie (welche ebenfalls Worte Gottes sind, die durch den Heiligen Geist eingegeben wurden) zu beschließen und zu proklamieren. Die in Jesu Namen verkündeten Worte werden dann *zustande kommen*. „Zustande kommen" leitet sich vom hebräischen Wort „*kum*" ab und bedeutet „wahr gemacht werden, ausführen, Erfolg haben, errichten und sein oder bestehen" (Strong, H6965). „*Kum*" bedeutet im Hebräischen auch „*bauen*". Wenn du ein Wort proklamierst, dann wird dadurch etwas aufgebaut.

Deshalb sind Worte so wichtig. Wenn wir ein Wort des Herrn verkünden, wenn wir eine Verheißung aussprechen, wenn wir ein geistliches Prinzip oder eine Prophetie, die auf Gottes Wort gründet, aussprechen, dann erhalten wir die Gunst und Salbung, dass dieses Wort in unserem Leben Wirklichkeit wird.

Das Wort „*Weg*" kommt von dem hebräischen Wort „*derek*" und bedeutet „eine Straße oder ein Pfad" (Strong, H1870). Es bezieht sich auf den Lebensweg. Wenn wir ein Wort aussprechen, das auf das, was Gott sagt, gegründet ist, dann wird es auf unserem Lebensweg wahr werden. Es kreuzt irgendwann unseren Weg und ruft Engelsarmeen wach, die uns helfen werden. Erinnere dich an Psalm 103,20, in dem es heißt: „Lobet den HERRN, ihr seine Engel, ihr starken Helden, die ihr seinen Befehl ausrichtet, dass man höre auf die Stimme seines Wortes!" Warum? Um diese Worte oder Versprechen wahr werden zu lassen, indem sie irgendwann unseren Lebensweg kreuzen. Wenn wir unseren Glauben aussprechen, wenn wir sagen, was Gott sagt, hören Engel ganz genau zu und werden aktiv, um es umzusetzen. Sie unterstützen die Erben, die Wiedergeborenen, indem sie ihnen helfen, dass es Wirklichkeit wird.

Proklamationen sind wie Prophetien. Wenn du ein Wort proklamierst, dann prophezeist du es. Du prophezeist deine Zukunft. Es ist überaus wichtig, dass wir das beten, was Gott sagt. Es ist unabdingbar, dass wir unseren Glauben verkünden und seine Worte über unserem Leben aussprechen. Engel, die zuhören, werden dann anfangen, sie in unsere Zukunft aufzubauen.

Für den Schluss dieses Buches hatte ich den Eindruck, die Prinzipien, die ich beschrieben habe, in Proklamationen zu verpacken. Es ist mehr als nur eine Zusammenfassung – es ist ein wichtiger Schlüssel, um Engel freizusetzen. Jede der folgenden Proklamationen basiert auf dem Wort Gottes und wurde in den vorherigen Kapiteln erklärt. Ich möchte dich ermutigen, deinen Glauben zu entfachen und diese Proklamationen über deinem Leben laut auszusprechen. Wenn du dies tust, werden Engel, die geschickt sind, um dir zu helfen, freigesetzt werden.

„Ich" oder „Wir" proklamieren:

1. Die beste Zeit der Gemeinde liegt nicht in unserer Vergangenheit; sie liegt in der Gegenwart und Zukunft.
2. Der Heilige Geist ist Leiter einer neuen erstaunlichen Erweckungsbewegung.
3. Der Himmel über uns ist offen. Armeen von Engeln steigen auf- und ab.
4. Engel dienen uns mit neuem Feuer vom Altar des Himmels (es reinigt uns von Ungerechtigkeit).
5. Aus dem Himmel fließt Kraft zu uns und durch uns durch.
6. Der Heilige Geist haucht der Kampagne unseres Königs Leben ein.
7. Der Heilige Geist haucht den Wundern und Heilungen in den Himmeln und auf der Erde Leben ein.
8. Eine Bewegung, kommt in Bewegung.
9. Der Heilige Geist kommt mit weitaus mehr Engeln, als zu Pfingsten in Apostelgeschichte 2.
10. Es werden Engelarmeen beauftragt, um sowohl uns zu dienen als auch zusammen mit uns anderen zu dienen.

11. Die Engelaktivität steigt exponentiell an.
12. Eine Erweckung, die das Pfingsten von Apostelgeschichte 2 übersteigt, beginnt nun.
13. Eine Kraft, wie sie in der Geschichte der Gemeinde noch nicht gab, fließt nun zu uns und durch uns.
14. Es herrscht nun Übereinstimmung zwischen der Engelarmee des Himmels, der Armee der Kämpfer und der Adlerarmee der kommenden Generation.
15. Sie werden durch ihr Zusammenwirken, das unter der Leitung des Heiligen Geists geschieht, zeigen, dass das Königreich Gottes präsent, aktiv, voller Energie und erfolgreich ist.
16. Kraft für mächtige Befreiungen – sei gelöst!
17. Kraft für große Taten des Königreichs – sei gelöst!
18. Ihr starken Ströme der Kraft des Heiligen Geistes, die die größte Seelenernte der Geschichte hervorbringen – seid gelöst!
19. Netzwerk der Engel – sei gelöst, um beim Einbringen der Ernte zu helfen!
20. Neue Strategien für Evangelisation – seid gelöst!
21. Offenbarung und Erkenntnis – seid gelöst!
22. Wir lösen die Streitmacht der Erben (die Helfer der Erben Christi).
23. Wir lösen Engelarmeen.
24. Wir lösen die Truppen des Himmels, damit sie an unserer Seite kämpfen.
25. In Jesu Namen stellen wir sie auf.

26. Bringt die Kampagne des Königs Jesus und des Heiligen Geistes in dieser Nation in Gang!
27. Ihr Engel, die ihr die Salbung des Königs tragt und sie unterstützt – seid gelöst!
28. Ihr Engel, die ihr den Heiligen Geist und seine erneute Ausgießung unterstützt – seid gelöst!
29. Göttliche Taten, die nur Gott tun kann – sei gelöst, um unter uns zu wirken!
30. Heiliger Geist, lass Gottes Taten hier und jetzt geschehen!
31. Setze göttliche Ereignisse in der Gemeinde frei!
32. Wir werden an göttlichem Geschehen teilhaben.
33. Wir werden mehr Engelaktivitäten als dämonische Aktivitäten erleben. Wir verbieten das Wirken von Dämonen in Jesu Namen!
34. Wir haben weit mehr Engel auf unserer Seite als Dämonen, die gegen uns sind. Die natürliche Anzahl ist nicht die Zahl, die im Königreich zählt.
35. Der Herr Zebaoth, der Herr der Engelarmeen, ist auf unserer Seite. Wir werden gewinnen!
36. In Jesu Namen wird der Widerstand des Feinds in der natürlichen und geistlichen Welt zerschlagen und zerstreut.
37. Engel schlagen die Feinde des Königs.
38. Während unser Lobpreis aufsteigt, führen die Engel des Himmels die Streitkräfte der Hölle in einen Hinterhalt.
39. Unsere Proklamationen des Lobpreises rufen einen Sieg hervor, der im Natürlichen nicht möglich ist.

40. Das Reich Gottes verbreitet sich nun lokal, regional und auf der ganzen Erde.
41. Kühne, leidenschaftliche und starke Engel voller Autorität, unterstützen uns dabei, die Werke Jesu zu tun.
42. Die Engelarmeen lagern sich überall um uns herum, weil wir den Herrn respektieren und sein Wort verkünden.
43. In Jesu Namen lösen wir sie jetzt. Arbeitet für uns! Helft uns!
44. Engel umkreisen uns, um unsere Grenzen zu beschützen.
45. Engel umkreisen uns, um zu befreien und in der geistlichen und natürlichen Welt Errettung zu bringen.
46. Engel sind Befreier, jetzt gerade möchten sie uns befreien.
47. Engel kreisen umher, um hässliche Situationen zu verändern.
48. Seid in Jesu Namen gelöst, um schlechte Umstände und Situationen in unserem Leben zum Guten zu wenden!
49. Wir lösen Engel, damit sie retten, Bindungen brechen, Hindernisse entfernen und uns vor den Strategien der Hölle beschützen.
50. Wir lösen Engel, damit sie uns zu Menschen führen, die offen für Jesus sind.
51. Wir lösen Engel, damit sie uns in Träumen Botschaften bringen.
52. Träume, seid gelöst, damit ihr uns in Jesu Namen Führung gebt!

53. Wir lösen Engel, die Gebetserhörungen bringen, so wie es die im Buch Daniel und in der Offenbarung steht.

54. Engel, die sich um die Gebete der Heiligen versammeln und dabei helfen, sie in Erfüllung zu bringen, arbeiten nun in unserem Leben.

55. Engel, die sich (unter der Leitung des Heiligen Geistes) um unsere Gebete für diese Region versammeln, unterstützen uns in unserem Dienst.

56. Wir bitten dich, Herr Jesus, Engelarmeen freizusetzen, damit sie uns Gebetserhörungen bringen.

57. Setze Engel frei, die die Gebetsschalen des Himmels in das Feuer auf dem Altar gießen.

58. Wir proklamieren, dass himmlische Armeen von Engeln freigesetzt werden, die sich um die Angelegenheiten der Menschen kümmern, wenn wir zu dir, oh Gott, rufen.

59. Wir rufen zu dir, Gott: Hab Erbarmen! Lass uns deine Güte zukommen! Höre unsere Gebete!

60. In Jesu Namen laden wir Engel ein, dass sie über der tief verwurzelten Ungerechtigkeit in unserer Region und Nation Gericht ausüben.

61. Beteiligt euch an dem Kampf gegen Sünde und Perversion!

62. Beteiligt euch an unserem Kampf gegen dämonische Lehre!

63. Ihr Engel, die ihr vor uns her geht und Türen öffnet – seid gelöst in Jesu Namen!

64. Ihr Engel, die ihr vorangeht und uns den Weg zum Erfolg ebnet – seid gelöst in Jesu Namen!
65. Ihr Engel, die ihr die feindlichen Angriffe abwehrt – seid gelöst in Jesu Namen!
66. Ihr Engel, die ihr göttliche Verbindungen zwischen Menschen oder Ereignissen herstellt – seid gelöst in Jesu Namen!
67. Ihr Engel, die ihr helft, die prophetischen Versprechen zu erfüllen – seid gelöst in Jesu Namen! Bringt sie zu uns; beschleunigt sie!
68. Ihr Engel, die ihr Botschaften vom dreieinigen Gott bringt – seid gelöst in Jesu Namen!
69. Heiliger Geist, setzte die Engel frei, die Erkenntnis und Offenbarung bringen!
70. Ihr Engel, die ihr uns übernatürliche Kraft gebt, damit wir unsere Aufträge vollenden können – seid freigesetzt in Jesu Namen!
71. Setze die Engel der Stärke frei!
72. Stärke uns, damit wir mit Jesus überwinden und regieren können!
73. Setze in dieser Region Engel frei, die die Isebels, die Absaloms und die Ahabs bekämpfen!
74. Löse sie, damit sie unsere Aufträge ermöglichen!
75. Löse sie, damit sie uns große Siege geben!
76. Löse sie, um uns zu beschützen und dass wir nicht bestohlen werden!
77. Sende uns die Engel, die deine Gemeinde und dein Volk stärken!

78. Wir lösen Stärke, damit wir fest stehen und siegreich sind.
79. Wir sind stark in dem Herrn und in der Macht seiner Stärke.
80. Wir proklamieren, dass das Königreich Gottes zunimmt und die Oberhand gewinnt.
81. Wir proklamieren, dass der Eifer des Herrn der Heerscharen dies bewirken wird.
82. Der Herr sagt: „Es ist an der Zeit für eine neue Freisetzung der Kraft meines Heiligen Geistes. Die Salbung und Autorität des Königs wird in einem von ihm erteilten Maß ansteigen wie nie zuvor. Das Netzwerk der Engel unterstützt den Heiligen Geist dabei, den König des Himmels zu erheben und jung und alt wird an der größten Bewegung meines Königreichs in der Geschichte der Menschheit teilhaben!"
83. Die von Joel prophezeite generationsübergreifende Ausgießung des Heiligen Geistes soll in Jesu Namen jetzt über uns freigesetzt werden!
84. Salbung auf alles Fleisch – sei über uns und durch uns gelöst!
85. Salbung für Träume und Visionen – sei über uns freigesetzt!
86. Die verlorene Ernte wird jetzt eingebracht.
87. Verlorenes Eigentum wird uns jetzt zurückerstattet.
88. Verlorene Finanzen werden uns jetzt zurückerstattet.
89. Verlorene Geschäfte werden für uns jetzt wiederhergestellt.

90. Die Jahre, die die Heuschrecken und Würmer gefressen haben, werden nun zurückerstattet.
91. Massen (Millionen) von Menschen, die sich im Tal der Entscheidung befinden, werden errettet werden.
92. Unser großer Gott hat uns einen verbindlichen Eid geschworen und Engel hören darauf, um es geschehen zu lassen.
93. Wir befehlen, dass Engel gelöst werden, um Regierungen zu unterstützen, ihre Regionen in Übereinstimmung mit Gottes Willen zu bringen!
94. Ihr Engel, die ihr den Aposteln dabei helft, ihre Region zu verändern – seid jetzt gelöst in Jesu Namen!
95. Ihr Engel, die ihr mit den Aufträgen der Apostel zusammenarbeitet – seid jetzt in Jesu Namen freigesetzt!
96. Gesandte Gottes, tut das, was das Haupt der Gemeinde will! Wir heißen euren Dienst willkommen.
97. Kommt und helft uns dabei, sein Königreich über die ganze Nation zu verbreiten!
98. Ihr Engel, helft uns dabei, die Vorhaben des Königreichs in dieser Nation zu Ende zu führen!
99. Ihr Engel, die den Aposteln Freiheit und Freisetzung bringt – seid jetzt in Jesu Namen gelöst!
100. Wir befehlen, dass jede Gebundenheit jetzt gebrochen ist und Freiheit wiederhergestellt wird!
101. Freiheit, dem apostolischen Auftrag nachzugehen – sei gelöst!
102. In Jesu Namen verbieten wir der Hölle, die Aufträge der Apostel zu verhindern!

103. Setze Krieger des Himmels frei, die mit der Vision der Apostel zusammenarbeiten!
104. Setze Engel frei, die den Erntemodus in deinem Königreich aktivieren!
105. Wir befehlen einen Wechsel von Gefangenschaft zu Freiheit – sei gelöst!
106. Der Wechsel von besessen werden hin zu besitzen – sei gelöst!
107. Kraft für Neuanfänge – sei gelöst!
108. Kraft für Fruchtbarkeit und Vermehrung – sei gelöst!
109. Gaben des Heiligen Geistes – seid in größerem Maße als je zuvor gelöst!
110. Worte der Weisheit – seid gelöst!
111. Worte der Erkenntnis – seid gelöst!
112. Gabe des Glaubens – sei gelöst!
113. Gabe der Heilung – sei gelöst!
114. Wunderwirkungen – sei gelöst!
115. Prophetie – sei gelöst!
116. Unterscheidung der Geister – sei gelöst!
117. Zungenrede und Interpretation – sei gelöst!
118. In Jesu Namen bitten wir, dass die Gaben des Heiligen Geistes unter uns wirken!
119. Wir proklamieren, dass wir mit dem Heiligen Geist wandeln werden!
120. Wir werden vorwärts gehen.

121. Wir befehlen einen Wandel in dieser Nation, damit aus Gleichgültigkeit Nachfolge wird! Aus Einschüchterung Mut. Aus Hoffnungslosigkeit Zuversicht. Damit wir auf die Straßen gehen. Von selbstsüchtigem, hin zu dienendem Christentum. Von einem konsumorientierten Christentum, hin zu Jüngerschaft. Von einer verlorenen Ernte, hin zum Einbringen der Ernte.

122. Wir befehlen, dass Ressourcen wiederhergestellt und multipliziert werden!

123. Wir proklamieren, dass die Generationen gemeinsam rudern und Engelarmeen die Kampagne des Heiligen Geistes begleiten werden, damit die größte Seelenernte der Geschichte eingebracht wird!

124. Wir bitten den Heiligen Geist, dass er hier und jetzt Ernte freisetzt.

125. Wir proklamieren, dass wir in eine neue Zeit eintreten!

126. Wir verlassen den Hafen. Unsere Segel sind gespannt und nehmen die Winde des Heiligen Geistes auf. Wir segeln in tiefere Gewässer.

127. Dinge, die nie zuvor getan wurden, werden geschehen.

128. Neue, vom Heiligen Geist gesegnete Strategien werden nun in Jesu Namen eingesetzt und von der Engelarmee unterstützt.

129. Der Heilige Geist bringt nun in der gesamten Region und in dieser Nation einen entscheidenden Wandel im Königreich Gottes.

130. Er setzt nun die Erweckung des Königs Jesus frei. Es ist die Ausgießung der letzten Tage. Es ist die größte Ernte, die die Welt je gesehen hat.

131. Die Engel des Himmels werden jetzt aktiv und unter der Leitung des Heiligen Geistes freigesetzt, um den Wechsel in den Erntemodus zu beschleunigen und die Ernte zu unterstützen.

132. In Jesu Namen lösen wir Engel, die uns beim Einbringen der Ernte helfen!

133. Ihr Engel der Ernte, seid nun freigesetzt um den Auftrag unseres Königs mit uns zu erfüllen!

134. Wir befehlen der Ernte, sich zu multiplizieren! Multipliziere dich jetzt wie nie zuvor!

135. Ihr Engel, helft uns, Millionen von Menschen im Tal der Entscheidung zu erreichen!

136. Wir lösen die überführende Kraft des Heiligen Geistes, damit sie Massen von Menschen zur Umkehr führt.

137. Wir lösen das Evangelium, welches die Kraft Gottes ist, dass es fruchtbar ist und sich vermehrt.

138. Wir befehlen unserem Glauben: Halte dich nicht länger zurück!

139. Ihr Engel, die ihr gegen Verzögerungen vorgeht – seid in Jesu Namen gelöst!

140. Wir verbieten Verzögerung! Wir verbieten die Behinderungen durch dämonische Geister! Wir binden ihr Werk in Jesu Namen.

141. Heiliger Geist, setze Engelarmeen frei, die gegen hindernde Geister und Verzögerungen vorgehen.

142. Komm, Heiliger Geist. Bevollmächtige das Evangelium des Königreichs auf konkrete Art und Weise. Lass deine Kraft sichtbar werden.

143. Kommt, Engelarmeen, und öffnet Türen, damit das Evangelium der Wahrheit siegt!

144. Ihr Engel, die ihr gesandt seid, um das Evangelium der Errettung durch Jesus voranzubringen – seid gelöst!

145. Ihr Engel, die ihr gesandt seid, um uns zu helfen alle dämonischen Blockaden zu zerschlagen und zu zerstreuen – seid gelöst in Jesu Namen!

146. Wir befehlen in Jesu Namen, dass sich vor uns alle Türen, Durchgänge, Pfade, Wege und Straßen öffnen!

147. Ihr Engel, die ihr gesalbt seid, um Erweckung zu bringen – seid gelöst in Jesu Namen!

148. Unterstützt uns in der Kraft des Heiligen Geistes, um die Gemeinde Christi, die passiven, die erkalteten, die lauwarmen und lethargischen im Glauben aufzuwecken!

149. Ihr Engel, helft uns, die Herzen der leidenschaftslosen, der Teilzeitchristen, die die illusorische Kompromisse der Hölle angenommen haben, wieder aufzuwecken!

150. Rüttelt sie aus ihrem Schlummer wach! Fordert das Unrecht ihres Herzens heraus! Bringt das Feuer des Himmels!

151. Heiliger Geist, bringe wie an Pfingsten, Engel wie Feuerzungen, damit sie das leidenschaftslose Christentum konfrontieren!

152. Wir bitten Dich, Herr, dass du das Feuer des Heiligen Geistes unter uns freisetzt. Löse es heute. Löse es hier.

153. Setze heilige Engel des Feuers unter uns frei, damit sie Ungerechtigkeit aus den Herzen, Gedanken und von den Lippen der Gläubigen in dieser Region wegbrennen!

154. Sende Dein Feuer! Lass es brennen!

155. Sende Erweckungsfeuer!

156. Feuer Gottes, falle auf uns wie an Pfingsten in Apostelgeschichte 2!

157. Wir proklamieren, dass der Heilige Geist und die Engel des Feuers unter uns willkommen sind, so wie unser König es bestimmt!

158. Wir verkünden, dass wir uns aus Unterdrückung hin zu Herrlichkeit bewegen.

159. Gottes herrliche Gegenwart wird in dieser Nation zusehends sichtbar werden.

160. Wir bitten, dass die Schwere der Gegenwart Gottes stärker und stärker wird.

161. Wir bitten, dass deine Herrlichkeit wie eine dichte Wolke und wie Säulen aus Feuer ist.

162. Wir laden deine heilige Gegenwart ein. Komm, sei Gott unter uns. Manifestiere deine Herrlichkeit. Offenbare deine Herrlichkeit in dieser Region. Offenbare deine Herrlichkeit unter uns und durch uns in dieser Nation!

163. Wir haben über unserem Leben, unseren Familien und dieser Region ein Obergemacht vorbereitet. Komm, füll dieses Obergemacht mit Deiner Herrlichkeit!

164. Gieß deinen Geist in diesem Obergemacht hier und jetzt aus!

165. Wir lösen Engelarmeen, die sich mit deiner Gegenwart bewegen.
166. Wir proklamieren, dass die neutestamentliche Gemeinde aus ihrer umgebenden Kultur hervortreten wird, um mit Christus zu regieren und zu herrschen!
167. Wir proklamieren, dass wir mit dem Heiligen Geist und der Kraft vom Himmel fortlaufend gefüllt werden!
168. Wir proklamieren, dass der Himmel, der Heilige Geist und seine Engel nun mit der neutestamentlichen Gemeinde an der größten Mission aller Zeiten arbeiten werden! Jung und alt werden gemeinsam daran teilnehmen.
169. Die Dritte Große Erweckung von Jesus in dieser Nation und Region hat bereits begonnen und wird sich nun beschleunigen.
170. Eine neue Jesus-Bewegung beginnt, sie wird noch größer sein als die charismatische Bewegung. Es wird eine Bewegung auf einem neuen Level sein.
171. Löse die Engelarmeen, die gesandt sind, um bei einer neuen Jesus-Bewegung mitzuwirken.
172. Wir stimmen mit dir überein, Herr. Wir stimmen mit deinen Worten überein. Wir stimmen mit deinem Willen überein. Erweckung, erfülle das Land!
173. Wir hören die Truppen des Himmels marschieren. Wir hören den Klang der Erweckung, des Aufbruchs und der Reformation. In Jesu Namen gehen wir vorwärts, bis wir es erleben.
174. Wir hören den Ruf des Himmels, uns aufzumachen und das Land zurückzuerobern.

175. Ihr Engel, die ihr Gottes Willen in unserem Leben freisetzt – seid in Jesu Namen gelöst!
176. Ihr starken dienenden Wesen der Weisheit und Kraft, umgebt uns jetzt, um den Willen Gottes auf konkrete, reale Weise sichtbar werden zu lassen!
177. Ihr Engel, die ihr den Segen des Königreichs Christi für uns in materiellen Dingen bewirkt – seid in Jesu Namen gelöst!
178. Ihr Engel, die ihr dafür sorgt, dass die Segnungen wie Honig an unseren Händen kleben bleiben – seid gelöst!
179. Wir proklamieren, dass die Gunst Gottes auf den Erben Christi bleibt!
180. Materieller Segen wird sich mit unseren Familien verbinden.
181. Engel umgeben uns, um dies Wirklichkeit werden zu lassen.
182. In Jesu Namen setzen wir Engel frei, die die hohepriesterliche Salbung Jesu über uns und durch uns ausgießen! Es ist die Salbung des Durchbruchs.
183. Ihr Engel, die ihr Freiheit bringt, die uns als Kinder Gottes zusteht – seid gelöst!
184. Ihr Engel, die ihr bewirkt, dass sich Gottes materielle Versprechen für uns erfüllen – seid gelöst!
185. Wir setzen die Versprechen Gottes frei, in unserem Leben Realität zu werden. Findet euren Weg in unser Leben!
186. Wir setzen alle unsere Rechte als Erben Gottes frei, damit sie in Kraft treten.

187. Ihr Engel, die ihr die Segnungen des Königreichs bringt – seid gelöst!
188. Ihr Engel, die ihr gesandt seid, um unserer Bestimmung zur Seite zu stehen – seid gelöst in Jesu Namen!
189. Ihr Engel, die ihr gesandt seid, um unsere gottgegebene Berufung und unser gottgegebenes Potenzial zu offenbaren und hervorzubringen – seid gelöst in Jesu Namen!
190. Ihr Engel, die ihr uns mit Menschen, Orten, Umständen, Ereignissen und unserer Berufung verbindet – seid gelöst in Jesu Namen!
191. Ihr Engel, die ihr dem Heiligen Geist helft, den Plan, den Gott bereits vor unserer Geburt für unser Leben hatte, zu verfolgen – seid gelöst in Jesu Namen!
192. Wir sind für diese Zeit geboren.
193. Wir befehlen in Jesu Namen, dass unser Potenzial gelöst und durch Engel unterstützt wird!
194. Wir proklamieren, dass unsere Bestimmung durch den Heiligen Geist Vollmacht empfängt!
195. Wir bekennen, wir befehlen, wir sprechen aus unserer Glaubensnatur heraus aus: Ich werde meine Berufung erfüllen. Ich werde meine Bestimmung erreichen. Ich werde mein Potenzial immer mehr ausschöpfen.
196. Die Gaben, Talente und Fähigkeiten, die Gott in mich hineingelegt hat, empfangen eine neue Salbung, um ein neues Level zu erreichen.
197. Engel, die mir an dem Tag meiner Geburt zugeteilt wurden und die meine Bestimmung kennen, helfen mir, den Willen Gottes für mein Leben umzusetzen.

198. Gott hat eine Zukunft und eine Hoffnung vor mir ausgebreitet und alles davon ist gut.

199. Er, der ein gutes Werk in mir angefangen hat, wird es zu Ende führen.

200. Engel sind gegenwärtige Diener, die mich mit den Aufträgen meiner Bestimmung verbinden. Sie beschützen meine Berufung. Sie ringen um das Hervorkommen meiner Berufung.

201. Ihr Engel, die ihr gesandt seid, um uns Erfolg, Wohlstand und finanzielle Sicherheit zu bringen – seid gelöst in Jesu Namen!

202. Ihr Engel, die ihr uns mit Orten, Menschen, Ereignissen, Geschäften, materiellem Besitz, Arbeitsplätzen und Beförderungen verbindet – seid gelöst in Jesu Namen!

203. Ihr Engel, die ihr den Auftrag habt, unser Leben mit finanziellen Segnungen zu verbinden – seid gelöst in Jesu Namen!

204. Ihr Engel, die ihr unsere Opfergaben seht und uns die durch den Bund zustehenden Rechte verschafft – seid gelöst in Jesu Namen!

205. Der Zehnte, der in Gottes Haus gebracht wird, verursacht, dass Jehova Jireh (unser Versorger) die Himmel über unserem Leben und unseren Familien öffnet.

206. Engel steigen durch diesen offenen Himmel auf und ab und bringen uns Versorgung.

207. Ihr Engel, die ihr uns zugeteilt seid und durch offene Türen des Himmels herabsteigt, um uns finanziellen Durchbruch zu bringen, seid gelöst in Jesu Namen!

208. Engel, die auf den Pfaden des Himmels gehen, bewirken, dass der Reichtum der Bösen auf die Erben Christi übergeht. Seid gelöst in Jesu Namen!

209. Wir proklamieren, dass individueller und gemeinschaftlicher Reichtum an uns übergeht!

210. Engel, die vom Durchbrecher selbst (Jesus) herabkommen, tragen seine Durchbruchssalbung in unser Leben hinein.

211. Sie kommen, um finanzielle Gebundenheit zu zerstören.

212. Sie kommen, um auf übernatürliche Weise Schulden zu tilgen.

213. Sie zerschlagen und zerstreuen, was auch immer die Finanzen der Heiligen verschlingt.

214. Unter der göttlichen Leitung von Gott Vater werden uns Engel zugeteilt, die den von ihm zurechtgewiesenen Fresser abwehren.

215. Engel unterstützen den dreieinigen Gott bei der Freisetzung von (geistlichen, körperlichen und materiellen) Segnungen über unserem Zuhause und unserer erweiterten Familie.

216. In Jesu Namen setzen wir frei, dass sie auf- und absteigen!

217. Ihr Engel, die ihr gesandt seid, um uns Böcke zu zeigen, die sich im Gestrüpp verfangen haben (also Versorgung, von der wir noch nichts wussten) – seid gelöst in Jesu Namen!

218. Ihr Engel, die ihr geschickt wurdet, verborgene Schätze, von denen wir nichts wussten, zu offenbaren – seid gelöst in Jesu Namen!

219. Ihr Engel, leitet uns an Orte mit den reichlichen Ressourcen, die Gott für uns vorbereitet hat!

220. Derselbe Gott, der Mose und Israel ein verheißenes Land gegeben hat, tut dies auch für uns. Orte der Verheißung eröffnen sich uns.

221. In Jesu Namen lösen wir Engel, die gesandt sind, um uns zu Quellen zu führen.

222. Wir proklamieren, dass Menschen, die wir nicht kennen, vom Heiligen Geist und seinen Engeln gebraucht werden, um uns zu segnen. Engel bewirken, dass sich ihr Weg mit unserem kreuzt.

223. Engel, die ihr gesandt seid, um uns Erbschaften zuzuführen, von denen wir nichts wussten – seid gelöst in Jesu Namen!

224. Wir verkünden Überfluss, Wohlstand, Fülle – seid gelöst!

225. Der Bundessegen des finanziellen Erfolgs – sei jetzt gelöst in Jesu Namen!

226. Fresser, du musst von dem Leben eines jeden Menschen, der durch den Bund ein Erbe wurde, ablassen, so wie Gott es sagt.

227. Wir verkünden Freiheit!

228. Die Fenster des Himmels über uns sind offen, so wie Gottes Wort es sagt.

229. Es kommen Segnungen auf uns, die wir nicht erwartet haben.

230. Auch Bonuszahlungen und Prämien kommen auf uns zu.

231. Schecks, die wir nicht erwartet haben, werden in unserem Briefkasten liegen.
232. Gute Deals hast du für deine Erben vorbereitet, oh Gott.
233. Das Erbe wird uns finden.
234. Aktien und Anleihen sind gesegnet, gesegnet und gesegnet.
235. Der Wert unser Besitztümer wird schnell ansteigen.
236. Wir proklamieren, dass der Reichtum der Sünder für uns aufbewahrt wird, wie dein Wort sagt.
237. Wohlstand, sei jetzt gelöst!
238. In Jesu Namen binden wir Mangel und lösen wir Überfluss!
239. Wir binden Armut und lösen Überfluss!
240. Wir binden Mangel und lösen Finanzen!
241. Wir binden dürftigen Lebensunterhalt und lösen Erfolg!
242. Du hast uns dazu bestimmt, dass wir viel Frucht bringen.
243. Wir proklamieren, dass wir ein fruchtbares Volk sind!
244. In der Stadt sind wir gesegnet und auf dem Land sind wir gesegnet.
245. Wir sind gesegnet, wenn wir kommen und wenn wir gehen.
246. Der Herr befiehlt, dass sein Segen auf uns kommt, so wie es in 5. Mose 28 steht.
247. Gott segnet das Werk unserer Hände.

248. Er macht uns reich an Gütern.

249. Er öffnet seine Schatzkammer über uns und lässt sie auf uns regnen.

250. Ihr Engel, die ihr gesandt seid, um uns mit dem Wohlstand, der durch den Bund kommt, zu verbinden – seid gelöst in Jesu Namen!

251. Ihr Engel, die ihr gesandt seid, um der Gemeinde Christi zu helfen, dass Königreich Gottes in dieser Nation auszubreiten – seid gelöst in Jesu Namen!

252. Wir sind hier, um die Herrschaft seines Wortes, seiner Satzungen, seiner Bünde, seiner Gesetze und seiner Prinzipien zu etablieren und König Jesus setzt Armeen von Engeln frei, um uns dies zu ermöglichen.

253. Der Heilige Geist schickt uns die Vollmacht des Himmels, indem er sich ausgießt wie nie zuvor.

254. Der Heilige Geist versammelt jetzt Armeen von Engeln, die gemeinsam mit der Gemeinde um den Thron ihrer Region kämpfen.

255. Bevollmächtigung durch den Heiligen Geist, neue Strategien und Armeen von Engeln werden der neutestamentlichen Gemeinde zur Seite stehen, um die Taktiken der Hölle zu binden und das Evangelium des Königreichs zu lösen.

256. Die Gemeinde wird über Regionen regieren und befehlen, was Gott sagt.

257. Wir erheben uns jetzt, um den Thron unserer Region zu besetzen.

258. König Jesus gibt uns die Autorität, die Regierung der Hölle zu stürzen. Wir legen heute die Zukunft fest und Engelarmeen unterstützen uns dabei.

259. Wir erheben uns, um Befehle zu erlassen, hinter denen Vater Gott, König Jesus, der Heilige Geist, das Königreich Gottes und die Engelarmeen stehen.

260. In Jesu Namen reinigen wir die himmlische Welt über unserer Region von Fürstentümern und Mächten der Finsternis.

261. Wir stürzen und entheben dämonische Fürsten von ihren Thronen der Ungerechtigkeit. Seid entmachtet in Jesu Namen!

262. Euer Anspruch auf dieses Gebiet ist hiermit durch eine höhere Macht und Autorität, durch das Kreuz und das Blut Jesu gebrochen.

263. Die neutestamentliche Gemeinde setzt das Königreich der Hölle in Jesu Namen außer Kraft.

264. Die Macht Gottes zerstört in Jesu Namen Festungen.

265. Der Heilige Geist und seine Engel arbeiten mit der neutestamentlichen Gemeinde zusammen, um den Thron der Macht in dieser Region einzunehmen.

266. Die Erben, die mit Christus an himmlische Orte versetzt sind, besetzen die Throne dieser Region.

267. Wir werden die Throne der Macht und des Einflusses für Christi Königreich besetzen.

268. Engel beschützen uns, befreien uns und führen unsere Worte des Glaubens aus.

269. Mächte, Kräfte und Herrschaftsgebiete der Hölle werden von ihrer Machtposition gestürzt.

270. Unser Gott ist jetzt, in diesem Moment dabei, die Erde und den Himmel zu erschüttern.

271. Jesus, löse Engelarmeen um gegen die gefallenen Dämonen zu kämpfen. Kämpft gemeinsam mit uns!

272. Löse Bataillone von Engeln, die für diese Zeit auf Erden bestimmt sind.

273. Wir befehlen, dass die Ideologie der Hölle, jede Unterdrückung, Machtgier, Götzendienst, Habgier und jedes dämonische Gedankengut, das von der rebellischen Regierung gefördert wird, in Jesu Namen gebunden ist!

274. Ihr Engel, die ihr gesandt seid, um uns dabei zu helfen, diese rebellische Regierung zu überstimmen – seid gelöst in Jesu Namen!

275. Ihr Engel, die ihr gesandt seid, uns zu helfen, jede unterdrückende Regierungsgewalt zu stürzen – seid gelöst in Jesu Namen!

276. Gott, konfrontiere du die rebellischen Kräften in der Himmelswelt und die rebellischen Könige.

277. Gott, wir bitten dich, dass du die Heerscharen der Hölle und die rebellischen Könige, die uns unterdrücken, bestrafst.

278. In Jesu Namen stürzen wir (die Erben, die *ekklesia*, die Gemeinde) die dämonischen Mächte in dieser Region und Nation.

279. Wir besetzen mit Christus den Herrscherthron, entsprechend unserem Mandat zu Herrschen.

280. Wir werden die Funktion und das Einsetzen von Regierungen auf der Erde für unseren König Jesus beeinflussen.

281. Gerechtigkeit wird siegen. Unser König wird alle Ehre bekommen. Das Wort des Herrn wird gehört werden.

282. Die neutestamentliche Gemeinde wird sich erheben, um die rebellische Regierung auszuwechseln und diese Nation zu Jüngern zu machen.

283. Gott ist mit Amerika noch nicht am Ende. Die Bünde, die mit den Gründervätern geschlossen wurden, bleiben bestehen.

284. Erweckungsfeuer wird in Amerika ausbrechen.

285. Amerika wird die größte Erweckung der Geschichte erleben.

286. Wir werden nicht feige sein, und uns zurückhalten.

287. Wir werden nicht feige, unterwürfig, willenlos und politisch korrekt sein, und es allen Recht machen wollen.

288. Wir werden keine Kompromisse bezüglich der Wahrheit eingehen.

289. Wir werden sagen, was Gott sagt.

290. Wir werden es jedes Mal kühn und voller Leidenschaft verkünden.

291. Wir werden das Wort des Herrn prophezeien.

292. Unsere Definition von richtig und falsch wird nicht durch experimentelle Lehren von Dämonen verwässert.

293. Wir sind die Menschen, die fest und unveränderbar an Gottes Willen festhalten werden.

294. Gottes Wort der Wahrheit wird unser Zeugnis sein.
295. Die Sterne und die Engel sind um uns und kämpfen an unserer Seite.
296. Engel bekämpfen Fürstentümer und Mächte gemäß unserer Proklamationen.
297. Engel kreisen über uns und hören aufmerksam auf Gottes Wort, das wir verkünden.
298. Sie hören genau zu und ihnen entgeht keines der prophetischen Worte, die wir aussprechen.
299. Sie hören unsere Gebete, die wir im Einklang mit dem Willen Gottes beten.
300. Sie bewegen sich voller Kraft, um Gottes Wort umzusetzen.
301. Sie bewegen sich mit Kraft, um für uns zu Siegen.
302. Sie bewegen sich, bevollmächtigt durch den Heiligen Geist, aus ihren himmlischen Sphären, um dem Volk Gottes übernatürliche Durchbrüche zu schenken.
303. Wir, die treue Gemeinde, verkünden was Gott sagt. Engel werden es hören und gemeinsam werden wir die Hölle bekämpfen und den Sieg erringen.

Amen

ANHANG:

Bestätigende Prophetien

Prophetie Nr. 1:
Neuausrichtung, Bevollmächtigung und Freude

Chuck Pierce (November 2010)

Denn der Herr sagt: „So wie sich Ohio nun wendet, so werdet ihr zwölf Regionen in den USA wenden. Ich rufe aus, dass dies ein Tag der Bestimmung ist. Ihr sollt euch auf etwas Neues einstellen, denn ich werde euch Menschen zur Seite stellen, durch die ihr mit Freude erfüllt werdet. Es werden sich Türen öffnen, die vorher geschlossen geblieben wären. Ich werde euch in zwölf anderen Nationen führen. Dein Mund wird Freisetzung erfahren und ein neues Wort wird sich formen. Durch dieses Wort werden sich Regierungen neu ausrichten."

Dieses Wort wurde vor den achtzig Tagen des Gebets und Fastens, an dem meine Gemeinde teilnahm, gegeben. Nachdem dieses Wort des Herrn gegeben wurde, dankte der Prophet dem Herrn für die kommenden Versammlungen, bei der viele Lobpreismusiker teilnahmen. Er sagte „Es werden sich die Balken biegen. Der Herr sagt: ‚Der Raum wird so voller Lobpreis sein, dass es lauter wird als jede Sportveranstaltung in Cleveland oder Cincinnati. Die Balken dieses Gebäudes werden in der kommenden Zeit ins Schwingen gebracht werden. Es wird ein neuer Klang sein, der den Kurs dieser Nation ändert.'"

Die Armee der Engel

Prophetie Nr. 2:
Es ist Zeit, sich auszurichten –

Anne Tate (November 2010)

Der Herr sagt: „In dieser Zeit werde ich den Herrn der Heerscharen zu einer eurer Versammlungen senden. Wenn er kommt, werdet ihr einen kurzen Moment lang Zeit haben, um euch zu entscheiden, ob ihr euch mit ihm eins macht, oder nicht. Wenn ihr euch mit ihm eins macht, dann werdet ihr auch mit den Armeen der Heerscharen Gottes übereinstimmen. Und er wird die Armeen der Heerscharen sammeln und auf ein Ziel ausrichten. Jetzt ist die Zeit, in der dies hervorkommen muss, denn ihr als mein Leib, wart immer bereit, gegen die Throne der Ungerechtigkeit in eurem Gebiet anzugehen, sie herauszufordern und niederzureißen. Mein Volk war nicht immer bereit hervorzutreten, wie sie sollten. Damit ihr in dieser Zeit in den Kampf ziehen könnt, rufe ich euch auf, so zu leben, dass ihr einen Unterschied in der Gesellschaft macht. Ihr müsst euch neu nach dem Herrn Zebaoth ausrichten. Wenn ihr dies tut und den richtigen Platz bei mir einnehmt, werde ich Engel in neuen und größeren Dimensionen freisetzen. Dafür seid ihr berufen. Wenn der Leib Christi sich neu mit mir vereint, wird sich auch der Rest der Nation verändern und in Einklang mit den Armeen der Heerscharen des Himmels kommen. Es ist mir egal, ob es am Ende nur die 300 Männer Gideons sind. Das ist genug. Ihr steht und wenn er erscheint, werdet ihr sein wie er."

PROPHETIEN

Prophetie Nr. 3:
Der Herzschlag –

Jane Hamon (August 2010)

Der Herr sagt: „Ich möchte, dass ihr wisst, dass ich euch ganz spezifisch Engel zugeteilt habe. Sie arbeiten mit euch zusammen und gehen an eurer Seite. Ich möchte, dass ihr wisst, dass ich für euch meine ‚schweren Geschütze' auffahre. Es wird Zeiten geben, in denen Michael zu euch kommt und mit euch arbeitet. Dann wird es wiederum Zeiten geben, in denen Gabriel kommt und mit euch spricht. Ich habe euch bereits Offenbarungen geschenkt, die ihr bisher nicht versteht. Als der Engel Gabriel zu Daniel kam, brachte er Erkenntnis von Dingen, die für Daniel eigentlich unverständlich waren.

Ich werde meinen Engel Gabriel schicken und er wird euch Erkenntnisse für den Beginn dieser neuen Phase bringen. Ich werde bewirken, dass die Menschen in diesem Staat sich ganz neu nach mir Ausrichten werden. Einige der Leiter, von denen ihr es am wenigsten erwartet, werden sich mit euch verbinden, weil sie die gleiche Vision teilen. Sie werden aus verschiedenen Denominationen kommen. Sie werden zum Teil auch aus konservativen Kreisen kommen. Die Glut der Erweckung hat in ihnen bereits begonnen. Ihr werdet durch den Atem des Heiligen Geistes das Feuer entfachen. Ihr werdet diesen Wind freisetzen und diese Glut entfachen, damit sie zu einem großen Feuer wird. Dies ist eine Zeit, in der ich möchte, dass ihr euch auf diesen Staat konzentriert. Söhne und Töchter, versteht den Grund – denn genau das ist das Herz dieser Nation. Wenn der Wind Leben in dieses

Herz hineinbläst, werdet ihr sehen, wie die gesamte Nation wieder lebendig wird und beginnt, mit dem Herzschlag des Himmels im Einklang zu schlagen. Indem ihr euch auf euren Staat konzentriert habt, habt ihr mein Herz für diesen Staat wieder zum schlagen gebracht. Ihr flüstert in das Ohr eures Staats: ‚Du musst deinem Herzen sagen, dass es wieder schlagen soll, weil der Herzschlag noch nicht begonnen hat.' Während ihr eurem Staat sagt, dass er leben soll, werdet ihr erleben wie sich die gesamte Nation erhebt und beginnt, für die Bestimmung Gottes zu leben."

Dieses Wort ist interessant, denn es gibt in Ohio ein Gesetzesentwurf mit dem Spitznamen „Das Herzschlag-Gesetz". Er besagt, dass man keine Abtreibung durchführen darf, wenn der Herzschlag des Babys bereits eingesetzt hat. Nun wurde bewiesen, dass das Herz eines Babys sogar schon im Alter von nur achtzehn Tagen zu schlagen beginnt. Dieses Gesetz würde buchstäblich hunderttausende von Leben retten. Die Prophetin, die dieses prophetische Wort gab, wusste sicherlich nichts von diesem Gesetzesentwurf. Doch was sie sagte war so strategisch und spezifisch, dass es wichtig ist zu erkennen, dass es sich um ein Wort handelt, dass gegen Abtreibung gerichtet ist. Weil Ohio eben diesen Gesetzesentwurf vorlegte, kommen Repräsentanten anderer Staaten und wollen wissen, wie sie dieses Gesetz in ihrem Staat einführen können. Ohio ändert die bösen Entscheidungen im Namen Jesu.

Ein weiteres ähnliches Wort wurde etwa um die gleiche Zeit weitergegeben. Der Mann, der dieses Wort weitergab, sagte, dass er den Staat Ohio mit Arterien und darin pulsierendem Blut sah. Wir haben dafür bereits unzählige Bestätigungen erhalten.

Prophetien

Prophetie Nr. 4:
Die Fackel tragen und ausgesandt werden –

Bischof Bill Hamon (November 2007)

Dieses Wort wurde bereits 2007 in meiner Gemeinde gegeben, doch ich bin mir sicher, dass es relevant ist und ebenfalls als Bestätigung einiger Dinge, die der Leib Christi seither erlebt hat, dient.

Der Herr sprach: „Ich werde euch als Schlüsselpersonen der Veränderung gebrauchen. Alles, was ihr dafür tun müsst, ist, euch einfach nur weiterhin als mein Volk in meiner Gegenwart zu versammeln. Führt mein Volk einfach weiter in meine Bestimmung hinein. Führt mein Volk weiter in die Salbung hinein und ihr werden erleben, wie die Salbung wirklich jedes Joch zerbricht. Es zerstört in der Tat das Joch des Feindes. Es wird ein Feuer kommen, das von Person zu Person geht und von Ort zu Ort und es wird hier beginnen und von hier ausgehen. Ich sehe Leute aus der ganzen Umgebung hierher kommen, um ihre Fackeln in dem Feuer, das hier brennt, zu entzünden. Ich habe euch zu Fackelträgern der Wahrheit, meiner Gegenwart und meiner Bestimmung gemacht. Nun, Söhne und Töchter, versteht, dass dies ein Tag des Sich Erhebens und der Aussendung ist. Ich verlange nicht von euch, dass ihr alles macht und für alle Menschen alles seid. Es wird einige Dinge geben, die über diesen Ort hinausgehen und die eure Zeit, Mühe und Energie erfordern. Dies ist strategisch so von mir geplant und ich möchte, dass ihr wisst, dass ich Menschen an die nötigen Positionen bringen werde, die vertrauenswürdig sind und die Lasten tragen können. Die Dinge werden sich etwas verändern und

Neue Dinge werden geschehen, doch dieses Haus bleibt vereint. Es sind nur andere, apostolische Aufgaben, die ich für euch in dieser Zeit habe. Macht euch bereit. Zieht eure Laufschuhe an, denn die Geschwindigkeit wird sich erhöhen und inmitten der Beschleunigung wird auch Multiplikation stattfinden. Der Feind dachte, dass er dich aussieben könnte wie die Gideon-Erweckung letztes Jahr. Ich möchte, dass ihr wisst, dass ich an dem Sieben beteiligt war. Ich war in dem Aussieben beteiligt und nun sind die 300 Männer Gideons übrig.

Nun sieh zu und erlebe die Beschleunigung, die Multiplikation mit sich bringt und dass die Pläne des Königreichs Gottes an diesem Ort etabliert werden."

Mehr als 600 Gemeinden haben durch meine Gemeinde in Ohio ihre Fackel in das Feuer gehalten. Es ist ein Wunder, wenn man es schafft, dass 600 Gemeinden zusammenarbeiten!

Prophetie Nr. 5:
Neue Kraft –

Cindy Jacobs (Januar 2010)

Der Herr sagt: „Ich mache Ohio zu einem Staat der Generäle, die die ganze Nation in Ordnung bringen werden. Viele von euch hatten große Kämpfe zu kämpfen und ihr seid müde geworden." Doch der Herr sagt: „Empfangt heute neue Kraft."

PROPHETIEN

Prophetie Nr. 6:
In Kühnheit stehen –

Tim Sheets (Februar 2011)

Der Herr sagt: „Meine Übriggebliebenen[19] sind Löwen und keine Wölfe. Sie werden sich jetzt erheben, um ihre Runden zu drehen und die Besiegten – die Wölfe, die gekommen sind, um meine Schafe zu zerstreuen – zu beseitigen. Meine Löwen werden sich nicht einschüchtern lassen, sondern sie werden kraftvoll, kühn und angriffslustig sein. Ein neues Brüllen, das die Herrschaft über dieses Gebiet ankündigt, wird aus meinem Stamm zu hören sein. Ein Brüllen, das die geografische und geistliche Zuständigkeit beansprucht, wird von meinen Übriggebliebenen zu hören sein. Ein Brüllen gegen die Macht der Hölle soll erklingen. Ein Brüllen der Autorität in meinem Namen soll gegen die Eindringlinge der Hölle erklingen. Meine Berufenen werden jetzt hervortreten und in meiner Kraft leben. Sie werden ihre Rechte als Söhne und Töchter, die mit mir regieren und herrschen, manifestieren, so wie es immer gedacht war. Sie werden den feindlichen Fürsten, ihre Macht und den Herrschern der Finsternis Verachtung entgegenbringen und keine Kompromisse, indem sie die Herrschaft und Besatzung teilen oder ihre Anwesenheit dulden, mehr eingehen. Statt dass sie mit den Gegebenheiten Übereinstimmen, werden sie ein stählernes Rückgrat besitzen; von meinem heiligen Zorn aufgebracht und in Brand gesetzt, werden sie zur Stimme und zum Ruf des Königs! Meine Diener werden entschlossen im Glauben sein Eine Entschlossenheit im Glauben wird bei

---

19   Siehe Jesaja 10; 20+21

meinen treuen Diener zu finden sein, wenn sie die Geister aus dem Land zu vertreiben. Keine Kompromisse in der Frage der Herrschaft. Meine Herrschaft wird in meinen Krieger stark sein. Die Kraft, zu siegen, wird ausgegossen – Kraft, um die Strategien der Hölle zu überwinden.

Kraft, um mehr als Überwinder der dämonischen Strategien zu sein, wird freigesetzt. Diejenigen, die an meiner Seite stehen, werden erleben, wie die Schüsse der Hölle danebengehen. Also erhebt euch und regiert und brüllt in meiner Autorität. Ich werde den Mund eurer Feinde mit Sand füllen und ihr Herz mit Treibsand. Sie werden plötzlich in ihrem eigenen Sumpf versinken. Brüllt in meiner Freiheit. Brüllt in meiner Ungezwungenheit. Lass aus Zion ein Freudengebrüll erklingen. Marschiert in den Kampf mit Zuversicht. Ein starker Friede und eine gewaltige Erweckung werden jetzt wie ein Feuer durch Ohio zu fegen, während die Dritte Große Erweckung ins Rollen kommt. In der Tat wird diese Region durch meine Herrlichkeit verändert. Meine Erschütterung ist hier. Mauern, Festungen, Hindernisse und Festungsanlagen der Hölle werden niedergerissen, während ihr eine neue Freiheit empfangen werdet. Mein Beben wird uralte Quellen der Erweckung öffnen. Ich werde die alten Quellen der Heilung, der Wunder und der mächtigen Befreiung durch meine Erschütterungen öffnen. Ich werde die verschütteten Quellen der Evangelisation, der Heiligkeit und der Gaben meines Geistes wieder aufrütteln. Neue Wege, Mäntel, Vision, Ernte. Siehe, Ich werde Neues schaffen und ihr werdet es erkennen. Ihr werdet es sehen. Es soll jetzt hervorkommen, denn euer Flehen ist von Gott gehört worden. Weil ihr meiner Gegenwart nachgejagt seid und eure Anbetung für mich zum süßen Geschmack geworden ist, bestimmt Jesus, der Herr und das Haupt der Gemeinde, der König der Könige, über seinen Übriggebliebenen, dass sie eine *authentische Gemeinde* werden. Kein Schauspielen, täuschen oder ‚So tun als ob'; stattdessen *authenische* Jünger, Gemeinde, Anbetung, Kraft, Herrlichkeit, Wunder, Heilungen, wahres Christentum. Das ist es, was für die *authentische Gemeinde* bestimmt ist. Ich wehre die Pfeile ab, die auf meine Diener abgeschossen wurden – Pfeile des Treuebruchs, der Isebel, des Absalom, des Betrugs, der Lügen und Pfeile, die durch religiöse Geister abgeschossen wurden. Ich, euer Gott, nehme die Pfeile weg. Ihr werdet frei sein. Ihr werden geheilt sein. Ihr werdet wiederhergestellt werden. Und Ihr werdet voll des Feuers meiner Gegenwart sein, denn Ich habe gesagt, dass ich meine Diener zu Feuerflammen mache. Es ist so bestimmt. Der Bereich eures Schmerzes wird zu dem Bereich, in dem ihr regiert. Es ist vollbracht. Erhebt euch und regiert mit mir. Ich werde nun zu meinen Übriggebliebenen, der *authentischen Gemeinden* kommen; als Herr Zebaoth, der Herr der Heerscharen, der Herr der Engelarmeen. Weil ihr euch entschieden habt, euch mit meiner Bestimmung in Einklang zu bringen, werde ich nun meine Heerscharen mit euch in Einklang bringen, damit sie euch helfen.

Die Armeen von Engeln beginnen, sich nun mit der Armee der Gemeinde zu einer göttlichen Einheit zusammenzuschließen. Es ist ein Zusammenschluss derer, die bereit sind, in den Kampf zu ziehen und nicht davor zu fliehen. Sowohl meine irdische als auch meine himmlische Armee wird die Throne der Ungerechtigkeit, des Ehebruchs, der Rebellion, der Hexerei, des Humanismus und der Machtbereiche des Antichristen herausfordern. Ganze Bataillone werden entsandt und warten auf den Befehl meiner Worte durch die Heiligen. Meine größte Kampagne auf Erden beginnt. Verkündet es. Wenn ihr eure Worte mit den meinen in Übereinstimmung bringt, werden sich die Streitkräfte der Engel dazu stellen. Vereint euch mit den Streitkräften der Engel in Ohio und in eurer ganzen Nation wird sich die Vereinigung mit den Engeln beschleunigen. Ja, jetzt ist die Zeit der Erweckung. Jetzt ist die Zeit der Ernte. Jetzt ist die Zeit des Sieges. Erhebt euch und jagt dem nach, erhebt euch und brüllt, erhebt euch und kämpft, erhebt euch und scheint, denn euer Licht ist gekommen und die Herrlichkeit des Herrn ist über euch aufgegangen."

Prophetie Nr. 7:
Es fängt alles mit dem Herzen an –

Jane Hamon

Der Herr sagte: „Es beginnt alles mit dem Herzen." Erweckung muss in unseren Herzen beginnen, bevor sie sich zu den Menschen um uns herum ausbreiten kann. Die Glut unserer Herzen muss anfangen, leidenschaftlich mit dem Feuer Gottes zu brennen, bevor sie andere Herzen entzünden kann. Dennoch sind unsere eigenen Herzen nicht alles, worauf sich Gott bezieht. In dieser Vision, die ich hatte, sahen die Menschen, wie der Staat Ohio wie Lava zu brennen begann. Zuerst war er tiefrot, doch dann kam auch Orange dazu. Als die Anbetung weiterging, wurde das Feuer immer heißer und leuchtender und verwandelte sich von einer roten Farbe hin zu Orange und schließlich einem orangenen Gelb. Gott sagte wieder: „Es fängt alles mit dem Herzen an."

Dann sahen sie, wie das Feuer in Ohio auf die anliegenden Staaten überschwappte. Das Feuer verbreitete sich immer mehr wie eine heiße Lava, bis sie die gesamte Nation bedeckte. Und wieder sagte Gott: „Es beginnt alles mit dem Herzen."

Das Herz ist eins der wichtigsten Organe des Körpers. Es ruht nie. Solange das Herz richtig funktioniert, erhält der Rest des Körpers Blut, welches für ihn die Quelle des Lebens ist. Wenn das Herz geschädigt ist und nicht mehr effizient arbeitet, leidet der Rest des Körpers und kann nicht funktionieren, wie er soll.

Wenn das Herz dieser Nation die Aufgabe erfüllt, für die es geschaffen wurde, wird auch der Rest des Körpers (also die Nation) in der Lage sein, zu funktionieren, wie Gott es sich gedacht hat. Es beginnt mit dem Herzen. In Jeremia 20,9 steht: „*[…]dann brennt dein Wort in meinem Herzen wie ein Feuer, ja, es glüht tief in mir."* (HfA). Warum Lava? Nichts kann den Fluss der Lava aufhalten. Um Lava aufzuhalten, muss man sie komplett von ihrer Quelle trennen. Wenn sie in Verbindung mit der Quelle bleibt, wird sie immer weiterfließen. Lava vernichtet absolut alles, was ihr im Weg steht.

Prophetie Nr. 8:
Wir sind glühende Kohlen –

Rachel Shafer

In Jeremia 20,9 steht: „*[…]dann brennt dein Wort in meinem Herzen wie ein Feuer, ja, es glüht tief in mir. Ich habe versucht, es zurückzuhalten, aber ich kann es nicht!"* (HfA). Mir ist immer wieder der Begriff „glühende Kohlen" in den Kopf gekommen. Glühenden Kohlen sind so vom Feuer eingenommen, dass sie vom Wind sehr leicht zerstreut werden können. Wo immer diese Glut dann landet, entfacht sie ein Feuer. Glühende Kohlennester sind bei einem Waldbrand ein größeres Problem als das Feuer an sich, denn sie verursachen, dass sich das Feuer schnell verteilt. Ich glaube, dass Gott uns aufruft, seine heilige Glut zu sein – diejenigen zu sein, die so verzehrt sind von ihm und so sehr für ihn brennen, dass wir vom Wind des Heiligen Geistes geleitet werden und überall, wo wir landen, neues Feuer entfachen. Wo immer der Heilige Geist uns hinführt, sind wir wie Feuer, das andere entzündet.

Prophetie Nr. 9: Nasses Holz

Der Herr sagt zu mir, dass sich einige Christen wie nasses Holz fühlen und deshalb das Gefühl haben, nichts zum Bau des Reiches Gottes beitragen zu können. Doch das Wunderbare ist, dass dieses Feuer heiß genug ist, um sogar nasses Holz in Brand zu stecken. Wenn du die Sehnsucht hast, brennend zu werden und Feuer zu fangen, dann hast du dein nasses Holz vor den Herrn gelegt. Das bedeutet, dass du kein Feuer fangen wirst, wenn du alles vor Gott zurückhältst. Wenn du aber alles ihm bringst, indem du selbst vor den Herrn kommst, dann kann er dich entzünden. Er wird die zu einem glühenden Feuer machen. Begebe dich mit allem, was du hast, vor ihn.

ÜBER TIM SHEETS

Dr. Tim Sheets ist ein Apostel, Pastor, Autor und Gründer des *Awakening Now Prayer Networks* aus Middletown, Ohio, in der Osasis Gemeinde, die er seit 36 Jahren als Pastor leitet. Er hat einen Reisedienst in den USA und anderen Ländern.

Kontakt:

@TimDSheets (twitter)

Tim Sheets Ministries (facebook)

Adresse:
Tim Sheets Ministries
6927 Lefferson Road
Middletown, Ohio 45044

carol@timsheets.org

timsheets.org

oasiswired.org

awakeningnowprayernetwork.com